新村官必读系列

村官素质修养提升必读

（第二版）

李 笑 ◎ 主编

经济管理出版社

图书在版编目（CIP）数据

村官素质修养提升必读/李笑主编 .—2 版 .—北京：经济管理出版社，2017.3
ISBN 978 - 7 - 5096 - 4942 - 8

Ⅰ.①村… Ⅱ.①李… Ⅲ.①农村—干部—道德修养—中国—问题解答 Ⅳ.①F325.4 - 44

中国版本图书馆 CIP 数据核字（2017）第 025192 号

组稿编辑：谭　伟
责任编辑：谭　伟
责任印制：黄章平
责任校对：陈　颖

出版发行：经济管理出版社
　　　　　（北京市海淀区北蜂窝 8 号中雅大厦 A 座 11 层　100038）
网　　址：www.E - mp.com.cn
电　　话：(010) 51915602
印　　刷：北京银祥印刷厂
经　　销：新华书店
开　　本：720mm×1000mm/16
印　　张：16.25
字　　数：309 千字
版　　次：2017 年 3 月第 2 版　2017 年 3 月第 1 次印刷
书　　号：ISBN 978 - 7 - 5096 - 4942 - 8
定　　价：58.00 元

·版权所有　翻印必究·

凡购本社图书，如有印装错误，由本社读者服务部负责调换。
联系地址：北京阜外月坛北小街 2 号
电话：(010) 68022974　　邮编：100836

本书编委会

主　编：李　笑
副主编：朱玉侠
编　委：李正乐　林　侠
　　　　谭　伟　朱玉侠
　　　　李全超　安玉超

前　　言

"村官"处在农村工作的最前沿,是党在农村的骨干力量,是党的路线、方针、政策在农村的执行者。简而言之,村官是"官小任务重",他们不但担负着组织领导新形势下社会主义新农村建设的重要任务,而且肩负着引领农村经济和社会的发展、维护农村社会稳定的重大职责。因此,村官能力和素质的高低直接关系到农村经济发展水平,也直接关系到社会主义新农村建设总体目标的实现。

当今世界正处在深刻而复杂的变动之中。在新的历史条件下,村官肩负的责任更加重大,面临的情况更加复杂,只有出色的组织领导才能和驾驭复杂局面的能力是不够的,还要有较好的素质修养——村官素质修养的高低直接影响着农村的经济发展和社会进步。因此,在新形势下如何建设一支高素质的村官队伍是摆在我们面前的重大课题,这就对基层村官的综合素质提出了更高的要求。在新的挑战面前,基层村官只有不断地学习与实践、提高自身综合素质、加强个人修养,才能适应时代发展的需要。

首先,村官要加强政治理论学习,提高服务农村的专业理念。学习是提高自身修养的必由之路,村官要把学习当作一种责任、一种追求、一种境界,在思想上要认真学习科学发展观与廉政文化,学习党的创新理论,学习处理解决农村的实际问题及解决群众矛盾的思路与方法。

其次,要善于动脑、勤于思辨。古人云:"学而不思则罔,思而不学则怠。"村官要善于思考、勤于思辨,懂得透过现象认识本质,养成深入思考的良好习惯,对相关现象和问题高屋建瓴地把握,为农村经济发展建设、农民群众脱贫致富和构建和谐新农村出点子、谋出路。

最后,要真抓实干、方法创新。村官要真正让农民认可、让大家

村官素质修养提升必读

信服，就必须真抓实干、善于创新。用开阔的眼界、丰富的知识、超前的意识带动广大农民群众发财致富。

为提升广大村官的素质修养，笔者策划编撰了"村官必读系列"丛书，其中包括《村官素质修养提升必读》。本书详细阐述了提高村官素质修养的方式方法，为村官们提供参考，以利于提升他们的个人魅力，从而为社会主义新农村建设作出更大贡献。

本书采用问答的形式、浅显的语言，阐述了新时期村官如何提升政治素质、理论修养、专业技能和服务群众的能力，是村官不可或缺的学习参考书。

本书从整体构思上突出三大特点：

一是实用性与可用性。本书从村官的实际情况出发，本着实用、够用的标准，可读性、可操作性强的特点，力争把本书做成村官的案头必备书。

二是全面性与通俗性。本书内容丰富而全面，语言通俗易懂，并涉及村官修养的方方面面，使村官能够轻松掌握和运用。

三是新颖性与创新性。本书无论是篇章架构，还是内容形式，都新颖、创新、独到，并提供了村官加强素质修养的方法与技能，具有超前的时代感。

总之，它是一本村官的案头必备指导用书，也是村官提高素质、增强魅力的最佳读物，具有很强的参考价值和实用价值。

目 录

第一章 村官思想道德素质修养

一、中国特色社会主义理论体系及中国共产党第十八次全国代表大会主题是什么？……（1）

二、科学发展观是什么思想？怎样理解发展是科学发展观的第一要义？……（1）

三、怎样理解科学发展的深刻内涵和基本要求？……（2）

四、科学发展观是如何回答为谁发展、靠谁发展、发展成果分配等一系列问题的？其哲学理论基础是什么？……（2）

五、什么是以人为本？如何理解以人为本是科学发展观的核心？如何坚持以人为本？……（3）

六、如何理解全面协调可持续是科学发展观的基本要求？可持续发展的内涵是什么？……（3）

七、如何理解统筹兼顾是科学发展观的根本方法？统筹兼顾的要求是什么？五个统筹是什么？……（4）

八、什么是资源节约型社会？什么是环境友好型社会？什么是互利共赢理念？……（5）

九、如何正确认识和准确把握科学发展观这一战略思想的重大意义？……（5）

十、坚持发展为了人民、坚持发展依靠人民、坚持发展成果由人民共享的深刻内涵是什么？……（5）

十一、为什么说我们必须坚持发展成果由人民共享？要使全体人民共享改革发展成果应从哪方面入手？……（6）

十二、有效实施科学发展观的七大主题是什么？……（6）

十三、科学发展观的具体内容包括哪些？树立和落实科学发展观，

实现哪五方面的转变？……………………………………（7）
十四、为什么树立和落实科学发展观必须始终坚持以经济建设为
中心？……………………………………………………（7）
十五、为什么说我们强调加快经济发展，不是单纯追求国内生产
总值的增长？……………………………………………（7）
十六、为什么说自主创新能力是国家竞争力的核心？建设创新型
国家的关键、核心和基础是什么？……………………（8）
十七、如何正确看待和处理中国特色社会主义经济建设、政治建设、
文化建设与社会建设四个方面之间的关系？…………（8）
十八、当前解决民生问题最重要的是什么？应组织好哪些工程？
推动各项事业发展的根本动力是什么？………………（8）
十九、什么是先进文化？在当代中国，先进文化的内涵
是什么？…………………………………………………（9）
二十、社会主义和谐社会的基本特征是什么？其相互关系
如何？……………………………………………………（9）
二十一、怎样才是坚持用全面的观点看政绩？…………………（9）
二十二、什么是第一要务？什么是第一责任？如何提高各级党组织
领导科学发展的能力？…………………………………（9）
二十三、生态建设的定义及基本原则是什么？…………………（10）
二十四、什么是生态文明？我国建设生态文明的具体措施
有哪些？…………………………………………………（10）
二十五、和谐理念思想的内涵是什么？倡导和谐理念，培育
和谐精神的实践意义是什么？如何倡导和谐理念、
培育和谐精神？…………………………………………（11）
二十六、什么是和谐文化？如何建设社会主义和谐文化？……（11）
二十七、构建社会主义和谐社会的指导思想、目标任务和主要内容
是什么？…………………………………………………（12）
二十八、"三农"问题的基本定义是什么？我国"三农"问题主要
包括哪几方面？…………………………………………（13）
二十九、什么是公共服务、基本公共服务均等化？我国推进基本
公共服务均等化的具体措施是什么？…………………（13）
三十、为什么科学技术是第一生产力？…………………………（14）
三十一、什么是文化事业？如何发展中国特色社会主义文化
事业？……………………………………………………（14）

三十二、村官如何率先树立科学发展观? ………………………（15）
三十三、村官如何深入学习实践科学发展观活动的指导思想? ……（15）
三十四、村官深入学习实践科学发展观，要解决的三个重点问题
　　　　是什么? ………………………………………………………（16）
三十五、什么是社会主义道德? 为什么把"五爱"作为社会主义
　　　　道德的基本要求? …………………………………………（16）
三十六、社会生活中有哪几种道德? ……………………………（17）
三十七、领导干部道德修养的重要性是什么? …………………（18）
三十八、领导干部道德规范的内涵是什么? ……………………（19）
三十九、领导干部加强道德修养的途径有哪些? ………………（19）
四十、什么是社会公德? ……………………………………………（20）
四十一、什么是社会主义社会公共道德? 社会主义社会公共道德的
　　　　具体内容是什么? …………………………………………（21）
四十二、什么是公共秩序? 为什么要把遵守公共秩序作为公共道德的
　　　　重要内容? …………………………………………………（21）
四十三、为什么要把礼貌待人作为公民的一条基本行为规范? 村官
　　　　在社会公共生活中应该怎样礼貌待人? …………………（22）
四十四、为什么要把社会主义人道主义作为社会公共道德的重要
　　　　内容? ………………………………………………………（22）
四十五、什么是社会主义职业道德? 社会主义职业道德的基本规范
　　　　是什么? ……………………………………………………（23）
四十六、村官如何做到爱岗敬业? ………………………………（23）
四十七、村官如何做到诚实守信、办事公道? …………………（24）
四十八、村官如何做到服务群众、奉献社会? …………………（25）

第二章　村官文化知识素质修养

一、村官为什么要勤于学习? 如何勤于学习? …………………（26）
二、村官为什么要加强理论修养? 其存在哪些问题? …………（26）
三、村官如何实现"四个转变"，提高理论水平? ………………（27）
四、村官应如何做到勤奋好学、学以致用? ……………………（29）
五、为什么说村官只有勤奋好学、不断提高构建社会主义
　　和谐社会的能力，才能正确处理各种社会矛盾，保持
　　社会的安定团结? ………………………………………………（29）

六、村官应如何进一步加强学习，提高贯彻落实科学发展观的
　　能力？ ……………………………………………………………（29）
七、村官如何理解贯彻落实科学发展观、认真学习科技知识、
　　提高推进自主创新的组织领导能力？ ………………………（30）
八、村官如何理解贯彻落实科学发展观、认真学习社会管理
　　知识、提高管理社会的能力？ ………………………………（30）
九、村官如何理解贯彻落实科学发展观、认真学习法律知识、
　　提高依法办事的能力？ ………………………………………（30）
十、为构建社会主义和谐社会，村官为什么要弘扬调查研究
　　之风？ …………………………………………………………（31）
十一、什么是社会主义新农村建设？社会主义新农村建设的
　　　主体是什么？ ………………………………………………（31）
十二、建设社会主义新农村的意义和指导思想是什么？ ………（32）
十三、社会主义新农村建设的基本思路和要求是什么？ ………（33）
十四、当前推进社会主义新农村建设有哪些有利条件和
　　　困难？ ………………………………………………………（34）
十五、为什么说建设社会主义新农村是实现全面建成小康社会
　　　奋斗目标的必然要求？ ……………………………………（35）
十六、为什么说建设社会主义新农村是一项长期的历史任务？ ……（36）
十七、如何理解建设社会主义新农村的目标和内涵？ …………（37）
十八、社会主义新农村，"新"在什么地方？ ……………………（38）
十九、为什么必须坚持把解决好"三农"问题作为全党工作的
　　　重中之重？ …………………………………………………（39）
二十、如何理解我国"三农"工作进入了新阶段？ ………………（40）
二十一、村官在做好"三农"工作所面临的困难和问题是
　　　　什么？ ……………………………………………………（41）
二十二、怎样理解解决好"三农"问题是村官工作的重点？ ……（41）
二十三、怎样理解科学发展观并以科学发展观指导推进"三农"
　　　　工作？ ……………………………………………………（42）
二十四、县域新农村建设规划编制应注意哪些问题？ …………（43）
二十五、什么是农村集中居住点？推进农民集中居住有什么
　　　　重要意义？ ………………………………………………（43）
二十六、农民到集中居住点居住的优越性体现在哪里？是否要求
　　　　所有农户都到农村集中居住点居住？ …………………（44）

二十七、什么是村庄规划？农村集中居住点建设为什么要编制
　　　　村庄规划？村庄规划包含哪些内容？ ……………………（45）
二十八、村庄规划的原则和要求是什么？村庄规划的组织编制与
　　　　审批程序是什么？ ………………………………………（45）
二十九、当前村民关心的突出问题有哪些？ ………………………（46）
三十、当前解放思想的总体要求是什么？村官怎样解放思想？ …（47）
三十一、为什么要坚持实事求是并与时俱进？ ……………………（48）
三十二、村官怎样做到实事求是？ …………………………………（48）
三十三、村官如何增强政治意识？ …………………………………（49）
三十四、村官如何严格政治纪律？ …………………………………（50）
三十五、村官如何在建设学习型党组织中发挥好"三个作用"？ …（50）
三十六、村官在建设学习型党组织中怎样做好"三个表率"？ …（51）
三十七、村官如何在建设学习型党组织中发挥"四个优势"？ …（52）
三十八、村官如何当好"三大员"，为建设学习型党组织服务？ …（53）
三十九、村官如何采取"三举措"，推进学习型党组织创建？ …（54）
四十、村官如何在建设学习型党组织中做到"三个加强"？ ……（55）
四十一、村官如何做到"多学习"，从而提升推进新农村建设
　　　　水平？ ……………………………………………………（55）
四十二、村官如何为建设学习型党组织献良策？ …………………（56）
四十三、村官如何在学习型党组织中强化自己的人生价值观
　　　　教育？ ……………………………………………………（57）
四十四、村官在推进学习型农村党组织建设中如何做到
　　　　"三个注重"？ …………………………………………（57）
四十五、村官如何在学习型党组织建设中发挥先锋作用？ ………（58）
四十六、村官如何加强阵地建设，积极营造学习氛围？ …………（58）

第三章　村官领导技能素质修养

一、村官如何坚持"群众利益无小事"？ …………………………（60）
二、村官怎样才能做到干事创业？ …………………………………（61）
三、村官怎样才能做到科学决策？ …………………………………（61）
四、村官怎样引导农民闯市场？ ……………………………………（62）
五、村官如何做到对上负责与对下负责的统一？ …………………（63）
六、为什么经济发展了还要艰苦奋斗？ ……………………………（63）

七、村官怎样做艰苦奋斗的模范? ……………………………（65）
八、村官怎样树立正确的权力观? ……………………………（65）
九、什么是民主管理?村官如何推进农村民主管理? …………（66）
十、村官怎样发扬党内民主,发挥好广大党员的积极性、
   主动性和创造性? ……………………………………………（67）
十一、村官怎样自觉接受监督? ………………………………（67）
十二、村官如何坚持说服引导、防止强迫命令? ……………（68）
十三、村官如何发挥群众组织和村民自治组织的作用? ……（68）
十四、村官做党的思想政治工作应坚持什么原则? …………（69）
十五、农村思想政治工作的主要内容是什么? ………………（70）
十六、什么是走群众路线?在村官工作中怎样算是坚持走
   群众路线? ……………………………………………………（71）
十七、如何认识新形势下发扬密切联系群众作风的极端
   重要性? ………………………………………………………（72）
十八、村官如何密切联系群众? ………………………………（73）
十九、群众工作的主要任务是什么? …………………………（74）
二十、群众工作有什么根本要求?村官做群众工作的方法
   有哪些? ………………………………………………………（75）
二十一、村官在工作中如何坚持一切从实际出发? …………（76）
二十二、村官的工作方法有哪些? ……………………………（77）
二十三、村官如何在农村推行民主与法治? …………………（78）
二十四、示范服务与说服教育方法的内容有哪些? …………（79）
二十五、村官的领导艺术有哪些?在严格执行制度工作中
   要注意些什么? ………………………………………………（79）
二十六、村官如何营造和谐的集体环境? ……………………（80）
二十七、村官如何运用制度管理村民? ………………………（81）
二十八、村官如何激励村民的工作热情? ……………………（82）
二十九、村官怎样运用表扬来提高村民积极性? ……………（82）
三十、村官在工作中如何运用批评的艺术? …………………（83）
三十一、村官如何掌握谈话的艺术? …………………………（84）
三十二、村官如何调解日常纠纷? ……………………………（85）
三十三、村官如何正确地处理事故? …………………………（86）
三十四、村官怎样驾驭全村的大局? …………………………（87）
三十五、村官如何做好调查研究工作? ………………………（87）

三十六、怎样加强对村官的教育工作？ …………………………（88）
三十七、村官如何处理突发的事件？ …………………………（89）
三十八、村官如何消除村民的积怨？ …………………………（90）
三十九、村官如何调解村民的利益矛盾？ ……………………（91）
四十、村官如何做好洪涝救灾工作？ …………………………（92）
四十一、村官应该具备哪些能力？ ……………………………（92）
四十二、村官应该如何提高能力素质修养？ …………………（94）
四十三、村官如何理解党的信访工作及其主要内容？ ………（95）
四十四、村官要引导群众在信访活动中避免出现哪些情况？ ……（96）
四十五、村官如何积极引导农民群众树立正确的生育观？
　　　　落实《中华人民共和国人口与计划生育法》？ ……（98）
四十六、村官为什么推行计划生育也要依法管理、依法行政、
　　　　文明执法？ …………………………………………（99）
四十七、村官如何抓好计划生育管理工作？ …………………（100）
四十八、村官如何积极发挥群众组织在计划生育工作中的
　　　　作用？ ………………………………………………（101）
四十九、村官如何抓好流动人口的计划生育管理工作？ ……（102）

第四章　村官基层党务工作者素质修养

一、基层党组织的定义及分类是怎样的？其任期是怎样的？ ………（103）
二、基层党组织的地位和作用有哪些？ ………………………（103）
三、党支部的地位是怎样的？ …………………………………（104）
四、党支部有哪些作用？ ………………………………………（105）
五、党支部的基本任务有哪些？ ………………………………（106）
六、农村党支部的主要任务和职责？ …………………………（107）
七、党小组如何划分？党小组是不是一级党组织？ …………（107）
八、党小组的作用和任务是什么？ ……………………………（107）
九、支部委员同党小组的关系是什么？ ………………………（108）
十、党支部的设置原则是什么？ ………………………………（108）
十一、党支部的成立、调整和撤建有何规定？ ………………（109）
十二、支部委员会换届选举前有哪些准备工作？ ……………（109）
十三、支部委员会换届选举大会的主要议程是什么？ ………（110）
十四、新一届支部委员会第一次会议的主要任务及议程是

什么？ ……………………………………………………（111）
十五、新一届支部委员会换届选举有哪些善后工作？ …（111）
十六、什么是"三会一课"？ ………………………………（111）
十七、什么是组织（民主）生活会？ ……………………（114）
十八、民主评议是怎样的？ ………………………………（114）
十九、什么是党内监督？ …………………………………（116）
二十、党员教育工作有何意义与作用？ …………………（116）
二十一、当前党员教育工作的指导思想是什么？ ………（117）
二十二、党员教育工作的主要任务是什么？ ……………（117）
二十三、党员教育的基本原则是什么？ …………………（118）
二十四、党员教育的方式方法有哪些？ …………………（118）
二十五、什么是党员管理？ ………………………………（119）
二十六、党员管理的指导思想和基本原则是什么？ ……（119）
二十七、党员管理的基本任务是什么？ …………………（120）
二十八、党员管理工作的形式和方法有哪些？ …………（121）
二十九、党员管理工作有哪些内容？ ……………………（122）
三十、转移和接收党员组织关系凭证的使用范围是什么？ …（123）
三十一、在转移和接收党员组织关系中，党组织的主要职责
　　　　及对党员的要求有哪些？ ………………………（123）
三十二、流动党员活动证使用制度有哪些内容？ ………（124）
三十三、发展党员工作的方针和原则是什么？ …………（125）
三十四、如何做好入党积极分子阶段的工作？ …………（126）
三十五、如何做好党员发展对象阶段的工作？ …………（127）
三十六、如何做好预备党员接收阶段的工作？ …………（130）
三十七、如何做好预备党员的教育、考察和转正阶段的工作？ …（132）
三十八、党内表彰的基本要求有哪些？ …………………（134）
三十九、党内表彰的种类有哪些？ ………………………（134）
四十、党内表彰的权限是什么？ …………………………（135）
四十一、党内表彰程序和被表彰者的评选办法有哪些？ …（136）
四十二、党员纪律处分有何规定？ ………………………（136）
四十三、村官如何提升党性修养？ ………………………（138）
四十四、村官如何做到讲党性、重品行、作表率？ ……（139）
四十五、加强党性修养，村官如何正确处理理想信念与
　　　　现实差距的关系？ ………………………………（139）

四十六、加强党性修养，村官如何正确处理岗位职责与
社会价值的关系？ ……………………………………… (140)
四十七、加强党性修养，村官如何正确处理锐意进取与自身
发展的关系？ …………………………………………… (140)
四十八、加强党性修养，村官如何正确处理坚持原则与亲情
友情的关系？ …………………………………………… (141)

第五章 村官廉洁从政素质修养

一、为什么要实行党风廉政建设责任制？ ………………………… (142)
二、《中国共产党党员领导干部廉洁从政若干准则（试行）》
对党员领导干部提出了哪些要求？从哪些方面禁止领导
干部的不正当行为？ ……………………………………………… (142)
三、《中国共产党纪律处分条例》认定贪污贿赂行为有哪些？ … (144)
四、针对新情况与新问题而对禁止利用职务便利谋取不正当
利益作出了哪些新的规定？ …………………………………… (145)
五、党的反腐倡廉的重大战略决策的含义及意义是什么？
其重点人群、根本、主题、目标是什么？应坚持哪
四个方面的教育？ ………………………………………………… (146)
六、如何理解"标本兼治、综合治理、惩防并举、注重
预防"的反腐倡廉方针？ ………………………………………… (146)
七、如何理解拓展从源头上防治腐败工作领域的要求？ ……… (147)
八、为什么要正确认识反腐倡廉形势？当前反腐
倡廉的形势如何？ ………………………………………………… (149)
九、如何理解在坚决惩治腐败的同时，更加注重治本，
更加注重预防，更加注重制度建设？ ………………………… (150)
十、如何理解加强以完善惩治和预防腐败体系为重点的
反腐倡廉建设？ …………………………………………………… (151)
十一、加强反腐倡廉教育的重点是什么？ …………………… (152)
十二、如何认识新形势下加强领导干部廉洁自律工作的
意义？其工作重点是什么？ ………………………………… (153)
十三、如何理解加强监督、关口前移是有效预防腐败的
关键？ …………………………………………………………… (154)
十四、强化监督的总体要求是什么？ ………………………… (155)

十五、村官如何切实遵守述职述廉有关规定？ ……………… (155)
十六、村官的廉政行为规范是什么？ ………………………… (156)
十七、《廉政准则》为什么要禁止党员领导干部私自从事
　　　营利活动？ ……………………………………………… (157)
十八、《廉政准则》对禁止党员领导干部假公济私、化公
　　　为私作了哪些规定？ …………………………………… (158)
十九、《廉政准则》对党员领导干部艰苦奋斗、勤俭节约
　　　提出了什么要求？ ……………………………………… (159)
二十、为什么规定不准在领导干部管辖的业务范围内个人
　　　从事可能与公共利益发生冲突的经商办企业活动？ …… (161)
二十一、什么是党风与党风廉政建设责任制？实行党风廉政
　　　　建设责任制要坚持哪些基本原则？ ………………… (161)
二十二、四大纪律，八项要求、八个坚持、八个反对的具体
　　　　内容是什么？ …………………………………………… (162)
二十三、领导干部讲廉洁的基本要求是什么？《中国共产党
　　　　党员领导干部廉洁从政若干准则》对党员领导干部
　　　　廉洁从政行为作了哪六个方面的行为规范？ ……… (163)
二十四、如何理解发展党内民主是防治腐败的有力武器？ …… (163)
二十五、如何建立惩治和预防腐败体系？ ………………………… (164)
二十六、如何拓宽从源头上防治腐败的领域，推进"四项
　　　　改革"，完善"四项制度"，深化"三公开"？ ……… (165)
二十七、村官如何树立清正廉洁的良好形象？ ………………… (165)
二十八、村官如何对待生活作风问题？ ………………………… (166)
二十九、党章为什么规定"中国共产党党员永远是劳动
　　　　人民的普通一员"？ …………………………………… (166)
三十、党章为什么规定党的领导干部"要正确行使人民
　　　赋予的权力"？ ………………………………………… (167)
三十一、共产党员带头廉洁从政有什么意义？ ………………… (168)
三十二、党的历史上对共产党员廉洁从政有什么规定？ ……… (168)
三十三、党的现行廉政规范文件有哪些？ ……………………… (170)
三十四、为什么要颁布《中国共产党党员领导干部廉洁
　　　　从政若干准则（试行）》？ …………………………… (171)
三十五、为什么要作出《关于领导干部报告个人重大事项的
　　　　规定》？ ………………………………………………… (171)

三十六、十八大关于反腐倡廉有什么新的目标？ ……………… (172)
三十七、十八大报告在反腐倡廉方面有哪些新观点、
　　　　新举措、新要求？ ……………………………………… (173)
三十八、党的十八大报告中关于反腐倡廉的基本内容是什么？ …… (175)
三十九、如何深刻理解和正确把握十八大关于反腐倡廉的
　　　　新思路、新理论？ …………………………………… (177)
四十、如何深入贯彻落实十八大精神，推进反腐倡廉建设
　　　新发展？ ………………………………………………… (178)
四十一、如何保证从中央到地方各级政府，进一步提高
　　　　透明度、防治腐败？如何进一步落实问责制？ ……… (179)
四十二、关于当前反腐败工作形势是怎样的？ ………………… (179)
四十三、腐败现象易发多发的原因有哪些？ …………………… (179)
四十四、为什么必须充分认识反腐败斗争的长期性、复杂性、
　　　　艰巨性？ ………………………………………………… (180)
四十五、如何推进反腐败斗争的有利条件，坚定反腐倡廉
　　　　建设的信心？ …………………………………………… (182)

第六章　村官法律政策素质修养

一、什么是法律？社会为什么需要法律？ ……………………… (184)
二、法律与道德的关系是什么？ ………………………………… (185)
三、法律有哪些特征及分类？ …………………………………… (186)
四、什么是法律后果？ …………………………………………… (187)
五、法律与党的政策是什么关系？存在着哪些区别？ ………… (187)
六、我国的立法体系是怎样的？ ………………………………… (188)
七、立法解释、司法解释和行政解释的含义是什么？ ………… (189)
八、什么是法律面前人人平等？ ………………………………… (189)
九、为什么必须做到法律面前人人平等？ ……………………… (190)
十、怎样树立和维护法律的权威？ ……………………………… (191)
十一、怎样严格依法办事？ ……………………………………… (192)
十二、怎样提高法律素养？ ……………………………………… (192)
十三、什么是法律责任？其特点和种类有哪些？ ……………… (193)
十四、法律责任的构成要件有哪些？ …………………………… (194)
十五、什么是法律制裁？其特点和种类有哪些？ ……………… (194)

十六、社会主义法治要求与法治国家的基本内容是什么？……（195）
十七、法制与法治的关系是什么？……（196）
十八、社会主义法律适用有什么特点？其原则及要求是什么？……（197）
十九、如何寻求和申请法律援助？……（197）
二十、什么是宪法？其特征有哪些？……（198）
二十一、为什么说宪法是国家的根本大法？……（199）
二十二、宪法的原则及作用是什么？……（199）
二十三、宪法的主要内容有哪些？……（201）
二十四、什么是宪法监督？其内容有哪些？……（201）
二十五、什么是公民？公民和人民有何区别？……（202）
二十六、宪法保护公民的人身自由有哪些？……（203）
二十七、全国人民代表大会的职权是什么？……（203）
二十八、人民代表大会的代表是怎样选举产生的？……（204）
二十九、人民代表大会的代表享有哪些权利？……（204）
三十、休息权是宪法权利吗？公民的基本权利有哪些？……（205）
三十一、什么是选举权和被选举权？18周岁以上就有选举权吗？……（206）
三十二、什么是言论自由、出版自由、结社自由、集会自由、游行自由、示威自由？自由可以不受任何限制吗？……（206）
三十三、党的民主集中制的基本原则是什么？……（207）
三十四、如何认识当前我国的法治化程度？……（208）
三十五、如何理解依法治国的内涵？……（209）
三十六、依法治国的意义是什么？……（210）
三十七、依法治国的基本原则是什么？……（211）
三十八、什么是社会主义法治理念？……（212）
三十九、如何理解法治与人治的区别？……（213）
四十、如何落实依法治国的基本方略？……（214）
四十一、如何坚持党对社会主义法治建设的政治领导？……（215）
四十二、为什么要健全完善立法？……（216）
四十三、怎样健全完善立法？……（216）
四十四、为什么要严格公正司法？怎样坚持司法公正？……（217）
四十五、什么是依法执政？……（218）
四十六、党为什么要依法执政？怎样实现依法执政？……（219）

第七章　村官礼仪交际素质修养

一、什么是礼仪？村官学礼仪有何用处？ …………………… （221）
二、村官如何培养自己的礼仪素质？ ………………………… （222）
三、村官在接待工作中要掌握哪些礼仪？ …………………… （222）
四、村官在迎宾工作中要掌握哪些礼仪？ …………………… （224）
五、村官敬茶有哪些礼仪？ …………………………………… （224）
六、村官道别的礼仪规范有哪些？ …………………………… （225）
七、村官打电话有哪些礼仪？ ………………………………… （225）
八、村官接电话有哪些礼仪？ ………………………………… （226）
九、村官使用手机有哪些礼仪？ ……………………………… （227）
十、村官馈赠礼品需注意哪些事项？ ………………………… （228）
十一、村官慰问有哪些礼仪？ ………………………………… （229）
十二、村官出访有哪些礼仪？ ………………………………… （229）
十三、村官宴请的筹备应注意的礼仪有哪些？ ……………… （230）
十四、村官宴请中桌次与座位的礼仪有哪些？ ……………… （231）
十五、村官赴宴应注意哪些礼仪？ …………………………… （231）
十六、村官敬酒需注意哪些礼仪？ …………………………… （233）
十七、村官宴会交谈需注意哪些礼仪？ ……………………… （234）
十八、村官在社交场合如何作自我介绍？ …………………… （234）
十九、村官礼仪称呼需注意哪些事项？ ……………………… （235）
二十、村官如何塑造良好的个人形象？ ……………………… （235）

参考文献 ……………………………………………………… （237）

第一章 村官思想道德素质修养

一、中国特色社会主义理论体系及中国共产党第十八次全国代表大会主题是什么？

中国特色社会主义理论体系，就是包括邓小平理论、"三个代表"重要思想，以及科学发展观等重大战略思想在内的科学理论体系。

第十八次全国代表大会的主题是：高举中国特色社会主义伟大旗帜，以邓小平理论、"三个代表"重要思想、科学发展观为指导，解放思想，改革开放，凝聚力量，攻坚克难，坚定不移地沿着中国特色社会主义道路前进，为全面建成小康社会而奋斗。

二、科学发展观是什么思想？怎样理解发展是科学发展观的第一要义？

科学发展观是马克思主义关于发展的世界观和方法论的集中体现，是同马克思列宁主义、毛泽东思想、邓小平理论和"三个代表"重要思想既一脉相承又与时俱进的科学理论，是我国经济社会发展的重要指导方针，是发展中国特色社会主义必须坚持和贯彻的重大战略思想。

科学发展观的第一要义是发展，核心是以人为本，基本要求是全面协调可持续，根本方法是统筹兼顾。

关于人类社会发展，特别是社会主义经济社会发展科学的发展理念和发展理论，是科学发展观的第一要义。深入贯彻落实科学发展观，必须坚持把发展作为党执政兴国的第一要务，是解决中国一切问题的根本和关键。发展，对于全面建成小康社会、加快推进社会主义现代化，具有决定性意义。在社会主义初级阶段，要牢牢抓住经济建设这个中心，坚持聚精会神搞建设、一心一意谋发展，不断解放和发展社会生产力。更好地实施科教兴国战略、人才强国战略、可持续发展战略，着力把握发展规律、创新发展理念、转变发展方式、破解发展难题，提高发展质量和效益，实现又好又快发展，为发展中国特色社会主义打下坚实基础。努力实现以人为本、全面协调可持续的科学发展，实现各方面事业有机统一、社会成员团结和睦的和谐发展，实现既通过维护世界和平发展自身、又通过自身发展维护世界和平的和平发展模式。

三、怎样理解科学发展的深刻内涵和基本要求？

科学发展的深刻内涵和基本要求是：①解放和发展社会生产力始终是社会主义的根本任务，要牢牢抓住经济建设这个中心，为发展中国特色社会主义打下坚实物质基础；②以经济建设为中心，全面推进经济建设、政治建设、文化建设和社会建设，按照"五个统筹"的要求，促进经济社会发展和人的全面发展相统一，实现经济发展与人口、资源、环境相协调；③统筹兼顾，总揽全局，充分调动一切积极因素，妥善处理各种利益关系，注重实现良性互动，着力加强经济社会发展的薄弱环节；④加快转变经济发展方式、完善社会主义市场经济体制；⑤始终把实现好、维护好、发展好最广大人民的根本利益作为党和国家一切工作的出发点和落脚点，做到发展为了人民、发展依靠人民、发展成果由人民共享。

四、科学发展观是如何回答为谁发展、靠谁发展、发展成果分配等一系列问题的？其哲学理论基础是什么？

科学发展观强调坚持发展为了人民，就是要把实现好、维护好、发展好最广大人民的根本利益，作为党和政府一切方针政策和各项工作的根本出发点和落脚点，坚持把发展的目的真正落实到满足人民需要、实现人民利益、提高人民生活水平上。

科学发展观强调坚持发展依靠人民，就是要尊重人民主体地位，发挥人民首创精神，密切联系群众，始终相信群众，紧紧依靠群众，充分地调动人民群众的积极性、主动性和创造性，最大限度地集中全社会、全民族的智慧和力量，最广泛地动员和组织亿万群众投身中国特色社会主义建设的伟大事业。

科学发展观强调坚持发展成果由人民共享，就是要走共同富裕道路，把改革发展取得的各方面成果，体现在不断提高人民的生活质量和健康水平上，体现在不断提高人民的思想道德素质和科学文化素质上，体现在充分保障人民享有的经济、政治、文化和社会等各方面权益上，让发展成果惠及广大人民群众。

科学发展观坚持辩证唯物主义和历史唯物主义的基本原理，用一系列新思想、新观点、新论断，深化了对社会主义发展规律的认识，指明了实现经济社会又快又好的科学发展道路，是马克思主义关于发展的世界观和方法论的集中体现。

五、什么是以人为本？如何理解以人为本是科学发展观的核心？如何坚持以人为本？

以人为本是科学发展观的核心，即把人视为价值的核心和社会的本位，把人的生存与发展作为最高的价值目标，一切为了人，一切服务于人。

以人为本体现了马克思主义历史唯物论的基本原理，体现了中国共产党全心全意为人民服务的根本宗旨。坚持以人为本，就是要在发展中始终把实现好、维护好、发展好最广大人民的根本利益作为一切工作的出发点和落脚点，尊重人民的主体地位，发挥人民的首创精神，保障人民的各项权益，走共同富裕道路。以人为本要以实现人的全面发展为目标，从人民群众的根本利益出发谋发展、促发展，不断满足人民群众日益增长的物质文化需要，切实保障人民群众的经济、政治和文化权益，做到发展为了人民、发展依靠人民、发展成果由人民共享。

以人为本就是以最广大人民的根本利益为本。以人为本的"人"，是指最广大人民群众。在当代中国，就是以工人、农民和知识分子等为主体，包括社会各阶层在内的最广大人民群众；以人为本的"本"，就是根本，就是出发点、落脚点，就是最广大人民的根本利益。以人为本体现了立党为公、执政为民的本质要求，是中国共产党的根本宗旨和执政理念的集中体现，是社会主义制度的本质特征，是全面建成小康社会、实现社会主义现代化的根本要求。坚持以人为本，要在治国理政的过程中充分体现和代表人民的意愿，坚持发展为了人民、发展依靠人民、发展成果由人民共享，不断让人民群众得到实实在在的利益，使全体人民朝着共同富裕的方向稳步前进。坚持以人为本，要在经济社会发展的各个环节、各项工作中体现和保障人民群众的权益。坚持以人为本，就要把促进人的全面发展作为经济社会发展的最终目的，既着眼于人民现实的物质文化生活需要，又着眼于促进人民素质的提高，把促进人的全面发展落实到经济社会发展的全过程，贯穿到各项工作中去。

六、如何理解全面协调可持续是科学发展观的基本要求？可持续发展的内涵是什么？

经济发展、政治发展、文化发展、社会发展和人的全面发展是相互联系、相互影响的整体。坚持全面协调可持续发展，要按照中国特色社会主义事业总体布局，在坚持抓好经济建设这个中心的同时，全面推进经济建设、政治建设、文化建设和社会建设，促进现代化建设各个环节、各个方面相协调，促进生产关系与生产力、上层建筑与经济基础相协调。坚持走生产发展、生活富裕、生态良好的文明社会发展道路，努力建设资源节约型、环境友好型社会，实现速度和结构质量效益相统一、经济发展与人口资源环境相协调，促进人与自然相和谐，实现经济和社会的永续发展。

可持续发展是既能满足当代人的需要，又不对后代人满足其需要的能力构成危害的发展。

可持续发展是以保护自然资源环境为基础，以激励经济发展为条件，以改善和提高人类生活质量为目标的发展理论和战略。它是一种新的发展观、道德观和文明观，其内涵为：①突出发展的主题，发展与经济增长有根本区别，发展是集社会、科技、文化、环境等多项因素于一体的完整现象，是人类共同的和普遍的权利，是发达国家和发展中国家都享有的平等、不容剥夺的发展权利；②发展具有可持续性，人类的经济和社会的发展不能超越资源和环境的承载能力；③人与人的关系具有公平性，当代人在发展与消费时应努力做到使后代人有同样的发展机会，同一代人中一部分人的发展不应当损害另一部分人的利益；④人与自然协调共生，人类必须建立新的道德观念和价值标准，学会尊重自然、顺应自然、保护自然，与之和谐相处。

七、如何理解统筹兼顾是科学发展观的根本方法？统筹兼顾的要求是什么？五个统筹是什么？

统筹兼顾是马克思主义关于发展的方法论的高度凝练，也是经过实践检验行之有效的重要领导方法和工作方法。科学发展观的根本方法是统筹兼顾。深入贯彻落实科学发展观，必须坚持统筹兼顾，即要正确认识和妥善处理中国特色社会主义事业中的重大关系，统筹城乡发展、区域发展、经济社会发展、人与自然和谐发展、国内发展和对外开放，统筹中央和地方的关系，统筹个人利益和集体利益、局部利益和整体利益、当前利益和长远利益，充分调动各方面的积极性，既要总揽全局、统筹规划，又要抓住牵动全局的主要工作与事关群众利益的突出问题，着力推进，重点突破。

统筹兼顾是中国共产党在长期革命、建设和改革实践中形成的一条宝贵经验，是进行现代化建设的一个基本方针。统筹兼顾，就是要求我们在工作中要做到总揽全局、协调各方、统筹谋划、兼顾全面，充分调动一切积极因素，妥善处理各种利益关系，着力加强经济社会发展的薄弱环节。

五个统筹是：统筹城乡发展，统筹区域发展，统筹经济社会发展，统筹人与自然和谐发展，统筹国内发展和对外开放。

八、什么是资源节约型社会？什么是环境友好型社会？什么是互利共赢理念？

资源节约型社会是指，通过对资源的合理配置、高效循环的利用、有效的保护和替代，使经济社会发展与资源环境承载能力相适应，使污染物产生量最小化并使废弃物得到无害化处理，构建人与自然和谐共处的社会。

环境友好型社会是一种人与自然和谐共生的社会形态，其核心内涵是：人类的生产、消费活动与自然生态系统协调可持续发展，是以人与自然和谐为目标，以环境承载能力为基础，以遵循自然规律为核心，以绿色科技为动力，倡导环境文化和生态文明，追求经济、社会、环境协调发展的社会体系。

处理好利益关系，必须把握互利共赢理念。互利共赢理念，就是要在推动科学发展中充分调动各方面的积极性，使参与发展的各个方面都能获得利益，能够共同发展，共享发展成果，实现集体利益与个人利益的统一，短期利益与长远利益的统一。

九、如何正确认识和准确把握科学发展观这一战略思想的重大意义？

科学发展观是我们党坚持以邓小平理论和"三个代表"重要思想为指导，在准确把握世界发展趋势、认真总结我国发展经验、深入分析我国发展阶段性特征的基础上提出的重大战略思想，是对经济和社会发展一般规律认识的深化，是马克思主义关于发展的世界观和方法论的集中体现。科学发展观揭示了发展的本质和内涵，是指导我们认识发展的根本观点；科学发展观揭示了我国经济、社会发展的正确道路，是指导我们推进发展的根本方法，是推进社会主义经济建设、政治建设、文化建设、社会建设全面发展必须长期坚持的指导方针。

十、坚持发展为了人民、坚持发展依靠人民、坚持发展成果由人民共享的深刻内涵是什么？

坚持发展为了人民，就是要把实现好、维护好、发展好最广大人民的根本利益，作为党和政府一切方针政策和各项工作的根本出发点和落脚点，坚持用人民拥护不拥护、赞成不赞成、高兴不高兴、答应不答应来衡量一切决策，把发展的目的真正落实到满足人民需要、实现人民利益、提高人民生活水平上。

坚持发展依靠人民，就是要尊重人民的主体地位和首创精神，密切联系群众，始终相信群众，紧紧依靠群众，最充分地调动人民群众的积极性、主动性和创造性，最大限度地集中全社会、全民族的智慧和力量，最广泛地动员和组织亿万群众投身于中国特色社会主义伟大事业。

坚持发展成果由人民共享,是坚持发展为了人民、发展依靠人民的具体体现和最终目的。坚持发展成果由人民共享,就是要把改革发展取得的各方面成果,体现在不断提高人民的生活质量和健康水平上,体现在不断提高人民的思想道德素质和科学文化素质上,体现在充分保障人民享有的经济、政治、文化、社会等各方面权益上,让经济与社会发展的成果惠及全体人民。

十一、为什么说我们必须坚持发展成果由人民共享?要使全体人民共享改革发展成果应从哪方面入手?

如果发展的成果没有或很少被最广大人民享受到,发展为了人民就会落空,发展依靠人民就没有基础。在整个改革开放和现代化建设过程中,一定要使人民群众得到应该得到的、看得见的物质利益,而且随着经济的发展不断有所增加,努力使工人、农民、知识分子和其他群众共同享受到经济与社会发展的成果。

使全体人民共享改革发展成果要从人民群众最关心、最直接、最现实的利益问题入手。

十二、有效实施科学发展观的七大主题是什么?

(1) 始终保持经济的理性增长:在这里特别强调一种"健康状态"下的经济增长,也就是既不同意限制财富积累的"零增长",也不同意不顾一切条件的过分增长。

(2) 全力提高经济增长的质量:这意味着新增财富的内在质量,应当不断地、连续地加以改善和提高。

(3) 满足以人为本的基本生存需求:科学发展观的核心是以围绕人的全面发展而制定的,不断满足人的基本生存需求和生存空间,是一切发展的基石。

(4) 调控人口的数量增长,提高人口的素质:人口数量的年平均增长率首先应稳定地低于GDP的年平均增长率,而后逐渐实现人口自然增长率的零增长。

(5) 维持、扩大和保护自然的基础资源:地球的基础资源在可以预期的将来,仍然是供养世界人口生存与发展的唯一来源。

(6) 集中关注科技进步对于发展瓶颈的突破:科学发展观始终强调人口、资源、生态环境与经济发展的强力协调。科技进步在可持续发展战略实施中,能够迅速把研究成果积极地转化为经济增长的推动力,并克服发展过程中的瓶颈,以此达到可持续发展的总体要求。

(7) 始终调控环境与发展的平衡:科学发展观不赞成单纯为了经济增长而牺牲环境的容量和能力,也不赞成单纯为了保护环境而不敢开发自然资源。二者之间的关系可以通过准确的调节和控制,使经济发展水平不断提高,并能相应地使环境承载能力保持在较高的水平上。

十三、科学发展观的具体内容包括哪些？树立和落实科学发展观,实现哪五方面的转变？

(一)科学发展观的具体内容
(1)以人为本的发展观;
(2)全面发展观;
(3)协调发展观;
(4)可持续发展观。
(二)树立和落实科学发展观,关键在于狠抓落实五方面的转变
(1)进一步转变发展观念;
(2)进一步转变经济增长方式,大力推进经济增长方式向集约型转变,走新型工业化道路;
(3)进一步转变经济体制;
(4)进一步转变政府职能;
(5)进一步转变各级干部的工作作风。

十四、为什么树立和落实科学发展观必须始终坚持以经济建设为中心？

马克思主义认为,生产力的发展是人类社会发展的最终决定力量。社会主义现代化必须建立在发达的生产力基础上。我国正处于并将长期处于社会主义初级阶段。社会主义初级阶段的主要矛盾,始终是人民日益增长的物质文化需要与落后的社会生产力之间的矛盾,解放和发展生产力始终是我们的中心任务。中国共产党执政兴国的第一要务是发展,首先是要发展经济。国家的昌盛,人民的富裕,说到底是经济实力问题,而国际竞争,说到底也是经济实力的竞争。只有经济发展了,经济实力和综合国力增强了,人民的生活才能不断改善,国家才能长治久安,促进人的全面发展才有坚实的物质基础,我们也才能在国际格局中占据更加有利的地位。以经济建设为中心,在任何时候、任何情况下都不能动摇、不能放松。

十五、为什么说我们强调加快经济发展,不是单纯追求国内生产总值的增长？

国内生产总值是目前世界通用的重要宏观经济指标,具有综合性强和简便易

行的优点。但是，国内生产总值不能全面反映经济增长的质量和结构，不能全面反映人们实际享有的社会福利水平。我们要以科学的精神、态度和思想方法来看待国内生产总值，防止任何片面性和绝对化。我们要把加快经济发展建立在优化结构、增加效益、提高质量的基础上。如果忽视增长的质量和效益，不惜浪费资源、破坏环境，片面追求一时的高速度，就势必会造成大的起落，不能实现真正的发展。有质量、有效益的发展，才是真正的发展，才真正体现了发展是硬道理的内涵。

十六、为什么说自主创新能力是国家竞争力的核心？建设创新型国家的关键、核心和基础是什么？

一个国家只有拥有强大的自主创新能力，才能有效地应对激烈的国际竞争。特别是在关系国民经济命脉和国家安全的关键领域，真正的核心技术、关键技术是买不来的，必须依靠自主创新。我们要把提高自主创新能力摆在全部科技工作的首位，根据全面建成小康社会的紧迫需求、世界科技发展趋势和我国国力，对我国科技发展作出总体部署，统筹全局超前部署前沿技术和基础研究，把握科技发展的战略重点，确定若干重点领域，抓住一批重大关键技术，实施若干重大专项，建设一批创新基地，培育大批创新企业，扎实提高持续创新能力，培育新兴产业，不断为建设创新型国家奠定坚实基础。

建设创新型国家，科技是关键，人才是核心，教育是基础。

十七、如何正确看待和处理中国特色社会主义经济建设、政治建设、文化建设与社会建设四个方面之间的关系？

中国特色社会主义的经济、政治、文化与社会建设是紧密联系、相互促进的。经济建设为政治建设、文化建设、社会建设提供物质基础，没有经济的发展，其他方面的发展就缺乏物质条件。政治建设为经济建设、文化建设、社会建设提供政治保障，没有政治建设，就不可能充分调动人民群众的积极性、主动性和创造性，就没有一个以健全法治为保障的发展环境，其他建设就不可能顺利进行。文化建设为经济建设、政治建设、社会建设提供思想保证和智力支持，没有文化建设，就没有共同的理想信念和道德规范，就不能形成昂扬向上、开拓进取的主流精神。社会建设为经济建设、政治建设、文化建设提供有利的社会条件，没有社会建设，就不能形成促进其他建设的良好社会环境。

十八、当前解决民生问题最重要的是什么？应组织好哪些工程？推动各项事业发展的根本动力是什么？

当前解决民生问题最重要的是进一步加大社会公共服务投入，下大力气解决好城乡群众关心的就业、教育、医疗、住房、交通和环境等民生问题。解决民生问题，要抓好有效载体，积极组织好一批推动科学发展观、造福广大群众的工程，如城乡结合部整治工程、污水处理和循环利用工程、提升城市文明素质工程、食品放心工程、"平安北京"工程等。推动各项事业发展的根本动力是改革创新。

十九、什么是先进文化？在当代中国，先进文化的内涵是什么？

先进文化是一个民族的血脉和灵魂，是推动经济社会发展的强大动力，是综合国力的重要组成部分，是社会文明程度和发展水平的重要标志。在当代中国，先进文化的内涵就是发展面向现代化、面向世界、面向未来的，民族的、科学的、大众的社会主义文化。

二十、社会主义和谐社会的基本特征是什么？其相互关系如何？

社会主义和谐社会的基本特征包括民主法治、公平正义、诚信友爱、充满活力、安定有序、人与自然和谐相处。社会主义和谐社会的这些基本特征是相互联系、相互作用的，为社会主义和谐社会建设提出了具体要求，要在全面建成小康社会进程中切实贯彻和体现。

二十一、怎样才是坚持用全面的观点看政绩？

坚持用全面的观点看政绩就是：既要看经济指标，又要看社会指标、人文指标和环境指标；既要看城市变化，又要看农村发展；既要看当前的发展，又要看发展的可持续性；既要看经济总量的增长，又要看人民群众得到的实惠；既要看经济发展，又要看社会稳定；既要看"显绩"，又要看"潜绩"；既要看主观努力，也要看客观条件，使各项政绩都经得起实践检验、历史检验和群众检验。此外，我们还要以制度建设规范政绩，努力形成促使广大干部想干事、会干事、干成事的导向，促进科学发展观的贯彻落实。

二十二、什么是第一要务？什么是第一责任？如何提高各级党组织领导科学发展的能力？

发展是硬道理，是第一要务；稳定是硬任务，是第一责任。
关于提高各级党组织领导科学发展的能力，一要切实加强思想理论建设；二要切实树立正确的世界观、人生观、权力观和政绩观，要推进领导班子建设；三要推进基础党组织建设；四要加强党风廉政建设。

· 9 ·

二十三、生态建设的定义及基本原则是什么？

生态建设是指：根据生态学原理，对受害或受损的生态系统，通过一定的生物、生态以及工程技术和方法，人为地改变和切断生态系统中受害或受损的主导因子或过程，调整、配置和优化系统内部及其与外界物质、能量和信息流动过程和时空秩序，使生态系统的结构、功能和生态学潜力尽快地恢复到一定的或原有的乃至更高水平的过程。这一过程是在生态系统层次上进行的，通常由人工设计来实现。作为一门生态工程学，生态建设涉及广泛的学科领域，包括环境科学、环境工程、生态学、生物学、土壤学、水文学、林学、农学、地学、经济学和社会伦理学等。主要内容有：采矿区生态建设、水土流失的生态治理、污染区域的生态建设、敏感区域或关键地区的生态建设、生态示范区生态设计与建设、人居环境的生态建设、城市生态建设、自然保护区建设、功能区生态建设等。所应用的技术有：生态系统健康监测与控制技术、生态系统结构与功能的优化配置技术、生态系统重构及其调控技术、物种与生物多样性恢复与维持技术、生态工程设计与实施技术、环境规划与景观生态规划技术、典型受损生态系统的试验示范与推广、自然保护区规划与管理技术等。这些技术可归结为三个基本体系，即：非生物或环境要素（包括土壤、水体、大气）的建设技术；生物因素（包括物种、种群、群落）的建设技术；生态系统（包括结构与功能）的总体规划、设计与组装技术。

我国生态环境建设的基本原则是：①统筹规划，突出重点，量力而行，分步实施，优先抓好对全国有广泛影响的重点区域和重点工程；②从实际出发，因地制宜，讲求实效，发挥综合治理效益；③依法保护和治理生态环境，建立法律法规保障体系和科技支撑体系，使生态环境的保护和建设法制化，工程的设计、施工和管理科学化；④以预防为主，治理与保护、建设与管理并重，除害和兴利并举，实行边建设、边保护的政策，使各项生态环境建设工程发挥长期效益；⑤把生态环境建设与产业开发、农民脱贫致富、区域经济发展相结合；⑥依靠亿万群众，广泛动员全社会的力量共同参与，建立多元化的投入机制，多渠道筹集生态环境建设资金。

二十四、什么是生态文明？我国建设生态文明的具体措施有哪些？

广义的生态文明是指人类文明发展的一个阶段，是继工业文明之后的人类文明新形态。狭义上的生态文明则指文明的一个方面，即人类在处理与自然的关系时所达到的文明形态，这是相对于物质文明、精神文明、政治文明和社会文明而言的。生态文明就是实现人与自然的和谐发展，它以生态平衡为核心，以代际公正为原则，反对极端的人类中心主义，协调经济发展与人口、资源、环境的关系。这包括：控制人口增长，节约自然资源，防治环境污染，发展环保工业，实施循环经济，生产绿色产品，建设生态文化、培养人们以生态文明为价值取向的生活方式。人类选择生态文明，是基于对传统工业化的反思，也是对人类社会发展规律认识的新突破，反映了人类文明的发展方向。

中共十七大首次把生态文明写进党的文件，并指出要建设生态文明，基本形成节约能源资源和保护生态环境的产业结构、增长方式和消费模式。循环经济形成较大规模，可再生能源比重显著上升，主要污染物排放得到有效控制，生态环境质量明显改善。生态文明观念在全社会牢固树立，其中建设生态文明是贯彻落实科学发展观、构建和谐社会的必然要求，它与物质文明、政治文明、精神文明、社会文明相互促进，构成了中国特色社会主义现代文明的统一整体。

二十五、和谐理念思想的内涵是什么？倡导和谐理念、培育和谐精神的实践意义是什么？如何倡导和谐理念、培育和谐精神？

（一）和谐理念思想内涵
（1）以崇尚和谐、追求和谐为价值取向，体现了社会主义的理想追求；
（2）贯穿了马克思主义的科学精神；
（3）体现了党对执政规律的文化自觉。
（二）倡导和谐理念，培育和谐精神的实践意义
（1）落实科学发展观的需要。和谐理念与和谐精神，包含着协调发展、均衡发展的理念，体现了科学发展观的思想方法和实践逻辑。
（2）构建和谐社会的需要。在全社会大力倡导和谐理念，培育和谐精神，用和谐的方式处理利益关系和各种矛盾，形成我为人人、人人为我的社会风尚，是构建和谐社会的保障。
（3）促进人的心理和谐的需要。建设社会主义和谐社会，不仅要推动人与人的和谐，还要促进人的内心和谐。
（三）倡导和谐理念，培育和谐精神，必须坚持重在建设
（1）以建设社会主义核心价值体系为根本；
（2）以党内和谐促进社会和谐；
（3）坚持正确导向，营造良好的思想舆论氛围；
（4）广泛开展和谐创建活动。

二十六、什么是和谐文化？如何建设社会主义和谐文化？

和谐文化是一种以和谐理念为核心，以人与人、人与自身、人与自然的和谐

为价值目标,这包括价值体系、思想道德、社会风尚、思想舆论、文化产品,以及各种促进社会和谐的实践活动等形式的文化形态、文化现象和文化性状。这或者说是一种以和谐理念为指导、以实现和谐为价值目标的人类生存方式。

《中共中央关于构建社会主义和谐社会若干重大问题的决定》指出:"建设和谐文化,是构建社会主义和谐社会的重要任务。"我们要建设社会主义核心价值体系,形成全民族奋发向上的精神力量和团结和睦的精神纽带;树立社会主义荣辱观,培育文明道德风尚;坚持正确导向,营造积极健康的思想舆论氛围;广泛开展和谐创建活动,形成人人促进和谐的局面。思想文化的基础是社会的经济和政治制度。建设和谐文化,从根本上说,就是要加强制度建设,保障社会公平正义。这包括:完善民主权利保障制度,巩固人民当家做主的政治地位;完善法律制度,夯实社会和谐的法治基础;完善司法体制机制,加强社会和谐的司法保障;完善收入分配制度,规范收入分配秩序;完善社会保障制度,保障群众基本生活。

二十七、构建社会主义和谐社会的指导思想、目标任务和主要内容是什么?

(一)构建社会主义和谐社会的指导思想

我们要构建的社会主义和谐社会,是指中国共产党在中国特色社会主义道路上领导全体人民共同建设、共同享有的和谐社会。我们必须坚持以马克思列宁主义、毛泽东思想、邓小平理论和"三个代表"重要思想为指导,坚持党的基本路线、基本纲领和基本经验,坚持以科学发展观统领经济社会发展全局,按照民主法治、公平正义、诚信友爱、充满活力、安定有序、人与自然和谐相处的总要求,以解决人民群众最关心、最直接、最现实的利益问题为重点,着力发展社会事业、促进社会公平正义、建设和谐文化、完善社会管理、增强社会创造活力,走共同富裕道路,推动社会建设与经济建设、政治建设、文化建设协调发展。

(二)构建社会主义和谐社会的目标任务

此目标任务包括:社会主义民主法治更加完善,依法治国基本方略得到全面落实,人民的权益得到切实尊重和保障;城乡、区域发展差距扩大的趋势逐步扭转,合理有序的收入分配格局基本形成,家庭财产普遍增加,人民过上更加富足的生活;社会就业比较充分,覆盖城乡居民的社会保障体系基本建立;基本公共服务体系更加完备,政府管理和服务水平有较大提高;全民族的思想道德素质、科学文化素质和健康素质明显提高,良好道德风尚、和谐人际关系进一步形成;全社会创造活力显著增强,创新型国家基本建成;社会管理体系更加完善,社会秩序良好;资源利用率显著提高,生态环境明显好转;实现全面建成惠及全国人民更高水平的小康社会的目标，努力形成全体人民各尽其能、各得其所而又和谐相处的局面。

（三）构建社会主义和谐社会的主要内容

构建社会主义和谐社会在《中共中央关于构建社会主义和谐社会若干重大问题的决定》中提出，内容包括：

（1）必须坚持以人为本；
（2）必须坚持科学发展；
（3）必须坚持改革开放；
（4）必须坚持民主法治；
（5）必须坚持正确处理改革、发展、稳定的关系；
（6）必须坚持在党的领导下的全社会共同建设。

二十八、"三农"问题的基本定义是什么？我国"三农"问题主要包括哪几方面？

"三农"问题是农业问题、农村问题和农民问题的总称，是三者相互联系而形成的系统性问题。它是世界性的普遍现象，是后发型发展中国家经济发展过程中的阶段性问题，伴随后发型国家政府主导的工业化、现代化进程而产生。

（1）农业问题。这是当今中国最大的经济问题，主要包括：适合中国国情的农业发展模式和经营方式的选择问题；提高农业综合生产能力，保证城乡居民和国民经济对农产品需求的供给问题；农产品市场体系和国家对农业的支持保护体系问题；提高农业的国际竞争力问题；农业现代化问题；农业的多功能和可持续发展问题等。

（2）农民问题。这是当今中国最大的政治问题，当前农民问题集中到一点就是农民权益缺失问题，包括：土地问题、生产经营权益问题、剩余农民的转移就业问题、农民的社会政治权益问题，以及农民的组织化问题等。

（3）农村问题。这是当前中国最大的社会问题，实际是农村社会全面发展的问题，主要包括：农村区域的产业结构问题；农村基础设施、工业化和城镇化问题；新型社区建设、乡村自治模式的选择问题；农村公共事业建设问题；城乡统筹、农村社会安定和有序发展问题等。

二十九、什么是公共服务、基本公共服务均等化？我国推进基本公共服务均等化的具体措施是什么？

公共服务是一种政府职能，是指通过提供或创造公共产品（如水、电、气等具有实物形态的产品和教育、医疗等非实物形态的产品）、公共环境（如安全稳定

村官素质修养提升必读

的社会环境、秩序井然的市场环境、良好的就业环境等）以满足公共需要的过程。

基本公共服务均等化是社会公平正义制度建设的重要内容之一，也是公共财政的基本目标之一，即政府要为社会公众提供基本的、在不同阶段具有不同标准的、最终大致均等的公共物品和公共服务。均等化是基于公平原则和社会平均水平，把贫富差距控制在合理范围之内，促进区域之间、城乡之间、经济社会之间协调发展，使不同社会阶层均衡受益，由此确保全体人民公平分享经济社会发展成果，保障公民基本权利，消除不和谐因素；而平均化则是对公共资源进行单纯的份额等同分配，既不公平也无效率，有碍于全体人民共享水平不断提高的基本公共服务。

我国推进基本公共服务均等化的具体措施早在中共十六届六中全会就提出了：完善公共财政制度，逐步实现基本公共服务均等化。要健全公共财政体制，调整财政收支结构，把更多财政资金投向公共服务领域，加大财政在教育、卫生、文化、就业与再就业服务、社会保障、生态环境、公共基础设施、社会治安等方面的投入。

三十、为什么科学技术是第一生产力？

科学技术是第一生产力，而且是先进生产力的集中体现和主要标志。科学技术是人类社会进步的重要标志，也是生产力发展的重要动力。首先，一部世界经济发展史就是先进生产力替代、淘汰落后生产力的历史，决定这一历史进程的直接原因是科学技术的进步。尤其到了近代，科学技术从生产力的非独立因素变成了相对独立的因素，并越来越显示出其重要性。其次，用科学技术改造传统产业，会大幅度地优化我国产业结构，实现社会生产力的跨越式发展，将是我国先进生产力发挥作用的重要方式。再次，当今时代，科学技术特别是高技术正日益成为经济社会发展的决定性力量，成为综合国力竞争的焦点。国家核心竞争力越来越表现为对智力资源和智慧成果的培育、配置和调控的能力，这表现为对知识产权的拥有与运用的能力。如果在知识和科技创新方面占据优势，就能在综合国力竞争中占据更有利的战略地位。因此，充分发挥科学技术是第一生产力的作用，是实现我国社会主义现代化战略目标的关键。

三十一、什么是文化事业？如何发展中国特色社会主义文化事业？

文化事业有广义和狭义之分。广义的文化事业是指：体现社会主义精神文明的各种文化形态的发展和建设，包括科学、教育、文学、艺术、卫生、体育、新闻、出版、广播、影视、戏剧、文物、节庆、网络文化、旅游文化、民俗文化和对外文化交流等,还包括制定文化政策、文化发展战略,以及从事各种文化形态的建设活动。

发展中国特色社会主义文化事业,必须坚持以邓小平理论、"三个代表"重要思想为指导,贯彻落实科学发展观,坚持党对文化事业的领导,确保马克思主义在意识形态领域的指导地位,确保社会主义先进文化的前进方向,继续深化文化体制改革。《国家"十一五"时期文化发展规划纲要》明确了"十一五"时期文化发展的六大重点:①抓好基层文化建设,完善公共文化服务体系。②抓好塑造国家文化形象的重大项目和工程建设,推出一批体现民族特色、反映时代精神、具有国际一流水准的文化艺术精品。③抓好文化产业体系建设。④抓好文化创新能力建设。⑤抓好文化"走出去"重大工程与项目实施,加强对外文化交流。⑥抓好人才培养,建设一支规模宏大、素质较高的文化工作者队伍,为文化发展提供坚实的人才保障。

三十二、村官如何率先树立科学发展观?

树立和落实科学发展观,必须统筹兼顾,提高党的执政能力和领导水平。村官在领导和管理农村经济社会工作中,切实做到把握全局、统筹兼顾。第一,努力提高贯彻落实科学发展观的自觉性,正确处理当前与长远、局部与全局、政府与市场的关系,正确处理物质文明、政治文明和精神文明的关系,要从我国国情出发,深刻认识解决发展不平衡的问题是长期的历史任务,要把积极进取的精神同科学求实的态度很好地结合起来,积极而又扎实地向前推进。第二,正确把握宏观调控各项目标。我们要统筹考虑促进经济增长、增加就业、稳定物价、国际收支平衡。根据不同时期的实际情况,把握好宏观调控的方向、重点和力度。第三,全面履行政府职能。在继续加强和改进经济调节和市场监管的同时,应更加注重履行社会管理和公共服务职能。第四,树立正确的政绩观。我们要用全面的、实践的、群众的观点看待政绩,大兴求真务实之风,为人民谋利益。第五,抓紧研究制定统筹兼顾的政策和规划,合理调整与完善有利于促进经济社会全面、协调、可持续发展的政策措施,同时加强与落实科学发展观相适应的体制、制度、机制和法制建设,还要加强宣传舆论引导,在全国形成树立和落实科学发展观的良好氛围与环境。

三十三、村官如何深入学习实践科学发展观活动的指导思想?

全面贯彻落实党的十八大精神,以邓小平理论、"三个代表"重要思想、科学发展观为指导,立足基本国情,坚持以经济建设为中心,在发展中调整收入分配结构,着力创造公开、公平、公正的体制环境,坚持按劳分配为主体、多种分配方式并存，坚持初次分配和再分配调节并重，继续完善劳动、资本、技术、管理等要素按贡献和参与的初次分配机制，加快健全以税收、社会保障、转移支付为主要手段的再分配调节机制，以增加城乡居民收入、缩小收入分配差距、规范收入分配秩序为重点，努力实现居民收入增长和经济发展同步，使劳动报酬增长率和劳动生产率提高同步，逐步形成合理有序的收入分配格局，促进经济持续健康发展与社会和谐稳定。

三十四、村官深入学习实践科学发展观，要解决的三个重点问题是什么？

（1）着力解决思想观念不适应科学发展观要求的问题。针对2008年历史罕见的金融危机应认真解决好一些党员干部对科学发展观理解得不深不透，学习实践科学发展观自觉性不够高的问题。一些党员干部思想不够解放，在推进科学发展方面尚缺乏新的举措和办法，在改革创新方面缺乏与时俱进的气魄；一些党员干部在困难面前精神状态不振、发展信心不强，应引导广大党员干部转变观念、理清思路，坚定信心、应对挑战，解放思想、抢抓机遇，改革创新、破解难题、化危为机、锐意进取，不断开创科学发展工作新局面。

（2）着力解决不利于科学发展的机制问题。针对税费改革、机构改革等影响制约科学发展的体制机制问题，以及国家严控土地政策、环保政策，这导致制约因素、市场准入门槛不断提高，多种刚性约束进一步加大，我们应进一步加快推进改革步伐，增强发展信心，提高管理效能，提升服务水平，着力构建充满活力、富有效率、更加开放、有利于科学发展的体制机制。

（3）着力解决领导能力、工作作风不适应科学发展观要求的问题。按照贯彻落实科学发展观必须加强和改进党的建设的要求，针对少数领导班子和个别领导干部科学决策水平不高，领导科学发展能力不强；少数干部思想作风不端正、工作作风不扎实，形式主义、官僚主义仍然存在；部分党员干部思想境界不高、执行力不强等问题，村官应进一步加强领导班子和党员干部队伍建设，深入推进领导干部作风建设的落实，努力打造科学发展型领导班子和善于科学发展的干部队伍。

三十五、什么是社会主义道德？为什么把"五爱"作为社会主义道德的基本要求？

社会主义道德是调整社会主义社会人与人之间、人与社会之间关系的行为规范的总结，它是以马克思主义的科学世界观为指导，以集体主义为基本原则的、调整人们行为的道德规范体系。它还与社会主义事业紧紧联系在一起，为促进社会主义现代化建设事业而服务。社会主义道德建设的基本要求是：爱祖国、爱人民、爱劳动、爱科学、爱社会主义，在全国各民族之间，工人、农民、知识分子之间，干部群众之间，家庭内部和邻居之间，以及人民内部的一切相互关系上，建立和发展平等、团结、友爱、互助的社会主义新型关系。"五爱"是社会主义道德的主要规范，是我国社会主义社会人与人之间的道德关系最一般、最广泛的反映，是评价和判断我国公民道德行为的普遍标准，是我国人民在各个生活领域中的基本行为准则。《中华人民共和国宪法》规定："国家提倡爱祖国、爱人民、爱劳动、爱科学、爱社会主义的公德。""五爱"不仅仅是公民的道德义务，也是必须履行的法律义务，是每个公民都必须遵守的。

"五爱"作为社会主义道德的基本要求，具有重大的理论意义和现实意义。从理论上说，它丰富和发展了马克思主义伦理学；从实践上说，只有发扬"五爱"精神，才能真正树立起社会主义的人与人之间的新型关系，才能形成和发展新的社会风尚。爱祖国是社会主义道德的一个重要规范，它反映了社会主义国家的公民和祖国之间的道德关系。它要求人们热爱祖国的山河和人民，热爱祖国的命运和前途，为祖国的繁荣富强而努力奋斗、英勇献身。爱人民是社会主义道德的最高表现，也是最基本的行为规范。它要求每个公民必须关心人民，爱护人民，坚持人民的利益高于一切，一切向人民负责，为人民的解放和幸福而工作，敢于同一切危害人民、背叛人民的行为作斗争，甚至不惜牺牲自己的生命。爱劳动是社会主义道德的重要规范。它要求每个劳动者都要把劳动看作自己光荣的职责，尽自己的能力，积极参加社会劳动，在劳动中严格遵守劳动纪律，发挥主动性和创造性，培养事业心和责任感。爱科学是社会主义道德一个具有特殊意义的能力，即勤于学习、大胆探索、勇于坚持真理、改正错误。爱社会主义是社会主义道德的重要规范。它要求人人自觉维护社会主义制度，关心、珍惜、爱护公共财物，敢于同一切危害社会主义的言论和行为作坚决斗争，为维护社会主义制度、建设社会主义现代化而努力奋斗、多作贡献。爱社会主义与爱祖国是密切相连的。中国人民在中国共产党的领导下，经过半个多世纪的艰苦奋斗，建立了社会主义国家。没有社会主义，就没有劳动者翻身解放。爱祖国，也就是爱社会主义祖国，就是坚持社会主义道德，反对封建主义和资本主义，将中国建设成为社会主义现代化国家。

三十六、社会生活中有哪几种道德？

人类社会生活可分为家庭生活、职业生活和日常公共生活。与之对应，用以指导和调整个人与社会间关系的道德，也就分为家庭道德、职业道德和公共道德，就是我们现在讲的家庭美德、职业道德、社会公德。党的十四届六中全会通过的《中共中央关于加强社会主义精神文明的若干重要问题的决议》指出:"要以为人民服务为核心,以集体主义为原则,以爱祖国、爱人民、爱劳动、爱科学、爱社会主义的基本要求,开展社会公德、职业道德、家庭美德教育,在全社会形成团结互助、平等友爱、共同前进的人际关系。"

三十七、领导干部道德修养的重要性是什么?

首先,党是整个社会的表率,党的各级领导同志又是全党的表率,领导干部的道德表率具有重大的社会价值,这由领导干部的职业特点所决定。不论是党政领导机关,还是企事业单位的领导干部,都具有以下职业特点:第一,代表人民掌握和行使权力。领导干部既掌握着人民赋予的公共权力,又在本质上是人民的公仆。第二,集多种角色、功能于一身。领导干部既是群体利益的代表者和维护者,又是群体意志的体现者和执行者,还是群体关系的设计者和协调者。第三,职业对象与职业性质特殊。职业对象是形形色色的社会成员和丰富多彩的社会关系;职业性质则突出体现在,使由各行各业组成的社会有机体得以健康有序运行所必须的领导、管理、协调、服务等精神活动。第四,职业责任重大。政治路线确定以后,干部就是决定因素。党领导的事业要取得胜利,不但要有正确的理论和路线,还必须有一支能坚决贯彻执行党的理论和路线的高素质的干部队伍,基于领导干部的职业特点,社会和人民赋予领导干部道德以极高的期望值。领导干部,特别是高级干部以身作则非常重要,群众对干部总是要听其言,观其行的。

其次,领导干部的道德表率作用是实践"三个代表"的需要,是我们党保持先进性,始终成为建设有中国特色社会主义坚强领导核心的基本要求。我们党要始终代表中国先进生产力的发展要求,必然要求领导干部在执行党的理论、路线、纲领、方针、政策和开展各项工作中,努力符合生产力发展规律,体现先进生产力发展要求,并通过发展生产力不断提高人民群众的生活水平,这正是领导干部实践社会主义道德表率的根本出发点。我们党要始终代表中国先进文化的前进方向,必然要求领导干部在执行党的理论、路线、纲领、方针、政策和开展各项工作中,努力体现发展社会主义文化的要求,促进全民族思想道德素质和科学文化素质的不断提高,为我国经济发展和社会进步提供精神动力和智力支持。我们党要始终代表中国最广大人民的根本利益,必然要求领导干部在执行党的理论、路线、纲领、方针、政策和开展各项工作中,坚持把人民的根本利益作为出发点和归宿,充分发挥人民群众的积极性、主动性、创造性,使人民群众不断获得切实的经济利益、政治利益、文化利益。

最后,加强领导干部道德修养是贪污腐败的重要治本之策。建设高素质的领导干部队伍,解决领导干部队伍存在的问题,再次提出加强领导干部队伍道德建设这一重大课题。列宁曾说过,"有修养的人是不会贪污的"。纵观胡长清、成克杰等腐败分子的人生轨迹,其政治上的蜕化变质,无一不是从道德上的迷惘开始的。一些在枪林弹雨中身经百战的领导干部,却倒在灯红酒绿之中。作为一个领导干部,如果难以坚守最后的道德底线,那离违纪违法的深渊只有一步之遥。好人不一定是好官,但好官一定要是好人,一个优秀的领导干部一定要有一流的人品作底子,良好的道德既是为人之本,更是为官之本。

三十八、领导干部道德规范的内涵是什么?

领导干部道德在本质上是一种政治道德。中国传统的政治道德,既包括一般的德政要求,也包括从政者的道德品行要求。社会主义国家领导干部的道德规范,与历代统治阶级的"官德",以及现代资本主义国家公务员行为规范的本质区别就在于伦理基础和伦理价值不同。历史上的官吏道德,虽然也有许多廉政、勤政、爱民、保民的规范,现代资本主义国家的公务员规范也相当完备,但本质上都是在维护少数统治阶级和剥削阶级,而社会主义国家的领导干部道德规范的出发点和归宿是以"为人民服务"这一基本道德原则为宗旨,具有维护人民利益,以人民利益为重的伦理价值。无产阶级的道德是有史以来最崇高的政治道德,保障了无产阶级的解放和全人类的根本利益。当前,党中央强调领导干部一定要具有极其深刻的政治内涵,只有善于从政治上观察问题、分析问题、处理问题,才能保证与促进改革开放和社会主义现代化事业健康、顺利发展。

领导干部道德的主要内容,就是党中央所明确要求的廉洁奉公,勤政为民。廉政是价值基础,勤政是价值核心。廉政在领导干部道德建设中具有基础性的价值意义。领导干部道德建设,包括以下几个方面:一是牢记自己是人民公仆,全心全意为人民服务;二是恪尽职守,敢于说真话;三是从严执政,不怕得罪人;四是清正廉洁,惩治腐败;五是勤奋学习,刻苦工作。通过这几个方面的修养,增强领导干部自身的政治责任感,树立正确的权力观,努力保持蓬勃朝气,昂扬锐气和浩然正气。领导干部不仅要严格要求自己,而且要管住、管好自己的配偶、子女和家属,以良好的家风带动党风、政风和社会风气的进一步好转。

三十九、领导干部加强道德修养的途径有哪些?

领导干部的道德同其他道德一样,在本质上是他律和自律的统一。从他律的角度分析,领导干部的道德需要接受主体之外社会方面的监督。邓小平曾经指出,所谓监督来自三个方面:一是党的监督,对于党员领导干部来说,党的监督是最直接的,党对党员领导干部的监督要更严格一些。二是群众的监督,要扩大群众对党的监督,对党员领导干部的监督。三是民主党派和无党派人士的监督。

监督的形式主要有立法监督、群众监督、司法监督、行政监督、政党监督和舆论监督等。重点是立法监督和群众监督。近年来,我们党和国家颁布实施了一系列领导干部的行为规范,标志着我国领导干部道德建设将随着有关道德要求的逐步法规化而更加扎实向前发展。领导干部的廉洁自律主要凭借三种力量起作用,即人民群众为主体的社会舆论,领导干部的职业良心,以及在日益完善的领导制度的基础上形成的优良传统。据了解,这几年查处的领导干部违纪违法案件,大多数是群众举报或者查办其他案件牵带出来的。因此,要加大对各级领导干部的监督力度,特别是要加强主动监督,加强事前防范。现在的社会情况和人际关系比过去复杂得多,要有效监督领导干部确实有难度,但越是有难度就越要下工夫改进和加强监督工作。我们要从领导干部与群众两方面入手,充分发挥人民群众的监督作用。教育广大群众以主人身份来切实实行监督的权利,促使广大领导干部成为名副其实的人民公仆,努力做到领导干部的权力行使到哪里,领导活动延伸到哪里,相应的监督就实施到哪里,对领导干部工作时间内要监督,工作时间以外的活动也要注意。在自律方面,要重视领导干部道德的养成机制,加强领导干部的人格修养,实现领导干部的人格升华。领导干部的道德人格是在社会生活,特别是在工作实践中逐步形成的,要从道德教育和道德修养两个环节入手。道德教育是指,有关部门依据领导干部道德规范,对领导干部有组织地施加系统影响,使领导干部了解、接受道德规范,并将其转化为自身人格的过程。通过道德教育,领导者会掌握必要的道德知识,形成相应的道德情感,磨炼他们的道德意志,最终使道德要求化作领导干部的内在要求和自觉愿望。与道德修养一样,在施加外在教育的同时,必须配合相应的主观修养,领导干部道德人格才能形成。道德修养是指,领导干部自觉按照共产主义道德、社会主义道德原则和规范,以及领导干部道德规范,进行自我教育、自我提高。这是领导干部养成高尚品德和情操,达到高尚境界的重要途径。领导干部的人格修养、秉性、文化素养、家庭出身、成长历程,社会交游等各个方面息息相关,是一个长期的历史的过程。各级领导干部要时刻保持清醒的头脑,讲学习、讲政治、讲正气,牢记为人民服务的宗旨,自重、自省、自警、自励,严格遵守领导干部廉洁从政的有关规定,努力做到五个"慎",即慎学、慎初、慎微、慎独和慎欲,进行合理的人生定位,恪守良知,矢志不移,养成共产党人的高风亮节。

四十、什么是社会公德?

社会公德是人民用以维护社会公共生活秩序,调整人们之间的关系,为社会成员所公认并共同遵循的最起码的道德准则和行为规范。它是整个社会道德体系的一个组成部分。社会公德是人类在长期公共生活的实践中产生和逐渐形成的,并随着社会物质文明和精神文明的发展而不断发展。社会公德具有维护和保障社会生活正常进行的功能。它不仅对于培养人们高尚的道德品质,养成良好的道德习惯,而且对于树立良好的社会道德风尚,创造安定团结的社会环境,促进精神文明建设的发展,都具有十分重要的意义。在社会生活中,任何人违反社会公德,都会破坏正常的生活秩序和人们之间的正常关系,给社会造成一定的危害。因此,自觉遵守社会公德,是社会对每一个成员提出的最基本的道德要求。《中华人民共和国宪法》要求每个公民必须遵守社会公德。

四十一、什么是社会主义社会公共道德?社会主义社会公共道德的具体内容是什么?

社会主义社会的公共道德是在继承了人类历史上社会公共生活准则中一切积极因素的基础上,形成的一种崭新的、社会主义性质的公共道德。社会主义的社会公德,是传统公共道德的升华和发展。它除了具有一般社会公德的特点之外,还有一些新的特点和更加丰富的内容。社会主义社会的公共生活准则,不仅要在广泛的社会公共生活领域,如车站、码头、商店、公园、影剧院、公共食堂等公共场所自觉遵守,而且要体现在人们之间的日常交往中,如互相尊重、互相关心、互相爱护、互相帮助、礼貌待人、履行诺言、讲究信誉等。社会主义的社会公德提出了新的道德准则和行为规范,这就是《中华人民共和国宪法》所规定的"爱祖国、爱人民、爱劳动、爱科学、爱社会主义"。

社会主义社会公共道德的内容是:
(1) 遵守公共秩序;
(2) 爱护公共财物;
(3) 讲究公共卫生;
(4) 礼貌待人;
(5) 诚实守信;
(6) 敬老爱幼,尊重妇女;
(7) 助人为乐,见义勇为;
(8) 社会主义的人道主义。

四十二、什么是公共秩序?为什么要把遵守公共秩序作为公共道德的重要内容?

公共秩序,是指为了维护社会公共生活的正常进行而要求人们必须遵守的行为规范,主要是指公共场所的行为规则。公共场所是人们共同生活、学习、娱乐、交往的地方。在人们长期的活动中,各公共场所都形成了一系列的行为规则,这就是公共秩序。比如,车站有乘车秩序,商店有购物秩序,医院有医疗秩序,公园有游览秩序,图书馆有阅览秩序,等等。人们在公共场所里活动,尽管年龄、职务、资历、志趣、爱好、职业各不相同,但都必须以自己的活动不影响和妨碍他人的正常活动为前提,这样才能形成良好的公共秩序,人们的社会生活才有可靠的保障。如果有人不遵守甚至破坏公共秩序,轻者造成别人的反感和不安,重者会造成严重的社会后果。因此,遵守公共秩序是关系到维护国家和公共利益的大事,也是每个社会成员的义务和责任。维护社会生活的和谐和稳定,是每个社会成员的义务和责任;对于破坏公共秩序的行为,大家都有监督、规劝的责任,以形成一种广泛的道德舆论,维护正常的公共秩序。

四十三、为什么要把礼貌待人作为公民的一条基本行为规范？村官在社会公共生活中应该怎样礼貌待人？

礼貌待人是社会公共生活中处理人与人之间关系的重要行为准则和道德规范。在社会主义社会里,人与人之间的关系,是平等互助,互相尊重,互相关心,互相爱护的同志关系。礼貌待人的核心就是对他人尊重并在尊重他人中维护自己的尊严。礼貌待人,不仅是人们内心真正尊重、关心、爱护他人的一种外在的自然流露,也是窥视一个人道德品质优劣和内心世界美丑的"窗户"。它不仅能反映一个人的精神面貌和文化修养,也是建立同志式的新型人际关系的桥梁。所以,在社会公共生活中应该做到态度诚恳,语言亲切,举止谦恭。比如,与人谈话时,要谦虚和气;听别人谈话时,要虚怀若谷;当别人需要帮助时,要竭心尽力;得到别人帮助时,要衷心感激。这就表现出一个人的心灵美与行为美的和谐、统一。如,要做到礼貌待人,就必须增强尊重人的道德观念,因为人与人之间的互相尊重,是社会公德的起码要求。我们必须发扬相互谦让的精神,谦让的品德对于调解人与人之间的关系,增进团结,促进社会安定具有重要意义。我们还必须培养优雅的言谈举止,努力学习祖国的语言艺术,提高文化素养,还要认真地学习、推广、运用文明用语。这些都是社会公德的重要内容。

四十四、为什么要把社会主义人道主义作为社会公共道德的重要内容？

社会主义的人道主义,是社会主义道德的一个重要组成部分。它是在社会主义制度基础上形成和发展的人与人之间平等、团结、友爱、互助的基本道德要求,是社会公德的一项重要内容。社会主义的人道主义要求人们在社会公共生活中,尊重人、关心人,特别注意保护儿童,尊重妇女,尊敬老人,关心帮助残疾人。例如,在全社会开展的学雷锋活动中,广大人民群众特别是青少年,在敬老爱幼，帮残助困，实行社会主义人道主义方面，作出突出贡献，为树立良好的社会道德风尚，建立新型人际关系，起到了重要的推动和促进作用，受到社会舆论的支持和普遍称赞。因此，认真实施、广泛宣传社会主义人道主义，必将会建立个人和他人、个人与大家互相平等、团结友爱、互相帮助的新型道德关系，必将有助于不断培养起关心他人和集体的高尚道德情操，激发人们追求更崇高的精神境界，使社会主义、共产主义道德不断发扬光大。

四十五、什么是社会主义职业道德？社会主义职业道德的基本规范是什么？

社会主义职业道德是社会主义社会各行各业根据自己的特点，在社会实践中逐步形成的某些公认的衡量职业活动好坏的标准，是社会主义道德在社会职业生活中的具体体现。社会主义职业道德，是在社会主义道德指导和影响下形成的，属于社会主义的意识形态。它批判地继承了历史上各种职业道德中的积极因素和有用部分，克服了旧职业道德中存在的个人主义、小团体主义、行会主义和平均主义，摆脱了小生产者的自私性、保守性和散漫性的影响，并贯穿了为集体、为社会和为人民服务的根本宗旨，体现了公民权利与义务相统一的精神和我为人人，人人为我的原则，形成了人与人之间团结友爱、互相协作的新型职业关系。社会主义职业道德是有史以来最先进、最高尚的职业道德。社会主义职业道德不是自发产生的，而是运用社会主义道德原则和社会主义道德规范对广大职工及一般群众进行集体主义教育的结果。它要靠社会舆论和人们内心信念来维持。

社会主义职业道德的一般规范是社会主义社会各个职业部门的从业人员都应自觉遵守的行为准则。主要内容是：

（1）爱岗敬业，开拓进取；
（2）诚实守信，履行承诺；
（3）办事公道，不徇私情；
（4）服务群众，提高服务质量；
（5）奉献社会，不断展现人生价值。

四十六、村官如何做到爱岗敬业？

（1）干一行爱一行。在社会主义市场经济条件下，用人单位与择业者之间虽然是双向选择，但用人单位选用工作人员的一个重要标准是择业者是否热爱本职工作。只有那些干一行爱一行的人，才能专心致志地搞好工作，而用人单位也总是希望自己的工作人员安心本职工作，处于稳定状态。在人才越来越多的情况下，工作态度也成了同行之间竞争的一个重要条件。因此，市场经济条件下的职业道德必须要求劳动者具有爱岗敬业精神。

（2）有高度的责任感和义务感。在社会主义社会里，劳动者既是国家的主人，又是自己所在单位、集体的主人，这就要求每个职业劳动者须有高度的责任感、义务感，做到以国家利益、人民利益为重，为本企业、本单位的兴旺发达尽职尽力，为实现其目标而奋斗，并努力提高个人素质，发挥主动性、积极性，同一切危害国家和人民利益的腐败现象作斗争。

（3）辛勤劳动，开拓进取。我们提倡爱岗敬业，从根本上说就是要求为人民服务、为社会主义现代化建设服务。我们所从事的每项工作都是建设社会主义、为人民谋幸福这一伟大事业的组成部分。每个人在自己的岗位上尽职尽责、兢兢业业，做好本职工作，整个社会主义事业就会蒸蒸日上。在为实现社会主义现代化而奋斗的实践中尽心职守、辛勤劳动，就是敬业；在工作中能想方设法克服困难、开拓进取、创造业绩，就是有创造精神。

四十七、村官如何做到诚实守信、办事公道？

（一）村官诚实守信

在社会主义市场经济条件下，各种职业的从业人员履行诚实守信的道德规范，很重要的一点就是要切实履行承诺。承诺可以通过经济合同或其他契约来表达，也可以通过向社会公开职业范围的工作内容、质量要求及达不到质量要求所应承担的责任的方式来表达。不管以什么方式承诺，最重要的是切实履行承诺。

（二）村官办事公道

首先，树立人民利益高于一切的思想。在社会主义制度下，人民是国家的主人，一切都必须从人民的利益出发。一切权力都是人民赋予的，只能用来为人民群众谋福利，绝不能用来交换人情，谋取私利。只有确立了这种思想，才能克服自私心理，才不会为了一己私利或小团体利益而损害人民大众的利益，也才不会把权力变为资本、把责任变成交易，做到办事公道、不徇私情。

其次，要实行"两公开，一监督"的制度。"两公开"是指从业人员自觉地向群众公开办事制度和公开办事结果，从而形成有效的群众监督和社会监督，从制度上保证办事的公平性。"一监督"则是要充分发挥监督部门的作用，建立完善党内外监督、自上而下和自下而上的监督，形成强大而有效的制约机制。

最后，树立平等竞争意识。平等竞争是市场经济的内在要求。所谓平等竞争，是指在承认竞争起点可能不平等的前提下，保证竞争双方以平等资格参与竞争，并保证竞争过程的平等性。树立平等竞争意识，才能保证平等竞争的顺利进行。否则，就会违背办事公道的职业要求。

四十八、村官如何做到服务群众、奉献社会？

（一）村官服务群众

其一，树立"服务"思想，提高自觉性。我们的社会是一架"机器"，各行各业是其组成部分。各行各业之间以及人与人之间都是互相服务的。对于各级领导干部来说，就是要树立"领导就是服务"的思想，自觉地为国家和人民的利益贡献自己的智慧和力量。

其二，想群众之所想，急群众之所需。在社会主义社会，人们的职业所服务的对象从根本上说是人民群众，而群众的需要是多种多样的，因此，职业工作者心中要有群众，要努力为群众排忧解难，一切为了群众，一切方便群众。

其三，提高服务质量。服务质量的高低不仅表现在服务态度上，而且表现在能力、水平上。服务质量最终受职业工作者个人素质的制约。因此，必须努力提高个人素质，对工作极其负责，在技术上精益求精。

（二）村官奉献社会

"奉献社会"这一职业道德规范的具体要求是：其一，个人积极主动地承担责任，履行对社会、对他人的义务，自觉地并且努力地为社会、为他人作出贡献；其二，把社会利益放在首位，必要时为了社会利益而牺牲个人利益；其三，反对拜金主义、享乐主义和个人主义等不良倾向。

第二章 村官文化知识素质修养

一、村官为什么要勤于学习？如何勤于学习？

第一，因为学习是人类进步的根基，也是提高能力的阶梯。每一名村官，不管原来来自哪所学校，头顶有多少荣誉的光环，一旦走到了基层，来到了农村，就要努力适应新的工作、新的环境，提高自身的能力，而要提高自身的能力就离不开学习。第二，村官要学的知识很多，可以说是多多益善，然而，一个人的精力是有限的，学起来不能眉毛胡子一把抓。本书认为村官要注重三个方面的学习。一要学习政治理论。只有具备了较高的政治素质，在工作和生活中才能保持清醒的头脑，只有时刻保持清醒的头脑，才能真正把经得起考验、耐得住寂寞、守得住清苦、抵得住诱惑的要求落到实处。我们每一名村官，都是刚从学校毕业不久的年轻同志，要树立一种勤奋好学、积极进取的形象。二要学习业务知识。"在其位，谋其政"，村官处在基层一线的岗位，要推动工作的顺利开展，必须熟练掌握业务知识，熟悉农村工作的特点，知道庄稼活有什么，农民有什么要求和愿望。三要学习科技知识。村官可以称得上是"新鲜的血液"，是充满朝气和活力的。要利用自己所掌握的科技知识，提高工作效率，节约工作时间。说到学习知识，那么如何学，笔者认为也要做到三点。一要坚持不懈。坚持做到每日的报纸必读，文件必阅，新闻必看，同时要挤时间每天坚持学习一些业务知识。二要学用结合。将学到的知识运用到实践中，同时在实践中遇到问题时，到书本上去找解决的方法。三要悉心请教。在学习和工作中，遇到难以理解和想不通的问题，要积极向他人请教。须知"三人行，必有我师"，尺有所短，寸有所长，不要认为向别人请教是丢面子的事。

二、村官为什么要加强理论修养？其存在哪些问题？

村官的理论学习情况怎样，政治理论素质如何，直接关系到农村方针、政策和重大举措能否得到全面有效的贯彻落实，关系到农村经济社会各项事业能否健康快速发展。

当前村官在理论学习中存在的问题，主要表现在以下三个方面：

（1）学习意识淡化。部分村官不能正确认识学习对指导工作实践的极端重要性，没有把学习摆在重要位置，存在着轻视学习和忽视学习的倾向。有些老村官认为自己工作多年，有一定的实际工作经验，已经适应了本职岗位的需要，学不学习、充不充电已经不重要了，仅凭老经验、老办法来开展工作。

（2）学习方法简单。集中学习时，较多地采取"我读你听，我说你记"的单向灌输式学习方式。学习仅仅是念念文章、读读报纸，较少结合实际进行讨论且不交流学习心得体会。参学人员的学习兴趣不高，自觉性差，而且学习是为了应付差事，往往"上面布置什么，就学什么"，"有什么，就学什么"，为完成任务只图过场不讲效果，讨论起来不着边际。

（3）学习效率不高。由于不重视学习，不善于学习，不刻苦学习，学习效率较低，致使个别同志政治理论素质低、观念陈旧落后、知识面狭窄、综合素质较差、工作较被动。这些同志讲政策不如老干部，讲法律不如上访户，讲经济不如个体户，讲科技不如专业户，适应不了形势的发展需要，对当前快节奏的工作和复杂的局面束手无策，工作方法简单，极易产生干群之间的矛盾。

凡此种种问题，究其原因，既有主观原因，也有客观影响：

一是思想根源。当前市场经济机会频发，名利纷呈，这个世界很精彩。有的村官经不起诱惑，耐不住寂寞，把心思都花在了寻找捷径而不是学习上，贪图生活享乐，追求及时行乐，无心学习；有的村官错误地认为理论学习是虚功，说起来重要，做起来次要，忙起来不要，没有必要花时间，只要集中精力把业务工作搞好，做出实绩就行了。

二是现实根源。从实际情况来看，村官中普遍"工学"矛盾处理不当。因为农村基层工作多、任务重而导致学习随机性大，集中学习和个人自学的时间少。学习只停留在简单地读报纸、念文件上，学习讨论较少。学习不能够经常化、制度化，学习内容单一、联系实际较差，学习记录简单、肤浅应付，检查前临时抱佛脚。此外，干部理论学习情况和学习效果缺乏量化刚化的考核标准，并在实际操作中往往只注重工作实绩，也相应削弱了有关学习制度的执行力。

三、村官如何实现"四个转变"，提高理论水平？

要从根本上纠正村官理论学习中存在的问题，本书认为要从"四个转变"做起：

（一）从"要我学"到"我要学"的思想观念转变

村级工作主要面向基层，面对老百姓。如果村官不加强学习，提高自身素

· 27 ·

质，就会成为不受群众欢迎的干部。要做一名合格的村官，前提是要抓好学习。否则，没有马克思主义理论的正确指导，没有科学文化的全面武装，就会导致政治方向不明、政治立场不稳、政治观点不清、政治纪律不强，更谈不上有什么政治鉴别力和政治敏锐性。因此，应从自己肩负的历史使命和责任出发，切实增强理论学习的自觉性和紧迫感，努力担当起工作重任，在全村经济发展、农民增收、农村建设工作中发挥自己的作用。要坚决转变忽视理论学习的主观性，正确处理好"工学"矛盾，把时间节约出来，集中精力加强学习。在全面、正确领会和掌握党的重大会议精神上下功夫，掌握党在农村的路线、方针、政策，并作为开展工作的"方向盘"和"指南针"，确保在具体执行过程中不盲从，在宣传政策上不走样。

（二）从教条主义、本本主义、经验主义向"理论联系实际"转变

坚持理论联系实际，广泛深入地进行调查研究，"不唯书、不唯上、只唯实"。在掌握实际情况的基础上，进行认真的理性思考，真正做到理论与实际，学习与运用，言论与行动的统一。形成学习之风、创新之风、调研之风、自律之风，营造良好的理论学习氛围。

（三）从形式主义、不抓落实向真抓实干、勇于创新的工作方式转变

要坚决克服形式主义，注重理论学习的针对性和实效性。坚持自学、辅导、讨论相结合，精心组织学习，积极开展讨论，适当安排辅导报告或观看影音资料。坚持学习制度和考勤制度，确保学习时间。同时，注重开展奖学评优活动，使自身的政治素质有新的提高，业务能力有新的变化，各项工作呈现新的面貌。通过学习，提高自身理论水平，坚定社会主义信念和"全心全意为人民服务"的宗旨，树立艰苦奋斗的信心，做到多些党性、少些个性，多些正气、少些赌气，多些官德、少些官意，多些实际、少些实用。

（四）从单纯的理论学习向理论学习同科学决策、指导工作、改造主观世界相结合转变

理论学习的目的在于应用，在于把所学的知识运用到改革和建设的实践中。不能为学习而学习，为学文件而学文件。要通过学习，使自身的思想跃上一个新的境界，使自己的世界观、人生观、价值观有一个新的提高和升华。学习时必须紧密联系个人思想、工作和实际生活，自觉地把"自己摆进去，把问题摆出来"。把学习理论同改造世界观、增强党性结合起来，并在改革客观世界的同时，努力改造主观世界。在工作、生活的方方面面增强政治意识、大局意识和责任意识，提高政治敏锐性和政治鉴别力。只有这样，才能准确领会和贯彻村党委的意图，才能在实践中会干事、干成事，不惹麻烦、不捅娄子、不出事，健康顺利地促进本村经济社会各项事业的全面发展。

四、村官应如何做到勤奋好学、学以致用？

改革开放以来，全党的思想理论水平和干部队伍素质有了一定的提高，全党的学习情况总体上是好的。但是，一部分党员和村官轻视理论、忽视学习的问题也很突出：有的认为不学习照样能够干工作，不愿意用心学习；有的满足于一知半解，浅尝辄止；有的借口工作忙而不去学习或者敷衍了事；有的把学习当作装点门面而不是用来推动工作。这些现象都是十分错误的，也都是十分有害的。

村官必须牢固树立终身学习的思想，坚持理论联系实际的马克思主义学风，以谦逊的态度、顽强的毅力抓好学习，既从书本知识中学习，又从人民群众的生活实践中学习，努力在建设学习型政党和学习型社会中走在前列。村官还要深入学习马克思列宁主义、毛泽东思想、邓小平理论和"三个代表"重要思想，深入学习科学发展观、构建社会主义和谐社会等重大战略思想，真正学懂弄通，掌握精神实质，提高理论素养，不断加强工作中的理论自觉性和理论指导性；要自觉学习现代科学文化知识，从领导工作的实际需要出发，本着"缺什么、补什么"的原则，加快知识更新，优化知识结构，不断做好领导工作的知识武装和知识储备；要自觉成为学以致用、用有所成的表率，着眼于解决改革发展中的实际问题，把学习的体会和成果转化为谋划工作的思想、促进工作的措施、领导工作的本领，特别是要转化为全面建成小康社会，构建社会主义和谐社会的能力，转化为推动党的执政能力建设和先进性建设的能力。

五、为什么说村官只有勤奋好学、不断提高构建社会主义和谐社会的能力，才能正确处理各种社会矛盾，保持社会的安定团结？

社会主义市场经济体制的建立必然触动原有的利益格局，社会不同利益主体随之出现，利益多元化的格局已经形成。各自的利益必然带来权利意识，权利意识必然导致政治诉求，不同社会利益群体之间的矛盾也大量出现，而且由于我国目前正处在体制转换、结构调整和社会变革的过程中，也是各种政治和社会问题的易发期与多发期。就业问题、腐败问题、分配不公问题、社会治安问题等，是当前人民群众反映强烈的热点问题。中国共产党作为执政党，必须遵循构建社会主义和谐社会的目标，正确引导和处理各种社会矛盾，以保证整个社会的协调与和谐。

六、村官应如何进一步加强学习，提高贯彻落实科学发展观的能力？

贯彻落实科学发展观，加强和改善党对经济工作的领导，迫切需要村官提高贯彻落实科学发展观的知识水平和工作能力。村官要继续深入学习马克思列宁主义、毛泽东思想、邓小平理论和"三个代表"重要思想,重点掌握贯穿其中的基本观点和基本方法,全面理解、准确把握中央关于经济社会发展的指导方针和一系列战略决策,不断增强贯彻落实科学发展观的自觉性和坚定性。同时,要根据履行职责的要求,本着"缺什么、补什么"的原则,学习相关领域的知识,不断完善知识结构,提高业务素质,努力成为领导科学发展的骨干力量。

七、村官如何理解贯彻落实科学发展观、认真学习科技知识、提高推进自主创新的组织领导能力?

提高村官的科技知识水平,对实现经济又好又快发展极为重要。村官应通过加强科技知识的学习,拓宽视野、增进学识,从而更加有力地推动经济社会发展与科技进步创新的有机结合。要认识现代科技加速发展的趋势和规律,了解最新科技成果及其产业化前景,把握科技对经济社会发展可能产生的深刻影响,科学确定自主创新和产业结构调整的主攻方向,更有力地推动科技成果向现实生产力转化。要学习履行好涉及工作职责的相关科技知识,更好地组织领导各方面的科技攻关。

八、村官如何理解贯彻落实科学发展观、认真学习社会管理知识、提高管理社会的能力?

面对构建社会主义和谐社会的重大战略任务,村官要学习社会管理知识:要学习社会结构演变规律的知识,了解我国社会阶层结构和利益格局的新变化,深入研究当前我国的突出社会矛盾及其规律,更好地统筹协调各方面的利益关系,更有效地化解各种社会矛盾,维护社会的和谐稳定;要学习当代社会组织和管理知识,紧密结合国情,借鉴国外社会管理的有益经验,创新社会管理理念,整合社会资源,加强和改进社会管理;要学习我国传统文化中有关促进社会和谐的思想精华,古为今用,推陈出新,更好地建设社会主义核心价值体系,推动和谐文化建设;要学习社会心理学的知识,了解现代社会条件下的社会心态的发展变化,合理引导社会行为预期。

九、村官如何理解贯彻落实科学发展观、认真学习法律知识、提高依法办事的能力?

村官要牢固树立社会主义法治理念,带头贯彻依法治国的基本方略:要学习《宪法》,了解宪法的基本原则和基本内容,树立牢固的宪法意识,培养基本的法律素质;要学习《民商法》、《经济法》、《行政法》等实体法和《诉讼法》、了解社会主义市场经济条件下如何调整各种社会关系和利益关系，保护市场主体合法权益，维护人民群众的合法权益，维护国家利益的主要法律制度，提高依法推动工作、解决矛盾的能力，促进社会公平正义；特别是要深入学习和全面落实行政许可法，切实转变行政管理职能，自觉规范行政行为，依法提高行政效能。

十、为构建社会主义和谐社会，村官为什么要弘扬调查研究之风？

调查研究是我们的谋事之基、成事之道。各级党委、政府和村官要切实加强对本地区、本部门和谐社会建设有关情况和工作的调查研究，全面分析和把握社会建设、管理的发展趋势，为制定政策、开展工作奠定坚实的基础。

调查研究是我们党一项基本的工作制度和工作方法，也是我们党的优良传统。我们党历来注重调查研究，坚持在调查研究的基础上，把马克思主义基本原理同中国具体实际相结合，制定正确的路线、方针和政策，确保我们党在各种困难和复杂形势下，领导全国人民不断夺取革命与建设的新胜利。在构建社会主义和谐社会的新形势下，新情况、新问题层出不穷，调查研究显得更为重要。加强调查研究，是实现决策民主化、科学化的必然选择。民主决策、科学决策是建立在调查研究的基础上的。随着形势的发展变化以及新情况、新问题的不断出现，决策所需的信息量增大了，影响决策的变量增多了，决策的时效性增强了，这就要求必须大力推进决策民主化和科学化：决策前充分听取各方面意见和建议，掌握全面、系统、真实的决策依据；决策中，提出多种方案，分析比较，优中选优；决策后，跟踪决策的实施，不断修订完善。以上这些都离不开调查研究。

十一、什么是社会主义新农村建设？社会主义新农村建设的主体是什么？

新中国成立以后，我国农村社会经历了四次大的改革历程，历次改革的重点是什么，又是怎样一个循序渐进的发展脉络呢？我们不妨回顾一下：

（1）第一次农村社会改革发生在20世纪50年代初，国家实行土地改革运动，采取一系列方法与积极措施，帮助农民获得土地。

（2）第二次农村社会改革发生在20世纪50年代中期到70年代末，国家通过农业生产资料的社会主义改造和人民公社运动，实施土地公有制。

（3）第三次农村社会改革发生在20世纪80年代初，这次改革先是从农村开始，通过以农村土地制度改革为中心的经济制度及利益格局的重构，向全社会提出了"小康社会"的概念。

（4）第四次农村社会改革，是以十六届五中全会提出的"建设社会主义新农村"的号召为标志。这次改革是在统筹城乡发展的大背景下，在工业反哺农业、城市支持农村的新阶段提出的,"社会主义新农村建设"是农村经济、政治、文化建设的总称。它承接了改革开放以来全国上下实现温饱的努力和社会发展的成果,是建立在初步工业化和总体达到小康水平基础之上的全面小康的新农村建设,是对我国长期实行"一国两策、城乡分治"体制和政策的矫正。可以说,老提法蕴含着新的思路,"生产发展、生活宽裕、乡风文明、村容整洁、管理民主"的新农村建设要求,包括农村物质文明、精神文明和政治文明建设三个重要方面。

"社会主义新农村建设"是农村全面建成小康社会的重要历史阶段,也是一切工作的载体,即通过新农村建设,逐步实现农村经济发展、社会进步、政治民主、生活质量改善,从而构建社会主义和谐农村。

建设社会主义新农村要发挥各方面的积极性,要依靠农民的辛勤劳动,更离不开国家的扶持和社会力量的广泛参与。只有上下同心协力才能使新农村建设成为全党、全国的共同目标,但新农村建设的主体是广大农民群众,归根到底还是要引导农民通过勤劳的双手,创建自己美好的家园。

十二、建设社会主义新农村的意义和指导思想是什么?

建设社会主义新农村对我国的重大现实意义是什么呢?我们可以从四个角度来理解:

(1) 建设新农村是提高我国农业综合生产能力、建设现代农业的重要保障。目前,我国农业生产基础设施和物质技术装备条件较差,经营管理也比较粗放。因此,要加快建设新农村,发展农业生产力,加强农田基本建设,改良土壤,兴修水利,推广良种良法,发展农业机械化,培养有文化、懂技术、会经营的新型农民,全面提高农业综合生产能力。这一系列的工作任务,既是现代农业建设题中应有之举,也是建设现代农业的重要基础和保障。

(2) 建设新农村是增加农民收入、繁荣农村经济的根本途径。在当前和今后的一个时期,如要增加农民收入:首先,必须要挖掘农业内部的潜力,提高农业综合效益,实现增产增效、提质增效和节本增效;其次,必须要发展以乡镇企业为主体的农村二、三产业,引导农村劳动力向城镇有序转移,拓宽农民的就业空间和增收渠道。

(3) 建设新农村是发展农村社会事业、构建和谐社会的主要内容。近年来,党中央和国务院高度重视发展农村社会事业,各级财政不断加大投入力度,农村教育、文化、卫生基础设施显著改善,但农村与全国平均水平相比、农村与城市相比仍有很大差距。构建和谐社会,必须首先建设和谐村镇。和谐村镇无疑是社会主义雄伟大厦的基石,因此要求我们必须建设社会主义新农村,加快发展农村各项社会事业，全面改善农村教育、卫生、文化等设施条件。

（4）建设新农村是缩小城乡差距、全面建成小康社会的重大举措。党的十六大提出了"全面建成小康社会"的宏伟目标。要实现这个目标，重点和难点在农村。如果农村的经济没有大的发展，农民的生活水平没有大的提高，农村的面貌没有大的改变，整个国民经济和社会的发展就缺乏强有力的支撑，全面建成小康社会的目标就会落空，农民、农村和农村经济不是孤立的问题，它与社会的各个群体、各个方面息息相关。

建设社会主义新农村，离不开邓小平理论和"三个代表"这一系列重要的指导思想。我们要牢固树立和全面落实科学发展观，坚持把解决好"三农"问题作为全党工作的重中之重，统筹城乡经济社会发展，实行"工业反哺农业、城市支持农村"和"多予、少取、放活"的方针。我们要坚持以经济建设为中心，协调推进农村社会主义经济建设、政治建设、文化建设、社会建设和党政建设，从而推动农村走上生产发展、生态良好、生活富裕的文明发展道路。这是广大农民的愿望，更是全社会的愿望。

十三、社会主义新农村建设的基本思路和要求是什么？

建设社会主义新农村应本着下列的思路和要求：

（1）建设社会主义新农村需要树立和落实科学发展观，把解决好"三农"问题作为全党工作的重中之重。坚持"多予、少取、放活"和"工业反哺农业、城市支持农村"的方针，努力改善农村的生产条件和农民的生活条件，尽快提高农民的生活质量，促使农村整体面貌出现较大改观，逐步把农村建设成为"生产发展、生活宽裕、乡风文明、村容整洁、管理民主"的社会主义新农村。

（2）积极推进城乡统筹发展。这是建设社会主义新农村的基本前提和基本保障。我们要从指导思想、发展战略、规划布局、政策制定、项目建设、工作安排等各个方面，落实和实现城乡统筹发展，调整国民收入分配结构，财政支出、固定资产投资和信贷投放都要切实向"三农"倾斜。因此，建立以工促农、以城带乡的长效机制势在必行。

（3）推进现代农业建设。这是建设社会主义新农村的重要内容和物质基础。总的要求包括五方面：加快农业科技进步；加强农业设施建设；调整农业生产结构；转变农业增长方式；提高农业综合生产能力。

（4）全面深化农村改革。这是建设社会主义新农村的动力支撑。我们要坚持稳定并完善以家庭承包经营为基础、统分结合的双层经营体制，更加明确土地承包经营权的法律性质，只有这样才能全面落实土地承包政策，依法确权、确地到户，稳定土地承包关系。在这个基础上，再按照自愿、有偿的原则，建立土地使用权依法流转的机制，有条件的地方可以发展多种形式的适度规模经营。进一步巩固和发展农村税费改革成果，加快推进以乡镇机构为主的行政管理体制改革、农村义务教育体制改革和县乡财政体制改革，稳步推进乡村债务化解工作。我们还要推进农村金融体制整体改革，完善农村金融组织体系，积极发展农村政策性保险，改善农村金融服务，使农民贷款难、农业贷款难、农村贷款难的问题得到彻底的解决，使其不再是困扰农村经济发展的障碍。深化粮食流通体制改革，继续建设农产品集贸市场，重点培育农产品批发市场，稳步发展农产品期货市场，鼓励采用现代流通方式，规范农业生产资料市场。加快推进土地征用制度改革，健全对被征地农民的合理补偿机制，创造性地探索多种方法，采取各种灵活合理的形式，妥善解决被征地农民的就业、生活和社会保障等问题。发展农村多种形式的联合与合作，着力培养农民自己的专业合作经济组织，提高农民进入市场的组织化程度，形成合力才能更好地捕捉机遇，应对危机。

（5）大力发展农村公共事业。建设社会主义新农村教育是重点，我们要把发展农村教育事业放在十分突出的位置，重点普及和巩固农村九年义务教育，切实落实好对农村贫困家庭学生实行"两免一补"的政策。继续加强农村基础设施建设，加快乡村道路建设，完善农村电网，在巩固人畜饮水工程现有成果的基础上，进一步解决饮水安全问题，积极发展农村沼气及其他适合农村特点的清洁燃料和能源。搞好农村环境卫生整治，从引导农民改水、改厕、改厨、改圈等方面入手，推行健康文明的生活方式，有条件的地方还可探索建立多种形式的农村社会保障制度。

（6）千方百计增加农民收入。这是社会主义新农村建设的基本出发点和归宿。增加农民收入，既要从"三农"本身考虑问题、寻找出路，更要跳出"三农"基本政策的局限性，从经济社会发展的全局思考问题，以更长远的眼光来研究对策。既要大力挖掘农业和农村内部的增收潜力，又要在农业和农村外部寻求增收途径；既要从当前出发采取尽快见效的具体增收措施，又要着眼于长远寻求解决农民增收问题的治本之策。

十四、当前推进社会主义新农村建设有哪些有利条件和困难？

从我国改革发展的实践来看，推进社会主义新农村建设已具备很多的有利条件和机遇，这主要表现在以下几个方面：

首先，国家的经济实力和综合国力显著增强。经过新中国成立60多年尤其是改革开放30多年的发展，我国的工业和城市发展水平大幅提升，财政收入快速增长，完全有条件通过调整国民收入分配格局，实行以工促农、以城带乡，进一步加大对农业、农村经济发展的支持力度。

其次，中央的支农、惠农力度逐步加大。在过去农村改革的基础上，中央多年来连续出台了指导农村工作的重要文件，制定了一系列更直接、更有力支持"三农"的重大措施，在发展农业生产和农村社会事业多个方面加大了投入，前所未有的良好政策环境为"三农"的发展铺就了道路。

再次，加快农村发展已成为全社会的共识。广大农民盼望加快农村发展，各级党委和政府支持农村发展，社会各界关心农村发展，"快马加鞭促发展"已成为推进社会主义新农村建设的广泛共识。

最后，农村建设已经有了一定基础。特别是近几年以来，国家加大了对农村公共事业的支持力度，农村教育、卫生和文化等社会事业发展加快，道路、饮水、电网和通信等基础设施开始改善，生态建设和环境保护得到加强，这些都为推进新农村建设奠定了基础。

但同时我们也要看到，农业和农村发展仍处在艰难的爬坡阶段，面临着不少矛盾和问题，这主要表现在：

（1）农业资源短缺和生态环境脆弱之间的突出矛盾。我国人均自然资源较少，而且在相当长的一段时期内耕地缩减、淡水短缺、人口增加的矛盾依然无法解决。一些地区生态环境恶化还在继续，持续提高农业产出水平，确保粮食安全和生态安全的任务十分艰巨。

（2）农业生产力总体水平不高。我国农业的现代化水平低，物质技术装备差，农民在很大程度上仍在靠天吃饭。不改变这种局面，就很难持久保证人口增长和生活水平提高对农产品优质、安全、多样化需求的供给。

（3）农村公共服务滞后。目前农村社会发展与城市差距很大，上学难、看病难、社会保障水平低、公共设施薄弱等问题突出，这些都严重制约农民生活质量的提高和农村社会的全面进步。

（4）农民收入水平低和增收难的突出矛盾。自新中国成立以来，我国始终存在着很大的城乡差别。农村改革后，尽管农村有了较快发展，但城乡居民收入差距扩大的趋势并没有根本改变，农民收入增长缓慢成为全面建成小康社会最重要的难题。

（5）农业、农村发展的体制性障碍矛盾突出。重城市、轻农村，城乡区别发展形成的二元结构还未根本破除，各种生产要素在城乡之间合理分配的机制也没有完全建立，改革攻坚的任务依然十分艰巨。

十五、为什么说建设社会主义新农村是实现全面建成小康社会奋斗目标的必然要求？

建设社会主义新农村，是全面建成小康社会的重点和关键。村官要从全面建成小康社会、开创有中国特色社会主义新局面的战略高度，来深刻认识建设社会主义新农村的重大意义。

全面建成小康社会目标的提出为中华民族展现了新的历史机遇。中国革命和建设的实践表明，什么时候抓住了机遇，我们的事业就会顺利发展；什么时候丧失了机遇，我们的事业就会发展缓慢，甚至停滞不前。机遇稍纵即逝，我们能否紧紧抓住它，加快发展的步伐，关系到国家和民族的前途命运，关系到社会主义的成败。在看到成绩的同时，我们还要清醒地认识到，现在的中国还只是总体上达到小康。由于我国地域辽阔，发展很不平衡，中西部欠发达地区特别是贫困地区，同东部沿海发达地区的发展差距还很大。我国目前已初步达到小康，但还是低水平的、不全面的、发展很不平衡的小康。

我国实现全面建成小康社会的目标关键在农村。在我国，有很多发达城市的人民已达到了小康生活水平，但绝大多数群众还只是解决了温饱问题，成绩固然可喜，但任务依然艰巨。因此，在21世纪头20年，我国经济社会发展的主要任务就是全面建成小康社会，完成这一伟大的历史性任务，重点和难点都在农村。没有农民的小康就不可能有全国人民的小康，没有农业的现代化就没有国家的现代化。解决"三农"问题对于全面建成小康社会的重要性可见一斑。

十六、为什么说建设社会主义新农村是一项长期的历史任务？

建设社会主义新农村是一项长期的历史任务，不能停步，不能松懈。从21世纪头20年实现全面建成小康社会的目标到21世纪中叶基本实现我国的现代化，建设社会主义新农村需要经过几十年的艰苦努力。从长远看，即使未来基本实现了现代化，"三农"问题依然是关系我国发展全局的重大问题。作为整个社会发展的一个组成部分，一定要树立长期作战的思想，坚持不懈地做好"三农"工作，这是毋庸置疑的。

建设社会主义新农村是我国现代化进程中的重大历史任务。全面建成小康社会，重点和难点在农村，最艰巨、最繁重的任务也在农村。加速推进现代化，必须妥善处理工农与城乡关系所引发的问题。构建社会主义和谐社会，必须促进农村经济社会的全面进步。忽视这些问题势必会催生新的社会矛盾。农村人口众多是我国的国情，农村的贫困落后也是我国的国情。只有发展好农村经济，建设好农民的家园，让农民过上宽裕的生活，才能保障全体人民共享经济社会的发展成果，才能不断扩大内需，促进国民经济持续发展。当前，我国总体上已进入以工促农、以城带乡的发展阶段，初步具备了加大力度扶持"三农"的能力和条件。村官必须抓住发展机遇，加快改变农村经济社会发展滞后的局面，扎实规划、全力推进社会主义新农村建设，以实干精神逐步实现宏伟的蓝图。

我国目前以及将来很长的一段时期将处于社会主义初级阶段，人民日益增长的物质、文化需要与落后的社会生产之间的矛盾仍然是我国社会的主要矛盾。我国生产力和科技教育水平还比较落后，工业化的任务还没有完成。在这种情况下，要实现现代化还有很长的路要走。城乡二元经济结构还没有改变，地区差距扩大的趋势尚未扭转，贫困人口还为数不少，人口总量继续增加，老龄人口比重上升，就业和社会保障压力增大，这些都会给经济发展和社会发展带来不同程度的影响和压力。因此，"三农"问题始终是关系党和人民事业发展的全局性和根本性问题。我们要充分认识建设社会主义新农村的重要性、紧迫性、艰巨性、复杂性和长期性。

推进新农村建设是一项长期而繁重的历史任务。现在，我国已经进入全面建成小康社会的新阶段，经济社会面貌发生了很大改变，但农业作为国民经济基础的地位始终没有改变，也不能改变。我们越是改革开放，越是发展市场经济，越是加快工业化、城镇化进程，就越要巩固和加强农业的基础地位。随着改革的不断深入和开放的不断扩大，农业和农村发展面临的一些深层次矛盾将更加明显地暴露出来，面临的困难也将更加突出。因此，化解这些矛盾与困难的法宝就是改善"三农"的决心不能动摇，扶持"三农"的力度不能减弱，强化"三农"的工作不能松懈，坚持不懈地搞好"三农"工作无疑是一项重要任务。总之，我们既要树立长期奋斗的思想，又要有现实的紧迫感，坚持不懈、扎扎实实地推进社会主义新农村建设。

十七、如何理解建设社会主义新农村的目标和内涵？

建设社会主义新农村具有深刻的科学内涵、鲜明的时代特征。党的十六届五中全会通过的《中共中央关于制定国民经济和社会发展第十一个五年规划的建议》指出：要按照生产发展、生活宽裕、乡风文明、村容整洁、管理民主的要求，坚持从各地实际出发，尊重农民意愿，扎实稳步推进新农村建设。这里的"生产发展、生活宽裕、乡风文明、村容整洁、管理民主"，从各个角度阐明了建设社会主义新农村的目标和任务，概括了社会主义新农村的基本内涵，展现了具有时代特点的新型农村形态。

生产发展，是指以科学发展观统领农业和农村经济发展全局，促进农业和农村经济的健康发展，城乡经济社会协调发展，从而为增强农业、繁荣农村、富裕农民打下坚实的物质基础。生产发展，就是要打牢社会主义新农村建设的物质基础，既要追求较快的增长速度，又要注重增长的质量和效益，一个都不能少。为此，要大力推进现代农业建设，加快农业科技进步，加强农业设施建设，调整农业生产结构，转变农业增长方式，进而提高农业综合生产能力。

生活宽裕，是指采取有效措施，千方百计增加农民收入，不断提高广大农民生活水平，使广大农民切实享受到经济发展的成果。促进农民持续增收，是全面建成农村小康社会的着力点，也是一个衡量社会发展与进步的不可或缺的指标。

乡风文明，是指大力发展农村社会主义文化建设，切实加强农村社会主义精神文明建设，在农村营造文明、科学、健康的生活风尚。通过借助良好的氛围，培养出高素质的、能够担当起推进社会主义新农村建设任务的新型农民。

村容整洁，是指建设环境优美、生态和谐、人与自然和谐相处的社会主义新农村的新风貌。村舍整洁卫生，布局科学合理，农民享有安居乐业的好环境、好条件。村容整洁的实质，就是要改善农村群众脏、乱、差的居住环境，使农村的发展得到合理规划，井然有序、焕然一新。

管理民主，是指进一步健全农村各项民主制度，丰富民主形式，扩大基层民主，完善村民自治，健全村党组织领导的充满活力的村民自治机制，不断促进农村各项决策的科学化、民主化、程序化、制度化，从而实现好、维护好、发展好农民的各项利益，使农民享受更多、更充分的民主权利。

"生产发展、生活宽裕、乡风文明、村容整洁、管理民主"，是一个有机的整体，体现了经济建设、政治建设、文化建设、社会建设四位一体的发展布局，是中国共产党领导社会主义现代化建设进程中的一项重大历史任务。

十八、社会主义新农村，"新"在什么地方？

第一，社会主义新农村建设具有新的时代背景。新农村建设是在我国总体上进入以工促农、以城带乡的发展新阶段后提出的课题。目前，随着非农产业的蓬勃发展，我国国民经济的主导产业已由农业转变为非农产业，经济增长的动力主要来自非农产业。根据国际经验，我国现在已经到了工业反哺农业的阶段。工业反哺农业的政策重点，不是直接对农民进行收入补贴或对农产品价格进行补贴，而是指从用农业积累支持工业，转向加强对农业的扶持和保护，加大公共财政的支农力度，让公共服务更多地深入农村、惠及农民，让公共财政更多地覆盖农村。

第二，社会主义新农村建设具有更为全面的发展目标。新农村建设是一项庞大的系统工程，涵盖了经济建设、政治建设、文化建设、社会建设和党政建设，需要各个方面相互协调发展，齐头并进。推进新农村建设的总体目标应该是：在未来15年左右的时间里，使农村的整体面貌大为改观，城乡之间的差距明显缩小。

第三，社会主义新农村建设提出了更为完整的思路。在指导思想上，我们要明确一个基本认识，即新农村建设的中心任务是发展农村生产力，不能把新农村建设简单片面地理解为新村庄建设。必须要坚持统筹城乡发展这个根本指导方针，在符合农民意愿，能够带给农民实惠，得到农民拥护的基础上扎实稳步地推进。

第四，社会主义新农村建设勾画了新形势下农村建设的美好蓝图。生产发展、生活宽裕、乡风文明、村容整洁、管理民主是宏观上的要求，为我们描绘了新农村建设的前景，这是何等的激励人心、催人奋进。社会主义新农村的"新"，还体现在新设施、新环境、新房舍、新公共服务、新社会保障和新精神风貌等一些具体的领域和方面。

第五，社会主义新农村建设具有科学的实施方法和步骤。党中央和国务院制定了关于推进社会主义新农村建设的若干意见，提出了一系列指导方针和基本原则，并对如何落实各项工作提出了具体而明确的要求。我们要认真贯彻落实党中央和国务院的精神，依据这些明确详尽的指导思想，狠抓工作落实，努力使"三农"工作迈上一个新的台阶。

十九、为什么必须坚持把解决好"三农"问题作为全党工作的重中之重？

首先，进一步解决好"三农"问题，加快农业和农村经济的发展，是全面建成小康社会的必然要求。回顾半个多世纪以来中国共产党带领人民进行革命、建设和改革的历程，可以清楚地看到：正确认识和处理农民问题，始终是决定党的事业胜利和发展的一个根本问题。新中国成立以来，农业、农村和农民为我国经济的发展和工业体系的形成作出了巨大贡献。进入新时期以后，因为种种原因，农业、农村和农民的发展相对滞后。因此，我国的改革首先是从农村开始的。

其次，进一步解决好"三农"问题，加快农业和农村经济的发展，是保持国民经济持续、快速、健康发展的必然要求。民以食为天，农业是安天下的战略产业。无论经济发展到什么水平，无论农业在国民经济中的比重下降到什么程度，农业的基础地位都不会变。我们明确提出，扩大内需是我国经济发展长期的、基本的立足点，而扩大内需的最大潜力在农村，因为农村人口最多，市场潜力最大。现在我们遇到的消费需求不足、许多产品供大于求的问题，有结构不合理的因素，这一点不可否认；但更主要的原因还在于农民的收入和消费增长严重滞后于其他社会群体。农民有消费需求但囊中羞涩，农村蕴藏的巨大消费需求无法转化为现实购买力。坚持扩大内需的方针，就要把扩大投资需求和扩大消费需求紧密结合起来，大力发展农业和农村经济，将"输血"和"造血"相结合，千方百计地增加农民收入，从而提高农村消费在整个消费中的比重。解决好这个问题，对保持国民经济持续、快速、健康发展具有十分重大的意义。

最后，进一步解决好"三农"问题，加快农业和农村经济的发展，是确保国家长治久安的必然要求。对于我们这样一个农村人口众多的国家来说，保持农村稳定是保持全国稳定的重要基础，基础不坚实牢固就难以保持中国特色社会主义的快速发展。

总之，我们必须从全面建成小康社会、开创中国特色社会主义事业新局面的高度，深刻认识"三农"问题的重要性和紧迫性，下更大的力气做好建设社会主义新农村的各项工作。

二十、如何理解我国"三农"工作进入了新阶段？

与世界其他国家特别是发达国家相比，我国在"三农"方面还有很大差距，农业薄弱、农村落后、农民贫穷是眼下中国最大的难题之一。但回望过去，与改革开放之前相比，在党和政府的正确指导和全国人民的积极努力下，我国农业、农村和农民的发展成就是巨大的，"三农"工作总体上已进入了一个新的发展阶段。具体表现在以下几个方面：

（1）我国 13 亿人口的温饱问题已经基本解决。党的十一届三中全会以来，我国在人口不断增长的情况下，仅用了二十多年的时间，就基本上解决了全国人民的吃饭问题，从而使"吃饭"这样一个几千年的古代中国没有解决，一百多年的近代中国同样没有解决，改革开放前三十年的中国依然无力解决的难题得到了基本解决，由此推动我国社会从总体上进入小康阶段，这是中华民族发展史上的一个璀璨夺目的里程碑。

（2）农村劳动力就业格局进一步优化。随着我国市场经济体制的建立和不断完善，农业和农村经济结构调整不断深化，农业工业化和农村城镇化进程不断加速，这就使农村劳动力的就业格局发生了根本性的变化。大量新事物、新思想的不断涌入，使农民在就业观念上不断更新，在经营活动的独立性、选择性和多样性方面日益增强。如今，农民们由农业向非农产业转移，由农村劳动力向城镇劳动力转移，由农民向市民转移已成为极普遍的现象。

（3）农民收入增长渠道进一步拓宽。当前，农业仍然是农民收入增长的重要基础，但不是唯一的来源，甚至不是主要来源。农民收入增长的渠道日益多元化、多样化。农民收入增长的渠道已经由过去的单纯以农业为主转向农业收入和非农业收入并举的态势。即使是农业收入也发生了不小的变化，已经由以种植业为主悄然向种植业和养殖业并举转化，实现增收的手段更是从原来的单纯靠增加产量、提高价格，向增产、提质和增效并举转化。

（4）农村对城市及整个国民经济的依赖性提高。随着市场经济的发展，特别是随着近年来我国统筹城乡经济、实现城乡经济社会一体化发展政策的实施，工农之间、城乡之间的相互联系、相互依赖、相互促进显得更为突出了。城市的发展离不开农村，而农村的发展照样离不开城市，二者唇齿相依不能分割。2005年，中央一号文件又明确制定了"工业反哺农业、城市支持农村"的方针，从而使得农村、农业、农民的发展对城市和工业的依赖性进一步提高。

（5）我国农业与世界的关联程度提高。在世界经济全球化进程日益加剧的历史条件下，农业的全球化也必然成为各国农业发展的基本趋势，中国当然也不例外。各国在农业发展中，都必须从国内市场和国际市场，国内资源和国际资源出发，综合考虑并参与世界农业的专业化分工与合作。随着我国农业对外开放程度的提高，特别是随着我国加入WTO后，广泛而激烈的市场竞争既为我国农业的发展提供了机遇，为引进资金、技术和农产品出口创造了条件，但同时也使我国农业更加直接地面对来自国际市场、国外农产品和农业技术的挑战，尤其是在我国农业还比较落后的情况下，这种挑战显得更加突出。

（6）社会对农业、农村和农民发展的要求更高。今天我国农业的发展，不再只是增加产量、保障供给这么简单，而是将增加产量同提高质量、改善结构、增加效益、合理利用资源和有效保护环境等问题紧密地联系在一起；今天我国农村的发展不只是发展农村经济，而是农村经济、政治、文化和生态等各方面的协调发展；今天我国农民的发展不只是解决温饱问题，而是在解决温饱的基础上，不断满足农民群众日益增长的经济、政治和文化生活需要，不断提高农民的综合素质。

二十一、村官在做好"三农"工作所面临的困难和问题是什么？

在新阶段做好"三农"工作所面临的各种困难是多方面的。不仅一些长期困扰"三农"发展的深层次矛盾远没有得到解决，而且因内部环境和外部条件的变化产生的新情况、新问题也层出不穷。比如，农业面临的市场和效益问题，农村面临的增加就业和全面发展问题，农民面临的维护经济利益和保障民主权利问题等，都需要用心、用智慧来妥善解决。更需要强调的是，"三农"的核心问题，即增加农民收入的问题，还受到多方面的困扰和羁绊，在解决的过程中困难重重。因此，我们一定要认清"三农"形势，牢牢抓住并充分利用"三农"发展的有利机遇，成功应对"三农"发展中的各种挑战，采取积极有效的措施来推动"三农"发展，特别是要切实增加农民收入，攻克我国全面建成小康社会、加快推进社会主义现代化进程中的一个个重点和难点课题。

二十二、怎样理解解决好"三农"问题是村官工作的重点？

从古至今，农业在我国历来是安天下、稳民心的基础产业，也一直是国民经济发展的薄弱环节。当前，解决好"三农"问题，是关系国民经济全局的重大任务，是全党工作的重点，更是农村党支部工作的重点。

农业的基础地位和我国农业的现状，决定了要坚持把解决好"三农"问题作为全党工作的重点。我国农业劳动生产率低，农村生产力落后，且人口的绝大部分分布在农村，农民的生活水平明显低于城镇居民，农村教育、科技、文化和卫生等事业的发展水平也明显落后于城市。正因为这一系列的差距与落后，"三农"问题才格外突出紧要。进一步解决好"三农"问题，加快农业和农村经济的发展，是保持国民经济持续、快速、健康发展的必然要求。扩大内需是我国经济发展长期的、基本的立足点。农村人口最多，市场潜力最大。坚持扩大内需的方针，就要把扩大投资需求和扩大消费需求紧密结合起来，大力发展农业和农村经济，千方百计地增加农民收入，从而提高农村消费在整个消费中的比重。进一步解决好"三农"问题，加快农业和农村经济的发展，是确保国家长治久安的必然要求。只有广大农村形成和谐安定、健康向上的良好局面，保证广大农民安居乐业，农村社会稳定才能有坚实的基础，国家的长治久安也才能有可靠的保障。

此外，全面建成小康社会和现代化发展的历史进程，决定了要坚持把解决好"三农"问题作为全党工作的重点。在实现全面建成小康社会目标的进程中，农村面临的任务比城市要复杂得多、艰巨得多。没有"三农"的全面小康，何来中国的全面小康？进一步解决好"三农"问题，加快农业和农村经济的发展，是全面建成小康社会的必然要求。从我国的现代化发展阶段来看：在工业化初期，农业支持工业，是一个普遍的趋向；在工业化达到相当程度后，工业反哺农业、城市支持农村，也是一个普遍的趋向。二者形式不同，但是异曲同工。现在我国总体上已进入了以工促农、以城带乡的发展阶段。因此，我们必须要顺应这一趋势，坚持把解决好"三农"问题作为全党工作的重点，下决心合理调整国民收入分配格局，逐步扩大公共财政覆盖农村的范围，推进统筹城乡的劳动力市场、义务教育和公共卫生事业的蓬勃发展。

二十三、怎样理解科学发展观并以科学发展观指导推进"三农"工作？

科学发展观就是以人为本、全面协调可持续的发展观。换句话说，以人为本，树立全面、协调、可持续的发展观才是科学的发展观。科学发展观应当是坚持速度与效益的有机统一，能够切实提高经济增长质量，是以经济发展为基础，实现经济、政治、文化和人的全面发展，是不同地域、城乡、产业、社会群体，以及人和自然等统筹兼顾的协调发展，是当代人发展不影响下代人发展的可持续发展,是坚持以人为本、大力促进人的全面自由的发展。因此,这里讲的发展必须是科学的发展,要坚持以人为本,处处体现出人性化,转变发展观念、创新发展模式、提高发展质量。不可否认,坚持科学发展观,是我们进行中国特色社会主义建设的行动指南,也是农村发展的根本指导思想。

我们要自觉地以科学发展观来指导农村经济社会发展的实践。这对于推进农村改革开放和现代化建设,对于促进农村各项事业的发展,对于实现农村全面小康,其战略意义的重要性不可小觑。在推进农村发展中,我们必须正确处理增长的数量和质量,以及速度和效益的关系,必须坚持以高效益作为发展的前提,实现农村经济、政治、文化的全面发展,全面推进农村的物质文明、政治文明和精神文明建设;坚持农村各项事业的协调发展,进而实现农村经济和社会的全面进步;坚持农村可持续发展,保护农村生态环境。以实现好、维护好和发展好广大农民群众的根本利益为最终目的,不断提高农民群众的物质生活、文化水平和政治观念。

二十四、县域新农村建设规划编制应注意哪些问题?

社会主义县域新农村建设总体规划,是一省新农村规划体系中承上启下的重要组成部分,是指导县域新农村建设的纲领性文件,也是编制乡镇、村级新农村建设规划的重要依据。

第一,编制县域新农村建设规划的基本原则是:统筹城乡、整体规划,立足现实、面向未来,注重衔接、体现特色,节约资源、持续发展。

第二,编制县域新农村建设规划的基本要求是:在规划设计上,要突出具体的建设项目和建设内容,提出指导性的要求、标准和模式;防止将规划局限于政策层面上的解释,或过于宏观的概括性表述。近期规划要目标具体,突出可操作性;中远期规划要思路清晰,方向明确,突出前瞻性和战略性,提出长远战略目标及相应对策。在指标体系上,目标要明确,指标体系要科学合理,规划指标要定性、量化,充分反映所规划县的新农村建设的现实情况、发展趋势和发展要求。此外,编制规划要严格程序步骤,丰富规划内容,突出地方特色,确保规划编制的科学性和实用性。

二十五、什么是农村集中居住点?推进农民集中居住有什么重要意义?

依据镇村布局规划,因地制宜地界定每个集中居住点范围,科学合理地编制村庄建设规划,并与土地总体利用规划充分衔接,调整好启动区建设用地,让农户有址可选、有地可建,满足农民建房需求。

推进农民集中居住的意义如下：

（1）推进农民集中居住是统筹城乡一体化发展的重大举措。通过一定的措施和手段，在鼓励农民向城市、城镇集聚的同时，吸引农民到集中居住点建房居住，逐步引导农民由农村向城镇集中，由农业向非农产业集中，基础设施和公共服务设施的投入由城市向农村扩散。

（2）推进农民集中居住是节约土地的重要渠道。首先，这提高了集约化用地水平，同时用于道路、供水、供电和通信设施等方面的投资还不到分散住户的一半，科教文卫事业等公共服务的发展也十分便捷，不仅可以节省大量的建设资金，也可以让农村的宅基地为城市发展创造更大价值。

（3）推进农民集中居住是建设社会主义新农村的重要途径。农民集中居住有利于从社会治安、计划生育等方面对农民实行社区化管理，便于对农民进行文化、科技、法律和技能等宣传培训，便于生态环境优化。新村容村貌与新的生活方式，逐渐过渡到新的思想观念、新的道德风尚和新的管理形式，最后造就新农民，建设新农村。

二十六、农民到集中居住点居住的优越性体现在哪里？是否要求所有农户都到农村集中居住点居住？

（一）农民到集中居住点居住的优越性

配套更加完善，生产生活更加便捷。农村集中居住有利于完善基础设施和公共设施，使农民居住更加方便舒适，农村环境更加优美，农民生活的质量和品位大大提高。

土地更加集中，有利于高效农业发展。农民集中居住以后，原有农田集中成片，便于农田整治，便于机械化、规模化种植，有利于发展高效农业，增加农民收入。

人气更加兴旺，有利于提高农民精神文化需求。随着基础设施的不断完善，居住环境更加优质舒适，农民集中居住率将不断提高，社会秩序会更加安全稳定。在农民的物质生活提高以后，对精神文化生活的需求也不断提高，集中居住有利于进一步满足农民对文化、体育等方面的需求。

（二）不是要求所有农户都到农村集中居住点居住

农村集中居住点建设，并不是要求所有农民都到集中居住点居住，而是首先鼓励有条件、有实力、有能力的农民到城市（镇中心）购房居住，然后再选择农村集中居住点。农民集中居住后，必须拆除原有旧房并复垦耕种，节约出更多的土地用于经济社会的发展。

二十七、什么是村庄规划？农村集中居住点建设为什么要编制村庄规划？村庄规划包含哪些内容？

村庄规划，是指为了实现一定时期的经济和社会发展目标，按照法律规定，运用经济技术手段，合理规划村庄经济和社会发展，土地利用，空间布局以及各项建设的部署和具体安排。村庄规划是以行政村为单位编制，包含一个或几个农村集中居住点的规划。

农村建设面广量大。随着经济的发展，农民住房和公益设施等建设日益增加，盲目建设、无序建设、土地浪费的现象严重。为了避免这种现象的持续发生，必须做到规划先行、全盘考虑、统筹协调，促进经济社会更好更快发展。

村庄规划包含村域规划和村庄建设规划两部分。村庄规划的主要内容包括：安排村庄内的农业生产用地布局，并为其配套各项服务设施；确定村庄居住、公共设施、道路和工程设施等用地布局；确定村庄内的给水、排水和供电等工程设施及其管线走向和铺设方向；确定垃圾分类及转运方式，明确垃圾收集点和公厕等环卫设施的分布和规模；确定防灾减灾、防疫设施的分布和规模；对村庄的建设时序进行安排，并对近期建设的工程量、总造价和投资效益等进行估算和分析。

二十八、村庄规划的原则和要求是什么？村庄规划的组织编制与审批程序是什么？

一是城乡统筹的原则：村庄建设与城镇发展相协调，优先促进长期稳定从事二、三产业的农村人口向城镇转移，合理促进城市文明向农村延伸，形成特色分明的城镇与乡村的空间格局，促进城乡和谐发展。二是因地制宜的原则：结合当地自然条件、经济社会发展水平和产业特点等，正确处理近期建设和长远发展的关系，切合实际地部署村庄各项建设。三是保护耕地、节约用地的原则：村庄应切实保护耕地等自然资源，充分利用丘陵、缓坡和其他非耕地进行建设；合理布局村庄各项建设用地，集约建设。四是保护文化、注重特色的原则：保护村庄地形地貌、自然机理和历史文化，引导村庄适应产业发展，注重改善村庄的生态环境，突出乡村风情和地方特色，提高村庄环境质量。五是民主化、公开化的原则：充分听取村民意见，尊重村民意愿，积极引导村民健康生活；规划报送审批前，应经村民会议或者村民代表会议讨论同意，经批准的村庄规划应在显著位置予以公布。

村庄规划应以行政村为单位，由所在地的乡镇人民政府组织编制。为了保证规划的可操作性，规划编制人员在进行现状调查并取得相关基础资料后，采取座谈和走访等多种形式,征求村民意见。村庄规划方案应当向村民公示,县(区)城乡规划行政主管部门,应组织专家和相关部门对村庄规划方案进行技术审查。村庄规划成果完成后,必须经过村民会议或村民代表会议讨论及乡镇人民代表大会同意,报县人民政府批准。

二十九、当前村民关心的突出问题有哪些?

当前村民最关心的问题主要表现在以下这些方面:

(1)村民最关心的是党中央关于农村的政策能否落实到位,如中央关于发展农村经济、调整产业结构、增加农民收入、农村税费改革、减轻农民负担、土地征用、房屋拆迁、失地农民补偿、劳动力转移、社会医疗、劳动保障、弱势群体救助等各项支农、惠农的政策措施特别是减轻农民负担、免征农业税、土地征用补贴、种粮补贴等政策能否及时足额到位,使广大农民群众真正得到实惠和利益。

(2)村民们最急的是致富,最缺的是技术,最盼的是信息和销售等服务。当前,如何把千家万户的农民带入千变万化的市场,这是一大难题。农民群众反映,他们最担心的事情是农产品价格下跌,辛辛苦苦收获的农产品卖不出去,最希望及时掌握科技信息,最盼望上级或村级组织服务到农户,帮助每家每户解决办不了、办不好的问题。

(3)村民们最想了解的是村务和财务。村务公开与民主管理工作能否做得好,直接影响到党在农村政策的贯彻落实,同时还会影响干群关系。

(4)村民们最愁的是看病贵、看病难,子女上学贵、上学难。现在,农民群众都希望自己的子女从小能够受到良好的教育,得病后能得到及时的救治。但是部分农民群众特别是一些贫困家庭,孩子上不起学,大人看不起病的情况仍然存在。一些农民在丰年会略有节余,一旦遇上天灾人祸,就要负债,多少年翻不过身来;一些农民小病拖成大病,病到不行了才去医院,因病致贫、大病返贫的现象时有发生,这就造成了恶性循环,生存愈发艰难。

(5)村民们最怨的是村官作风不实,甚至态度蛮横粗暴。有的村官没有长期观念,在其位不谋其政,不主动考虑村里的事情,能拖则拖,能躲则躲;有的工作上习惯于靠老经验办事,缺乏创造性;有的做群众工作没耐心、耍态度,动不动就对群众指手画脚、指责训斥,甚至独断专横,简单粗暴,伤害了农民群众的感情。

(6)村民们最需要的是带领他们致富的村官。多年的实践证明,由于农户个体劳动力、经营能力、技术水平和经济条件等诸多方面的差异,在农村真正能够靠自身力量致富,独自闯出一片天地的毕竟是少数。势单力薄的农民群众最希望有思想、有领导能力，能带领村民致富的人担任村官，带领他们走上致富路，奔小康。

三十、当前解放思想的总体要求是什么？村官怎样解放思想？

我们要坚持实践是检验真理的唯一标准，在党的基本理论指导下，一切从实际出发。自觉地把思想认识从那些不合时宜的观念、做法和体制中解放出来，从对马克思主义的错误和教条式的理解中解放出来，从主观主义和形而上学的桎梏中解放出来，善于在解放思想中统一思想，用发展着的马克思主义指导新的实践。面对新时期的新情况，我们要坚持科学态度，大胆探索，勇于创新，使我们的思想和行动更加符合客观实际，更加符合社会主义初级阶段的国情和时代发展的要求。

村官是党的农村方针、政策的贯彻执行者，思想是否解放，解放的程度如何，直接关系到一个乡镇、一个单位、一个村的发展。因此，对村官的素质和水平也是有很高要求的。

首先，村官要坚持正确的立场。没有正确的立场，就把握不准方向，就会背离党的要求和人民群众的愿望。方向错位怎么能做好群众的引路人呢？坚持正确的立场，根本在于坚持立党为公、执政为民，实现好、发展好、维护好农民群众的根本利益。村官想问题、办事情，都要从党的利益、农民群众的利益出发，一切为了群众，一切依靠群众，一切相信群众，如此才能得到群众的信赖，村官的工作才有意义。农村"三个文明"建设的发展情况和农民群众的满意程度是检验村官工作成效的最好标准。

其次，村官们还要提高自身的理论和科学文化水平。理论和科学文化水平决定并体现了一个人的认识能力。仅有一腔热情，没有科学的理论作指导，没有一定的科学文化知识，就难以有长远的眼光，想问题、办事情就容易就事论事，解放思想就会成为胡思乱想。随着社会主义市场经济体制的逐步完善，农村工作呈现出新的特点。没有可借鉴的成熟经验怎么办？只有埋头学好理论，掌握科学文化知识，注意研究和吸取新的信息、新的知识，这样想事才有方向，干事才能心明眼亮，工作才能有成绩。

再次，村官们要大胆地去探索和实践。农村工作任务重，头绪多，纷繁复杂。开创工作新局面，就要有新点子、新办法和新手段。这就要深入实际，调查研究，吃透情况，以科研工作者严谨缜密的工作态度，找出制约本地发展的突出问题，确定加快发展的科学的思路和措施。要跳出本村小天地，摆脱老条条、老框框的束缚，敢想前人不敢想的事，敢做前人不敢做的事，心怀一份责任感，只要认准了，就脚踏实地，锲而不舍。

最后，村官们要善于总结农民群众的创造。农民群众一向富于创新精神，农村改革发展的许多创举都来自农民群众。村官要尊重、鼓励和保护群众的首创精神，大力支持、认真对待、善于总结农民群众的创造和实践，特别要注意从农民群众的好创意、好做法中探索出规律性的东西，通过提炼升华，推广运用，惠及更多群众，把工作提高到一个新的水平。

三十一、为什么要坚持实事求是并与时俱进？

中国共产党在长期的革命、建设和改革的实践中，形成了一条正确的思想路线：一切从实际出发，理论联系实际，实事求是，在实践中检验真理和发展真理。实事求是和与时俱进是一致的，二者并不矛盾。我国改革开放以来取得的巨大成就，靠的就是解放思想、实事求是、与时俱进。与时俱进，就是党的全部理论和工作要体现时代性，把握规律性，富有创造性，也就是人们的思想必须随着时代的变化而变化，随着实践的发展而发展，随着社会的前进而前进。

从理论上看，马克思主义具有与时俱进的理论特点。我们只有适应实践的发展，不断总结经验，吸取教训，在理论上永不停顿，才能深刻认识客观规律，才能从容应对新的严峻挑战。要做到实事求是，就必须坚持与时俱进。这种与时俱进的理论品质，是马克思主义始终保持蓬勃生命力的关键所在。

从实践中看，世界形势日新月异，我国的发展和建设面临着许多新情况、新问题。我们只有坚持与时俱进，不断总结群众的经验，不断适应实践发展的要求，在路线、方针、政策和各项工作上不断有所提高；有所完善；有所创新；有所前进；我们党才能始终与时代发展同步伐，与人民群众共命运，也才能真正做到实事求是。

三十二、村官怎样做到实事求是？

实事求是既是对村官的基本要求，也是做好农村工作的科学的思想方法和工作方法。因为农民群众最讲实际、重实效，所以村官想问题，办事情，一定要坚持实事求是、实实在在。具体地说：

（1）村官要说实话。无论何时何地、对人对己、对上对下，都要尊重事实，说真话，讲实情。对上级要说实话，有成绩就讲成绩，有问题就摆问题，不能口袋里装着两本账，需要哪本拿哪本；对群众要说实话，讲真情，交实底，事事让群众明白，不能搞愚民政策。群众的眼睛是雪亮的，欺上瞒下瞒得了一时，瞒不了长久，最终是害国家，害集体，害群众，也害自己。

（2）村官要摸实情。勤观察、勤跑腿、掌握本地实际，是坚持实事求是的基础。村官要深入群众，及时了解农民的所思所盼、所忧所虑，了解本地在执行上级政策过程中遇到了哪些问题，对哪些事急需办，哪些困难需要上级帮助解决，哪些问题应当引起重视，都要心中有数，了如指掌。如果对情况不掌握、不熟悉，就无法有针对性地开展工作。

（3）村官要办实事。不图虚名、多办实事，是我们党的优良传统。当干部，就要真心实意给老百姓办实事。实事，就是与农民生产和生活密切相关、看得见摸得着、实实在在的事情。这些事情可能不大，但对于百姓来说就是大事。对这些事情，村官们一定要时刻挂在心上，用心去解决，办到老百姓的心坎上。

（4）村官在工作中要求实效。办实事不光要看动机，还要看效果。出发点再好，如果老百姓得不到实惠，干得再多也是没有意义的。发展经济，办公益事业，都要从实际出发，根据当地的条件，科学确定目标，因地制宜选路子，不能好高骛远、盲目蛮干。尤其是在经济社会发展相对落后的乡村，村官在工作中遇到的困难会更大，这就需要他们有恒心，有毅力，一个一个地克服困难，一个一个地解决问题，不能脱离实际，急于求成。

三十三、村官如何增强政治意识？

中国共产党是马克思主义的政党，必须坚持马克思主义的政治，建设中国特色社会主义的政治，实现和发展维护人民群众利益的政治。所谓增强政治意识，就是要求各级组织和干部必须坚定正确的政治立场、政治方向和政治观点。增强政治敏锐性和政治辨别力，保证在思想、政治和组织上的高度统一，只有这样才能在任何时候保持清醒头脑、科学认识、坚定信念、经受考验，完成好各项任务。

讲政治是具体的，不是抽象的，最重要的是通过我们的实践，将其落实到我们的工作和行动之中，这里特别需要强调的是：

（1）坚定正确的理想信念。共产党人的根本政治信仰是社会主义和共产主义，这在任何时候都不能有丝毫的动摇，如果在思想上动摇了，也就动摇了共产党人的政治立场，就必然偏离政治方向。党内多次进行的教育活动，都是要认真解决这些问题。实践证明，有的同志对社会主义失去信心，对中国特色社会主义前途认识不清，认识上产生这样那样的动摇；有的革命意志衰退、思想空虚，沉迷于私欲膨胀，利用职权捞取好处，这是要不得的。

（2）善于从政治上正确认识和判断形势，我们党领导的现代化建设事业，既十分艰巨，又十分复杂，矛盾众多。作为村官，如果不善于从政治、全局和战略的高度来认识经济社会发展状况，当今国际局势变化产生的影响，就很难把握方向，很难贯彻落实党的方针政策；反之才能认识事物本质，坚定信心和决心，才能统筹兼顾好各种利益关系，促进其发展。

（3）同上级党组织在思想和政治上保持高度一致。这种高度一致体现在坚决拥护和贯彻中央的路线方针政策上，体现在拥护贯彻上级组织的决定上，体现在维护上级党组织的权威上，能否准确全面地领会和贯彻。以上是对各级组织和干部是否同中央上级组织保持高度一致的最重要、最实际的检验。

三十四、村官如何严格政治纪律？

在现代政党政治中，任何一个政党组织，都要求其成员必须服从组织意志，支持组织主张，严守组织纪律。这要求各级干部必须坚持党性原则，坚决维护上级党委的集中统一领导，必须服从组织决定和决议。如要加强政治纪律，关键的是要反对自由主义，否则将人心涣散、组织瓦解，一些组织和干部就会在政治腐化的道路上越走越远。

党的纪律极为重要，它的政治作用，就是维护党的团结统一，保持党的先进性和纯洁性，增强党的凝聚力和战斗力，保证党的纲领、路线和任务的实行。如果无视纪律、为所欲为，那么中国共产党就不能称其为马克思主义的政党，就会丧失战斗力，甚至瓦解。讲政治就必须讲政治纪律，我们应该看到，在新的环境和条件下，党的纪律观念在一部分党员、干部中淡漠了，纪律松弛的现象在一些地方和干部中相当突出，严重影响了党的思想统一，阻碍了组织巩固和战斗力提高。目前，存在不讲政治纪律甚至违背党的纪律的现象，主要表现在四个方面：

（1）在思想政治方面，有的对党的路线、方针、政策和上级的决议决定公开发表反对意见，任意散布不信任情绪；有的对党的方针、政策和上级决定决策采取阳奉阴违，合意者执行，不合意者不执行。

（2）在组织方面，有的喜欢按照自己的好恶拉拢一些人，排挤另外一些人，搞这样那样危害党的团结和涣散党组织的"摊摊"、"团团"，有的甚至搞封建式的结义，经常聚会。

（3）在经济工作方面，有的违反财务管理规定和制度，指使财会人员违规操作，有的截留、挪用、贪污专项资金。

（4）在群众工作方面，有的高高在上，不以平等态度对待群众甚至打骂群众，有的借权力"吃拿卡要"，侵害群众利益。

这些问题虽然存在少数干部之中，但影响极坏，危害极大，必须引起我们的高度警觉和重视，必须加强干部特别是年轻同志政治纪律的教育，注重对他们政治意识的培养。

三十五、村官如何在建设学习型党组织中发挥好"三个作用"？

村官是有思想、有知识的新型农村干部，是农村基层党组织建设的骨干力量。在建设农村基层学习型党组织工作中,村官作用发挥得如何,是检验村官是否适应社会主义新农村建设的重要手段。

一是要发挥好带头学习的作用。村官与普通农民群众相比,与土生土长的农村干部相比,知识高、眼界宽、接受新事物快是最明显的优势。在建设学习型党组织中,村官要带头学习党的理论、路线、方针和政策,率先掌握党在农村的路线、方针和政策,提高并指导农村基层建设学习型党组织的思想素质和理论能力;要带头学习农业科技知识,积极发挥农村党组织在科技推广中的作用,提高农村基层党组织的科技引领能力;要带头学习社会主义新农村建设的重要内容,使社会主义新农村建设成为基层党组织建设的自觉实践。

二是要发挥好辅导学习的作用。村官在建设学习型党组织中,不仅自己要带头学习,还要辅导其他村干部进行学习,充分发挥自己的特长和优势。要结合农村干部的特点,用浅显的理论、朴实的语言,深入浅出地进行辅导;要结合农村工作实际,针对具体事情进行辅导,坚决避免不着边际地空谈和说教;要结合农村发展实际,把党在农村的政策和当地发展的需求结合起来,让农村党员干部学有所用、学有所想、学有所进,在学习中看到利益、看到前途、看到希望,找到工作的着力点,增强他们自觉学习的信心和决心。

三是要发挥好实践学习的作用。向实践学习、向农民群众学习,这是村官到村工作的第一堂课,也是村官实现人生理想,带领群众致富的必修课。在建设学习型党组织中,村官要进行制度实践,把学习成果及时转化为农村党组织建设的各项规章制度;要进行科技实践,及时把学到的科技知识运用到科技致富上,带头进行科技试验和示范,让老百姓切实看到科学种养的好处;要进行创业实践,抓住各级组织提供的创业平台和创业政策,立足当地实际,争取创业项目,积极兴办领办、合办各类符合农村发展实际的企业,通过自身的成功带领更多的群众致富。

三十六、村官在建设学习型党组织中怎样做好"三个表率"?

党的十七届四中全会提出,把各级党组织建设成为学习型党组织,是一项重大战略任务。作为加强农村干部队伍建设的重要力量,村官应肩负起把村级党组织建设成为学习型党组织的重任,做好"三个表率",更好地推动农村科学发展。

一是做好提高认识的表率。建设学习型党组织需要党组织和全体党员破除陈旧的传统观念,树立先进的学习理念。村官应积极通过会议、横幅、标语、板报、广播、现代远程教育平台和手机短信等各种形式,抓好学习型党组织建设的宣传,同时还应做到带头先学一步,学深一些,努力营造和形成崇尚学习的浓厚氛围,让广大党员充分意识到,只有抓紧抓好学习才能更好地发挥先进性,真正把学习作为一种政治责任、精神追求和生活方式。

二是做好勤学善思的表率。农村工作千头万绪，认真学习与掌握党的各项强农惠农方针政策尤为重要。村官一定要静下心来，坚持用中国特色社会主义理论体系武装头脑，自觉养成不断学习、勤于学习、善于思考的良好习惯，同时在制定学习计划、组织党员学习中，要注重探索学习型党组织建设的方法和途径，积极通过群众喜闻乐见的方式，着重围绕发展现代农业、培养新型农民、带领群众致富和维护农村稳定等方面创建学习型农村党组织。

三是做好学以致用的表率。学习重在学用结合，学习成效就是需要更好地解决问题和推动发展。村官应大力弘扬理论联系实际的马克思主义学风，紧密联系村情民意，积极为村委、党委推进强村富民，献良言、谋良策，同时还应做到向实践学习，虚心向群众讨教，着力解决群众关心的热点难点问题，及时总结先进经验、典型和不足，真正把学习成果转化为解决实际问题和推动科学发展的能力，扎实推进新农村建设各项工作。

三十七、村官如何在建设学习型党组织中发挥"四个优势"？

村官作为党在农村建设的基层力量，推进学习型农村党组织建设责无旁贷，要在推进学习型农村党组织建设上有所作为，村官需要发挥以下四个方面的优势：

（1）发挥视野开阔的优势，当好学习型党组织建设的向导。党在新形势下提出建设学习型党组织，是党审时度势，汲取党的历史经验，着眼于党未来发展的一项重大战略举措。中国共产党自诞生起，就没有停止过从学习中汲取营养，并在学习中发展壮大。建党初期，学习马列主义理论就是建党的一项重要任务，为中国革命探索奠定了理论基础和思想基础。第一次国内革命战争时期，党领导的中国革命虽然屡遭挫折，但学习马列主义，指导中国革命实践的脚步并没有放慢。抗日战争时期，毛泽东同志以马列主义为指导，总结出了闪耀着哲学智慧的理论著作，掀起了一轮马列主义学习热潮，建成了延安抗日军政大学等学习阵地，为抗战胜利奠定了思想基础。解放战争时期，我们党更加注重学习建设，把学习重点由作战知识向管理城市和经济建设知识转变。新中国成立，中国共产党的每次党建活动，都把学习放在首位。在中国共产党革命和执政中形成的中国化的马克思主义思想体系，包括毛泽东思想、邓小平理论、"三个代表"重要思想和科学发展观，并成为各级党组织学习的主要内容。正是因为始终把学习贯穿于党领导的中国革命和建设活动中，中国共产党才保持了与时俱进的生机与活力。因此，建设学习型党组织，村官要发挥视野开阔、党史知识丰富的优势，结合新时期的党建要求，引导农村基层党组织落实中央关于学习型党组织建设的部署，切实把思想与行动统一到中央指示精神上来，这也是当好学习型党组织建设向导的基本条件。

（2）发挥追求进步的优势，当好学习型党组织建设的示范员。学无止境，活到老学到老，这不仅是每个人适应社会，提高生存质量的需要，也是与"物竞天择，适者生存"的自然法则相吻合的生存方式。因此我们每个人都要自觉地学习，因为不学习，就会落后于时代发展，成为社会的边缘人。我们党是引领中国社会发展的核心力量，我们村官又是党在农村培养的先进分子，追求进步是村官成长的一个显著特点。在追求进步的成长中，村官学到的不仅是党的先进理论和学习方法，更重要的是获得了学习知识的能力，得到了学以致用、理论联系实际的工作本领。我们学习中得到的乐趣，也会不经意间通过交流，传递到村级党组织的每一名成员，激发他们的学习兴趣，增强他们建设学习型党组织的责任感、使命感和紧迫感，为建设学习型党组织营造出浓厚的学习氛围。这种带动一旦形成示范效应，就会对学习型党组织建设产生巨大的推动作用，当好学习型党组织建设的示范员的目的也就达到了。

（3）发挥理论优势，当好学习型党组织建设的辅导员。党的理论是一个体系，需要与时俱进，创新发展，建设学习型党组织不仅需要村官掌握党的最新理论成果，还需要我们学习各方面的知识，加深对党的最新理论成果的理解。因此，村官要有"欲穷千里目，更上一层楼"的眼光，胸怀全局，登高望远，利用自己掌握的知识，发挥理论优势，为农村基层党组织的每名成员传道授业解惑，切实履行辅导员的职责，担负起党赋予我们的重任。

（4）发挥实践优势，当好学习型党组织建设的督查员。学习的目的在于指导实践，实践是检验学习成效的主要手段。学习不能停止在形式上，而是通过恰当的形式把内容完整地反映出来。村官要对照党的建设学习型党组织的标准，经常回头看一看，发现学习型党组织建设中存在的问题，及时向相关部门或领导反馈，提出自己的意见或建议。形式影响效果，要有针对性地提出以改进形式促进建设学习型党组织的意见或建议，亦要观察、分析、研究，有的放矢地提出问题，提供有效的解决办法。只要留意观察，就能够发现问题、分析问题、解决问题，真正成为学习型党组织建设的督查员。

三十八、村官如何当好"三大员"，为建设学习型党组织服务？

村官是具有高文化、高素质的新农村建设队伍，也是农村基层的党务工作者，应在建设学习型党组织中当好理论宣讲员、学习示范员、活动组织员，发挥主力军和排头兵的作用。

一是深入领会精神，当好宣讲员。必须按照科学理论武装、具有世界眼光、善于把握规律、富有创新精神的要求,把建设马克思主义学习型政党作为重大而紧迫的战略任务抓紧抓好,这是党对建设马克思主义学习型政党提出的目标。要深刻认识并积极宣传学习的重要思想,只有不断学习、善于学习,努力掌握并运用一切科学的新思想、新知识、新经验,才能使党组织成为引领经济社会各项事业全面发展的领导核心和战斗堡垒。

二是加强自身学习,当好示范员。过去拥有不等于现在拥有,现在拥有不等于未来拥有;过去先进不等于现在先进,现在先进不等于永远先进。村官应高度重视学习,把加强自身学习放在工作生活中的重要位置,注重学习途径的多样,向领导学、向同事学、向群众学;注重学习渠道的多样,从书本中学习、从媒体中学习、从实践中学习;注重学习内容的多样,学习新理论、新文化、新科学和新技术。唯有如此,才能不断提高自身素质,从而保证我们自身的先进性。

三是带动支部学习,当好组织员。村官要充分利用支部大会、田间生产和日常交流等机会,向广大党员干部介绍学习的重要性,在党组织内营造良好的学习氛围;发挥自身优势,利用网络、广播、黑板报和村报等媒体向不同知识层次的党员传播科学理念、科学风尚和科学技术;积极开展红色"1+1"党支部结对共建活动,发挥桥梁纽带作用,邀请母校教授来农村开设讲座;积极献言献策,组织支部党员到经济发达、组织工作开展扎实的地区参观学习,努力使党组织既有开阔的思路,适应形势变化,又能符合当地实际,领导科学发展。

三十九、村官如何采取"三举措",推进学习型党组织创建?

一是树立学习理念,激发党员干部的学习动力。创建学习型党组织,是管理的创新,制度的创新,其关键就是要大力提高党员干部的知识水平和综合素质,使党员干部能紧跟时代的最新科技前沿与最新文化发展的步伐,始终保持一种健康向上的学习状态,并善于将学习成果转化为促进农村发展的效益成果。村官要利用村两委会(村委会、党委会)、党员大会、村民代表大会、宣传栏、黑板报和广播等多种渠道,宣传创建学习型党组织的重大意义,开展多层面启发式的思想动员,教育引导党员干部破除"要我学习"的旧观念,树立"我要学习"的新理念。

二是完善体制机制,保证创建活动扎实推进。创建学习型党组织是一条令人向往而又充满挑战的道路,在建立保证机制上如不下一番苦功是很难持之以恒的。村官要在充分调查研究的基础上,与村委、党委制定创建学习型党组织活动的安排意见,在指导思想、长期目标、阶段性目标、活动内容、活动载体和活动要求上都要做具体安排,对创建工作进行长远规划。

三是开展团队学习,营造支部良好的学习氛围。要提升党支部的学习力,就要努力营造团队学习氛围,培育真正一起思考的能力。为此,村官要组织党员干部通过开展团队学习,将自己所学的内容以及所思、所感、所悟,以笔记的形式表达出来,并开展思想大讨论,鼓励每个人通过平等的交流和探讨,敞开胸怀,大胆陈述想法,充分发表意见。通过大家交流,变成群体共同拥有的学习成果,做到信息共享、经验共享、教训共享,在互动学习中达到共同提高,真正实现集思广益、相互启发、相互提高、相互完善,形成个体有活力,团队有合力的有机系统,全面推进创建学习型党组织的和谐发展。

四十、村官如何在建设学习型党组织中做到"三个加强"?

村官要深入农村基层工作,在做好各项农村基础工作的同时,要充分发挥自身优势,结合实际加强村级组织的建设和管理,做好组织的宣传员。村官应该采取有力措施激发广大党员群众的学习热情,做到"三个加强",更好更快地推动学习型党组织建设。

一要加强自身理论学习,在学习为本上发挥带头作用。学习型组织的创建必须要有学习型的人去带动。村官应努力在勤于读书、善于思考、勇于创新上发挥好带头作用,加强理论修养,用科学发展观武装头脑、指导实践、推动工作,目的在于形成改进工作的新认识,谋划工作的新思路,促进工作的新措施,帮助大家树立全局意识,合理调配组织中的资源,宽严有效,激励班子成员完成各项目标。

二要加强理论联系实际,在学以致用上发挥模范作用。村官要虚心刻苦,学在深处,多思善想,谋在新处,干在实处。要用先进的理论知识丰富自己,同时做到理论联系实际,结合村情民意不断优化调整知识结构,开阔思路,把握规律,提高战略思维与创新思维能力,带动广大干部群众积极推动村级各项工作再上新台阶。

三要加强总结反馈,在促进学习上发挥指导作用。实践是检验学习效果的唯一方法。村官要结合理论联系实际,积极听取广大党员群众的意见,对于大家学习过程中遇到的困惑和问题要耐心解释、细心分析,努力营造一个和谐浓厚的学习氛围。对在建设学习型党组织过程中存在的问题,要及时总结,向上反馈,并提出自己的意见或建议,以更好更快地推动学习型组织建设。

四十一、村官如何做到"多学习",从而提升推进新农村建设水平?

建设学习型党组织,村官不仅要深学政治理论知识,还要深学一些"三农"方面的方针、政策和法律法规等知识,从而提升服务能力,推动实际问题的解决。

多向乡村"百事通"学习，深学传统风俗习惯等。村官对乡风习俗知之甚微，这也是很多村官难以融入的原因之一。因此，要特别注意向乡村中那些"百事通"学习。虽然他们的文化水平不高，但是在祖祖辈辈耳濡目染，言传身教的农村环境中，他们掌握了农村里为人处事的"规矩"，主管着乡村的各种红白大事，所以，村官要想在农村工作中树立威信，深学农村的传统风俗知识是必须且必要的。

多向乡村名流学习，深学处理与协调农村问题的技巧和方法。尽管现在农民朋友的法制意识已经有了较大的提高，但是在充满"人情"的中国农村，绝大多数邻里矛盾和人际问题，还都是按照各地独有的乡规乡矩来处理或判定。一些在农村首先发家致富的，在家族中辈分较高的或道德水平较高享有较高威望的人，都生于、长于、发展于农村，他们在长期处理纠纷或矛盾中，有着独到的技巧方法甚至是艺术，不但解决了问题，和谐了邻里关系，而且还维护了乡风民俗与邻里亲情，所以村官要谦虚学习，深入学习。

多向乡村文化能人学习，深学农业实践专业技能。做好村官，就要有知识、威望和能力，这样才能引领广大的农民创新发展。为此，学习农业专业知识是必须的。没有专业的务农知识，怎么能推动农业的科学发展。村官要放下架子向文化能人学习方法、技巧和本领，因地制宜、因时制宜、因人制宜地带领群众发家致富。

多向乡村致富能手学习，深学如何立足农村发展致富。经济基础决定上层建筑。生活富裕是建设新农村，构建和谐社会的必要条件之一。只有将发展作为最硬的道理、最根本的任务，群众才能真正得到实惠。作为村官，就要发挥学习新知识快的特长，多学知识，结合那些致富能手的经验及方法，不但继续传承、传播，更要创新、开拓，带领大家发展致富。

多向外出务工致富者学习，深学如何在新环境中发挥聪明才智，创造财富。外出务工致富者能在一个新的环境中立足，得到当地社会的认同，进而找到适合自己的位置，并发家致富，这说明他（她）有着独到的智慧。村官要向他们学习，从而尽快在农村中站住、稳住，找准自己在农村大环境中的立足点，而且要不断实践，在勤奋刻苦的工作中提升能力。

深学国家的"三农"政策。在国家的宏观环境下，利用方针政策，寻找并创造机遇。例如，引进资金兴建基础设施，一方面可以让广大农民"足不出户"，打工挣钱；另一方面还能完善设施等。再如，运用农村养殖与购置农业机械等的优惠政策，引领广大农民生产步入机械化、现代化及产业规模化等。

四十二、村官如何为建设学习型党组织献良策？

村官要以深入学习实践科学发展观为契机，发挥自身优势，积极为加快村级学习型党组织建设建言献策，更好地推进农村科学发展。村官应在以下三个方面为建设学习型党组织献良策：

（1）制定计划，学习为主。针对村干部学历相对低、年龄大的情况，村官应积极制定学习计划，帮助他们更好地学习。如在每天早饭时间，利用村里广播集中宣传，针对书本难懂的问题，可以在村里居民墙上书写通俗易懂的学习标语和漫画；利用远程教育，周末两天为集中学习时间，周一到周四为实践时间，周五为学习反馈时间，并建立学习档案，集中学习，分组讨论；定期邀请县委党校的专家来做报告，由上级领导来检查学习情况。

（2）结合实际，学以致用。在学习过程中，村官应组织党员干部集中学习，结合本村实际，利用现有资源，落实学习情况。例如，某村的养殖合作社，刚开始时养殖户很少，只有8户。其原因为不懂得技术，害怕养殖亏损。所以，村官就协助村干部联系到省城里的农业院校专家，定期在本村开展讲座50余次，并发放养殖手册800余册。大部分村民乐于接受，养殖户的数量从开始时的8户增加到60多户。

（3）互助学习，共建新天地。基层党组织建设不仅需要党员干部学习，村官还应让村民也积极参与到学习中来，采取党员和村民互助学习，村民监督党员学习，并对学习进行考核。村民考核合格的，确定为本村党员发展对象。

村官在学习型党组织建设中，应该身先士卒，做好模范带头作用，利用自己的知识，来帮助基层党组织的学习，为新农村建设贡献力量。

四十三、村官如何在学习型党组织中强化自己的人生价值观教育？

学习型党组织要强化党员干部的人生价值观的教育。作为一名村官，一定要在建设学习型党组织中发挥自己的作用。首先，要调动组织中党员学习的积极性，通过学习来加强自身修养，提高党员的整体素质。其次，积极建议党组织每年组织党员重温入党誓词，增加党员对党的忠诚与热爱。正确引导党员们对荣辱观、政绩观、人生观与价值观的认识。最后，村官还要在建设学习型党组织中充分发挥带动作用，以身作则，成为党组织中的标杆与旗帜，来影响并带动其他党员遵纪守法，树立正确的人生价值观。

四十四、村官在推进学习型农村党组织建设中如何做到"三个注重"？

建设农村学习型党组织，不仅是优化农村党组织干部知识结构，提高综合素质，增强创新能力的现实需要，还是提高党的执政能力，保持和发展党的先进性的一项重大战略任务。作为一名村官，应该在更高起点上历练提升，在更高追求上完善自我，在推进学习型农村党组织建设中应做到"三个注重"：

（1）注重发挥专业特长。村官应结合农村实际工作，认真组织学习政治理论、法律法规、市场经济理论、现代管理知识、实用技术，用以武装头脑，加强修养，提高能力。

（2）注重做好宣传活动。村官必须进行最大范围的宣传，使全体党员牢固树立"人人学习，事事学习，时时学习"和"学习即工作，工作即学习"的理念，使学习成为农村基层党组织建设的一项经常性工作，成为每个农村党员的一项经常性任务。

（3）注重改进学习方法。要使学习具有吸引力，村官就必须采取为农村党员所能接受的方式，如乡村夜话、种养示范、科技讲座、市场分析和典型宣讲等。要紧密结合当地经济社会发展实际，以及党员和群众的需求，有目的地学，有针对性地学，着重于解疑释惑，着力于解决实际问题，做到学以致用，用有所学。

村官必须充分发挥模范带头作用，推进农村学习型组织建设，增强农村基层党组织创造力、凝聚力、战斗力，为社会主义新农村建设多作贡献。

四十五、村官如何在学习型党组织建设中发挥先锋作用？

建设马克思主义学习型政党，提高全党思想政治水平，这是党中央着眼于改革发展大局提出的重大而紧迫的战略任务。作为村官，应从自身特点出发，起到一种先锋作用。

毫无疑问，村官是当前党内最基层的一支队伍，拥有无限的青春和活力，在工作当中也有一股强大的拼搏精神。因此，村官们在建设学习型党组织的过程中，就应该充分发挥年轻自信、亲和力强、理论知识较为扎实等有利条件的作用，努力寻找学习契机，为建设学习型党组织贡献出自己的一份力量。同时，村官要重视在田间地头吸取实践经验并与自身文化理论知识相结合，把建设学习型党组织的理念贯穿于实际工作，最终形成在学习中成长，在成长中学习的良性循环，从而带动整个学习型党组织的建设活动。

当然，村官们一定要通过不断地实践学习和总结，才能真正把建设学习型党组织的先锋作用发挥好。

四十六、村官如何加强阵地建设，积极营造学习氛围？

先进性是我们党的生命力和魅力所在。时刻保持先进性要求我们党员必须坚持学习，不断地汲取各种营养元素。建设学习型组织就是为广大党员提供学习平台的一个重要组织保证。作为处在最基层的党员，村官应该与其他村干部一起加强学习阵地的建设，营造良好的学习氛围，把村级党组织打造成学习型、创新型党组织。

加强阵地建设，为学习提供良好的基础条件。村官应改善学习环境，为创建活动提供学习平台。例如，可以依托村里的远程教育中心和农家书屋等，使广大党员活动有场所，学习有课堂。同时，充分利用宣传橱窗、科普宣传栏和阅报栏等，为广大党员群众学习提供支持和保障。除了充分利用村部现有设施外，还可以结合每一期的学习内容选择特定的地点，比如学习养殖知识时可以在养殖大户家中开个小班，现场学习，现场讨论，实现当场有收获，使学习型党组织的建设工作渗透到各家各户。

坚持以身作则，积极营造浓厚的学习氛围。创建学习型党组织，领导干部带头是关键。村官要带头树立学习的榜样，引领其他干部共同学习，在干部内营造一种积极学习的浓厚氛围。例如，可以在各党小组之间开展"学习型党小组"评比活动和"学习型党员"评选活动等，在精神上和物质上奖励先进的党小组和党员，营造"人人是学习之人，时时是学习之机，处处是学习之所"的浓厚氛围，营造自觉学习、崇尚科学的风气。村官更要在创建学习型组织的过程中成为学习型干部、创新型干部，成为勤奋学习、善于思考的模范，解放思想、与时俱进的模范，勇于实践、锐意创新的模范。

建设学习型村级党组织，是党引领农村发展进步的重要基础，是党领导人民全面建成小康社会，开创中国特色社会主义事业新局面的必然要求，是保持和发展党的先进性的紧迫任务。村官只有不断加强阵地建设，更好地带动党员干部牢固树立党组织全员学习，党员终身学习的理念，努力在基层党组织建立健全管用有效的学习制度，使广大基层党员的学习能力不断提升、知识素养不断提高，使基层党组织的学习力、创新力、战斗力不断增强。

第三章 村官领导技能素质修养

一、村官如何坚持"群众利益无小事"?

胡锦涛同志曾指出,"群众利益无小事"。凡是涉及群众的切身利益和实际困难的事情,再小也要竭尽全力去办。这对加强和改进作风建设,密切同人民群众的联系提出了新的要求。村官实践这一要求,应要努力做到以下四点:

(1) 体贴民心。村官工作生活在农民群众中间,对群众的所需、所盼、所愿最熟悉,最了解。群众利益无小事,往往体现在一些很具体、很实在的事情上。有些事虽然不大,但是对某一户、某个农民来说,却是贴心连肉的大事。哪一件解决不好,村民的生产和生活都会受到影响。一件件小事积累起来就是社会关心的大问题。当干部,就应该以民为重,学会换位思考,想老百姓所想的事,说老百姓想说的话,把农民群众的事当成自己的事,真心实意为农民群众服务,为他们排忧解难,不怕吃苦,不怕吃亏,不怕受气,做群众的贴心人与知心人,不计付出,不求回报。

(2) 尊重民意。想做什么,不做什么,要多找群众商量,多听听群众的意见,多站在群众的角度考虑问题。做决策、办事情,要量力而行,充分考虑农村的客观条件和群众的承受能力,做到谨慎、客观、真诚;对那些群众一时不接受的事,要多做说服工作,允许他们看一看,等一等,不能强推硬拉,忽视群众的心理感受;对于应该办又有条件办的事,知难而退或者嫌麻烦不积极去办是失职;对不该办、没条件办的事,为了求得轰动效应,不惜代价,不顾民意硬去办,就是不负责任。这不仅不能维护群众利益,反而会损害农民的利益。

(3) 带民致富。当前,农民群众的最大愿望是发财致富。村官要紧紧围绕社会主义新农村建设的目标,带领群众干事创业,治穷致富。村官要以农业科技来武装自己的头脑,通过身体力行的示范带动,引导群众搞好经济结构和种植结构调整,大力发展高产、优质、高效的农业,千方百计增加农民收入。要搞好服务,着力帮助农民群众解决缺技术、缺信息、缺资金和缺销路的问题,理顺生产和销售脉络,为农民铺就一条康庄大道。要树立科学的发展观和正确的政绩观,坚持按市场经济规律办事，不断增加乡镇财政收入和村级集体收入，加快强村富民步伐。

（4）为民解困。群众的困难就是我们工作的重点，坚持群众利益无小事，就要从那些群众最关注、最盼望、最不满意、最急需办的事抓起。比如，部分贫困户生活困难问题，如上学难、看病难、吃水难、行路难问题等，都要认真考虑，知难而进，想尽一切办法帮助解决好，使他们感受到党和政府的温暖。

二、村官怎样才能做到干事创业？

村官的职责是为人民服务，那么从这个基点出发，怎样才能做到干事创业呢？我们从三个层面来理解：

（1）解决好"想不想干"的问题。这是一个思想问题、觉悟问题。党员和群众选我们当干部，就是期望我们多办实事、好事，当好"带头人"、"服务员"。当干部，如果不是想着实实在在干事，踏踏实实工作，而是只想着为自己牟私利、捞好处，就当不好干部。每一名村官都要强化自己的责任感，增强加快发展的紧迫感，把心思和精力用到干事创业上，用在为群众谋利益上。

（2）解决好"会不会干"的问题。干事创业，光有强烈的愿望和满腔热情是不够的，还要有科学的方法和过硬的本领。村官们要坚持科学的发展观，围绕全面建成小康社会的目标，解放思想，实事求是，尽力而为，量力而行。要善于在工作中学习、探索、总结，不断提高自己的业务水平，提高本领，讲究方法，运用市场经济的手段解决发展中遇到的问题，进而推动农村社会主义物质文明、政治文明和精神文明协调发展。要善于抓重点、抓关键，抓住主要矛盾，统筹兼顾，合理布局，实现整体推进。

（3）解决"能不能干成干好"的问题。干事创业，最终要看效果怎么样。凡是定了的目标和措施，向群众承诺了的事情，都要说了算、定了干，干出实实在在的成绩来，不能半途而废。检验干事创业成绩的根本标准就是要看群众富了没有，群众满意不满意，因此，村官称不称职也就一目了然了。

三、村官怎样才能做到科学决策？

村官要做到科学决策，以下四点缺一不可：

（1）深入进行调查研究。调查研究是正确决策的前提，是我们的谋事之基与成事之道。没有调查就没有发言权，没有调查更没有决策权。村官要经常深入群众，充分听取农民群众的意见和建议，还要留心观察，认真分析，唯其如此才能把握决策的主动权。

（2）充分发扬民主。广泛吸取农民群众的智慧，重视群众的经验和创意，集思广益，才能使决策得到群众的广泛理解和认同。一般来说，这样的决策才更科学更合理。村官要探索建立重大决策事项的预告公示制度，凡属重大问题都应该组织农民群众讨论，充分听取各种意见，让农民群众直接参与管理乡村事务，激发农民群众参政议政的热情，保证决策的科学化、民主化。

(3) 规范决策程序。凡属重大决策、重要建设项目安排和大额度资金的使用等，村官都要向群众广泛征求意见，经过充分讨论才能作出决策，必要时还要请专家和研究机构充分论证，以免走弯路，造成不必要的损失。村一级的决策程序，是要在广泛征求意见的基础上，召开村党支部会议并研究提出决策方案，然后召集村两委联席会议讨论。依法提交村民会议或村民代表会议讨论的事项，要及时提交，经过讨论后才能通过。

(4) 搞好决策实施。对集体作出的决策，村官要协助各级领导认真组织实施，抓好落实。在实施过程中，如果发现有与实际不一致的地方，要及时反馈，调整改进，使决策更加符合实际，科学完善。

四、村官怎样引导农民闯市场？

引导农民闯市场，说到底就是要按市场经济规律办事，学会运用市场的办法来配置资源、组织生产，以示范引导、提供服务的方式处理和群众的关系。那么，村官要如何引导农民闯市场呢？具体如下：

(1) 村官要尊重农民的生产经营自主权。新农村的经济发展要以市场为导向，大力调整农村经济结构，发展高产、优质、高效的农业。农户愿意种什么，要让他们自己说了算；农民一时不认识的，要积极示范引导，用事实说话，让市场裁定。

(2) 村官要帮助农民开拓市场。通过建立有形的农产品市场，组织经纪人队伍，建立农村经济合作组织，以及实行社会化服务等多种途径，在农民和市场之间架起一座了解市场规则、把握市场动态、参与市场竞争的桥梁，解决好农民一家一户办不了、办不好的事情。引导农民提高产品质量，在市场竞争中占据优势。

(3) 村官要及时提供信息服务。当今社会是信息社会，一条及时准确的信息，可以致富一家甚至一村一乡。农村基层干部要当好农民的"千里眼"、"顺风耳"，学会捕捉准确的市场信息，搞好信息咨询，扶上马送一程，帮助农民群众选准路子，尽快致富奔小康。

(4) 村官要引导农民守法经营。市场经济是法制经济，农民们只有守法才能致富，所以村官要首先学习掌握市场经济的有关法律法规，才能引导农户和企业依法生产经营，学会用法律手段保护自身利益。信誉就是效益，就是生命，要教育农民信守合同，以诚待人，严格按合同要求生产、销售农产品，切不可为了蝇头小利，违反合同，丧失信誉。

五、村官如何做到对上负责与对下负责的统一？

村官连着党委政府和农民群众。能不能做到对上负责与对下负责的统一，对于能否正确贯彻执行党的方针政策，维护好农民群众的根本利益至关重要。

对上负责与对下负责是一致的，对下负责本身就意味着对上负责。我们党来自于人民群众，植根于人民群众，我们党的根本宗旨就是全心全意为人民服务。因此，实现好、维护好、发展好人民群众的根本利益，是我们一切工作的出发点和落脚点。村官心里要时刻装着人民群众，每做一件事情，都要对人民群众负责，让人民群众高兴。眼睛不能只往上看，只按某个领导的脸色和喜好行事，不能只对某一个或几个领导负责，完全漠视人民的意愿。只有把人民群众的利益作为最高利益，顺民意，解民难，才是真正实践"三个代表"的要求，真正体现党的组织原则，真正对上负责。

村官要做到对上负责与对下负责的统一，就要维护党的政令畅通。村官工作在农村第一线，最贴近底层人民，党和国家的方针政策，以及上级党组织的决议和指示，都需要村官宣传、贯彻、落实到千家万户。要认真学习领会中央和上级党组织的指示精神，经过系统周密的研究思考，并根据本地实际，有针对性地提出贯彻落实的具体要求和措施。要把本乡镇、本村的工作放到党的工作大局中来考虑，处理好个人、集体、国家之间的利益关系，努力把完成上级任务和维护群众利益统一起来，不能做损害全局和长远利益的事。

村官要做到对上负责与对下负责的统一，还要当好党和政府联系农民群众的桥梁。党与农民群众的联系，主要是通过村官来实现的。村官最能体察农民的疾苦，最了解农民在想什么、盼什么、做什么。要深入了解农业、农村和农民的状况，如实反映，为上级正确决策提供可靠的依据，使党的方针政策更好地代表广大农民群众的利益。在宣传贯彻党和国家的方针政策，以及上级党组织决议的过程中，要认真倾听群众的意见、建议和呼声，并及时向上级党组织反映，增进双方的沟通，为及时解决问题，完善政策争取时间。这样，就在党的领导机关和农民群众之间架起了一座"连心桥"，使党与群众息息相通，心往一处想，劲往一处使，上下一心，这样才更有凝聚力。

六、为什么经济发展了还要艰苦奋斗？

1978年以来，我国改革开放和社会主义现代化建设取得了举世瞩目的伟大成就，综合国力大大增强，人民生活水平显著提高。我们完全有理由为此感到自豪，但决不能自满，决不能懈怠，决不能停滞。成绩越大，越要保持清醒的头脑，越要看到不足和差距，越要保持艰苦奋斗的优良传统和作风。

首先，坚持艰苦奋斗，是由我国社会主义初级阶段的国情决定的。我国人口多，底子薄，尽管经济有了长足的发展，但同世界先进水平相比，我们的差距还很大，要实现全面建成小康社会，提前基本实现现代化的奋斗目标，要走的路还很长，任务还很艰巨，可能遇到的困难和挫折还很多。特别是现阶段的农村，尽管多数人不愁吃不愁穿，一些地方还算比较富裕，但这种初步的小康，也仅仅是低水平、不全面、发展很不平衡的小康。放眼全国，我们看到一些地方仍然比较贫穷落后，人民生活水平低下，在出行、教育、医疗和就业等方面困难重重，我们有什么理由不艰苦奋斗？如果没有艰苦奋斗的好作风，没有勤俭持家的好习惯，集体和群众的利益就会遭受损失，就会影响村官和党组织在群众中的威信，影响党组织的号召力和凝聚力，"全面建成小康社会"就会成为一句空话。因此，村官必须要始终牢记"两个务必"，坚持勤俭办一切事情的原则，精打细算，讲求实效，反对讲排场、比阔气、铺张浪费，力求把每一分钱都花在刀刃上。

其次，艰苦奋斗是巩固党的执政地位的需要。当前，党员干部面临着十分严峻的考验，面临着来自拜金主义、享乐主义等腐朽思想的侵蚀。历史经验表明，艰苦创业、励精图治，国家就能长治久安；骄傲自满，贪图安逸，奢侈腐败，政权就会走向衰亡。水能载舟亦能覆舟，得民心者得天下。是清官还是贪官，百姓自有公论。领导者有了艰苦奋斗的良好作风，就会增强拒腐防变的能力，就能避免沾染好逸恶劳、贪图享乐的坏思想，自觉抵制奢侈腐化的生活方式的诱惑，就能同人民群众同呼吸、共命运、心连心，保持与群众的血肉联系。如果丢掉了艰苦奋斗的作风，放弃追求，贪图享乐，不愿意再做艰苦的工作，对群众的疾苦漠然置之，对群众的呼声充耳不闻，就会被群众所抛弃。显而易见，村官们只有继承和发扬艰苦奋斗的精神，才能得到群众的拥护与支持，才能巩固和发展我们已经取得的成果，才能使社会主义大厦坚如磐石，坚不可摧。

最后，坚持艰苦奋斗，是我们顺应时代潮流，永葆共产党员先进性的必然要求。时代在不断前进变化，我们面临的环境和任务也不断地发生变化。如何在纷繁复杂的环境中立于不败之地，是一个不容回避的重大课题。过去我们的条件很艰苦，但我们有坚定的信念和决心，所以，再大的困难也阻挡不了我们建设社会主义的步伐。现在的条件好了，生活安逸了，有可能遇到这样或那样的诱惑，只要我们保持艰苦奋斗的本色，坚持共产党人的宗旨信念，就能永远立于不败之地。

七、村官怎样做艰苦奋斗的模范？

无论在过去的战争时期还是在今天的和平年代，艰苦奋斗历来是我们国家和民族富强壮大的法宝，村官当然要身体力行。那么，村官怎样来发挥艰苦奋斗的模范作用呢？可以从以下四个方面来做：

首先，村官要勤俭办一切事情。农村要办的事情很多，处处离不开钱。村官作为群众委托的当家人，一定要勤俭办事，把集体的事业办好，把集体的财产管好，把农民的血汗钱用好。不仅"穷"村要精打细算，就是"富"村，也不能大手大脚，奢侈浪费。要大兴节俭之风，不该花的钱尽量不花，必须花的钱要花到刀刃上，花在为群众办实事、办好事上。

其次，村官要积极进取。基础好的村镇，村官们不能满足现状，故步自封，要争取更大的成绩，使群众更富裕；基础差的村镇，更需要努力拼搏，积极进取，把劣势变为强势。要敢于面对困难，敢于挑战困难。只要精神不滑坡，办法总比困难多。当干部的，要有一种不怕困难的韧劲，一种知难而进的拼劲，一种迎难而上的干劲。如果碰到困难就泄气，遇到挫折就后退，半途而废，就什么事也办不成了。

再次，村官要埋头苦干。万丈高楼平地起，农村的事要一步一个脚印，踏踏实实地干，不能心浮气躁，急于求成，急功近利。如果说得多，干得少，练嘴皮子，摆花架子，再新的思路和再好的规划，也是空话一句、白纸一张。当干部，就要有干事创业的真功夫、苦功夫、硬功夫，放下身子、甩开膀子，出大力、流大汗，感召群众，凝聚群力，共同把集体的事办好。

最后，村官要吃苦在前。当干部，就是操心卖力为群众服务的。要先群众之忧而忧，后群众之乐而乐，吃苦在前，享受在后。群众富了，干部心里高兴；群众受穷，干部心里着急。这样才是党的好干部，才能赢得群众的信赖。

八、村官怎样树立正确的权力观？

树立正确的权力观对于村官端正思想、踏实工作有着重要的作用，广大村官要从以下三个方面加强认识：

首先，村官要明白"权力是谁给的"。毋庸置疑，村官的权力是人民给的。当干部，就要为群众掌好权、用好权。任何时候、任何情况下，都不能把权力据为己有，看成"私有财产"，更不能抱着"有权不用，过期作废"的错误想法，不能以权谋私，为个人捞好处。

其次，村官要明白"权力意味着什么"。不用说，权力意味着责任，意味着服务，对于任何一个领导者都是如此，村官自然包含其中。村官的权力是用来为人民群众服务的,而不是用来牟取个人私利的。权力越大,责任也就越大。党员干部要积极履行这种责任,努力为群众服务。

最后,村官要明白"有了权干什么"。当干部就意味着有重重的责任压在肩头,要认认真真、踏踏实实地干事,干一地、兴一方、干一行、兴一业。要甘愿为群众鞍前马后,操心费力,把事办好、做漂亮,让党放心,让群众满意。有权不为民造福,是庸官;利用权力捞好处,是贪官。百姓心中有杆秤,贪官、庸官自然是遭百姓所唾骂。

九、什么是民主管理?村官如何推进农村民主管理?

民主管理就是指村民依照一定的法规制度参与村级事务的管理,它是农村民主政治建设的重点。村民自治中的民主管理,主要体现在以下两个方面:一是通过村民会议或者村民代表会议,让村民就村内事务发表意见直接参与管理;二是依据党的方针政策和国家法律法规,结合本地实际,制定村规民约或者村民自治章程,让村民和村官自我约束、自我教育、自我管理。实行民主管理,有利于发展农村基层民主,活跃农村基层民主生活,保障农民群众直接行使民主权利;有利于加强农村基层组织,充分调动广大农民群众的积极性和创造性;有利于提高各项工作的透明度,强化党员和群众对干部的监督,密切党群干群关系。

村官要从以下三个方面推进农村民主管理:

(1) 健全制度。制度是民主的保障。民主管理制度化,是保证民主管理质量和效果的关键。要实行依法治村,应从实际出发并经村民会议讨论,制定和完善村民自治章程,共同遵守。要健全村务公开制度,对涉及村民切身利益的事项和村民关心的事情,比如财务账目、干部报酬、集体资产经营状况、村民宅基地审批和计划生育指标安排等情况,都要定期向村民公布。要实行民主理财制度,对村里收支账目进行审查监督。

(2) 规范操作。农民群众对村内事务的关注程度越来越高:村里办的事情,想问个清楚;村里的收支,想弄个明白。村官要顺应群众的这种愿望和要求,认真落实民主管理制度,让群众参与管自己的事。比如民主理财,要选那些品行好、威望高、为人正派、处事公道,了解农村政策并有一定财务管理知识的人参加。要完善程序,年初、季初有计划,月底有审核,每季一公开。要明确责任,计划外数额较大的开支,要经村民理财小组讨论或村民会议、村民代表会议讨论研究。

(3) 加强民主监督。民主管理与民主监督是统一的。既要按制度和程序办事,还要落实群众的监督。要把办事结果公开与事前、事中民主决策和民主监督结合起来,把内部监督与外部监督结合起来,保证民主管理的经常性和村务公开的真实性。

十、村官怎样发扬党内民主，发挥好广大党员的积极性、主动性和创造性？

农村党员是农村党组织的力量基础。发扬党内民主，有利于把全体党员凝聚在党组织周围，充分发挥他们的积极性、主动性和创造性，带领群众为全面建成小康社会努力奋斗。

一是要维护党员权利。党章规定了党员的八项权利，《中国共产党党员权利保障条例》对保障党员权利作了明确规定。各级党组织一定要尊重和保护党员的权利。如果只要求党员尽义务，不让党员享有权利，党员就不可能发挥好作用。要保证党内正常的组织生活：应该让党员了解的，要及时组织党员传达学习；应该让党员明白的，要及时向党员介绍和通报；应该让党员参与的，要及时组织党员研究和讨论。对践踏党员民主权利的，要严肃查处。党员的权利得到维护，党员就会更加紧密地团结在党组织周围，积极维护党组织的领导，更好地完成党组织下达的各项任务。

二是要拓宽党内民主渠道。农村党组织班子换届选举，要实行"两推一选"，由全体党员参与推选候选人、预备人选，然后严格按照党内选举的规定，实行民主选举。农村发展党员，要实行"两推一公示"制度，由全体党员和村民代表推选入党积极分子，并在党员大会上认真讨论，听取每个党员的意见。发展对象要在一定范围内公示。村里议事情，要坚持先党内后党外、先党员后群众的原则，实行民主科学决策，广泛听取党员的意见。要健全完善党员议事会和党员民主评议村官制度，加强党内监督。要坚持和完善民主评议党员制度，积极开展丰富多彩的主题教育活动，引导和激励广大党员增强党性意识，发挥积极性、主动性和创造性。

十一、村官怎样自觉接受监督？

首先，要有坚强的党性观念。能不能自觉接受监督，是党性强不强的重要体现。村党组织负责人要认真学习科学发展观，讲党性，讲原则，自觉按照民主集中制原则办事，正确处理集体领导和个人负责之间的关系，把自己置于班子成员的监督之下。要把自己手中的权力和农民群众的利益联系起来，自觉接受群众监督。

其次，要有宽广的胸怀。海纳百川，有容乃大。村党组织负责人接受监督，要看有没有让群众监督的胸怀，有没有听取诤言的诚意，有没有闻过则喜的气量。有了既能容人又能容事的胸怀和觉悟，不怕揭短，不怕丢面子，听到群众的批评意见就不会觉得刺耳,就不会感到难堪,才会从谏如流,不断提高自身威信,才会更好地做好工作,不断取得新的进步。

最后,要摆正与群众的关系。群众监督村官,说到底是为了全村的事业发展,是为了村官的健康发展。村党组织负责人要牢固树立群众观念,坚持群众利益高于一切,自觉接受群众的监督。特别是做决策时,要多听听群众的意见,靠大伙出主意、想办法,把事情办好。要经常与群众拉家常,了解他们是怎么想的,对自己是怎么看的,明白自己在群众心中的形象怎么样,发扬成绩,克服缺点,改进不足,做群众信得过的带头人。

十二、村官如何坚持说服引导、防止强迫命令?

一是舆论宣传要靠"引"。农民信息比较闭塞,认识接受新鲜事物慢一些。有些事情,对群众有益处,但群众不认识,办起来有难度。如果忽视群众的认识过程,强推强行,只会适得其反。领导者的责任,就是向群众宣传,组织群众,引导群众。推进工作,要特别注意搞好舆论宣传,搞好分析对比,讲明利害关系,把上级的决策和致富路子,变成群众自觉自愿的行动。群众从内心里接受了,从"要我干"变成"我要干",开展工作就顺了。

二是典型示范要靠"带"。搞农业产业结构调整,发展致富项目,有一定的风险,群众想赚怕赔,想干不敢干,干部就要先行一步,冒一冒风险,做出样子。群众见到了效益,看到了好处,不用干部去催去逼,自然就会跟着干部干,围着效益转。

三是协调服务要靠"帮"。说服引导不是空对空,不能光给群众讲大道理。抓经营,搞生产,有些事情一家一户办不好、办不了,干部就要出面挑头,把群众组织起来,解决好这些困难和问题。为群众办了实事,搞了服务,群众就会说在嘴上,装在心里,干部的话群众就信,布置工作群众就听。

四是群众问题要靠"管"。农村工作任务很重,有的村规模较大,人口较多,单靠几个干部,很难把工作做好,把村子管好。因此,干部要学会让群众自己教育自己,自己约束自己,自己管理自己。群众能够自我处理、协调解决的问题,要主动化解;对不能协调解决的,要坚持依法办事,依靠法律的手段来解决,决不能盲目蛮干。

十三、村官如何发挥群众组织和村民自治组织的作用?

农村的共青团、妇联,以及随着农村二、三产业的发展而建立起来的工会组织和行业协会等群众组织,是农村基层党组织联系农民群众的桥梁和纽带,是国家政权的重要社会支柱。实现农村奔小康的目标,必须切实加强党对各类群众组织的领导，充分发挥这些群众组织的作用，把它们所联系的广大农民群众团结起来。在实际工作中，主要抓好以下五点：

（1）支持群众组织独立自主地开展工作。群众组织一方面要接受党组织的政治领导，遵循党的基本路线，围绕党的中心任务开展工作；另一方面，党组织应当支持群众组织依照法律和各自章程，执行其上级组织的决议，独立自主地、创造性地开展工作。农村基层党组织应为群众组织创造必要条件，积极支持它们开展适合其所联系群众特点的健康有益的活动。

（2）支持群众组织更好地维护各自所代表的群众利益。群众组织作为不同的社会群体，都有其所代表的群体利益。广大人民群众需要通过各自的组织表达来维护自己的具体利益。农村基层党组织应学会善于通过群众组织，来了解群众的情绪和呼声，支持和帮助群众组织建立健全各自的信息渠道，使群众的要求和呼声能够顺畅地反映上来，并认真研究解决。

（3）充分发挥群众组织在思想教育中的作用。农村基层党组织要指导和帮助他们把思想政治教育放在重要位置上，按照培养有理想、有道德、有文化、有纪律的社会主义新型农民的要求，开展思想道德、民主法制和科学文化知识的教育，提高农民的整体素质。

（4）充分发挥群众组织在农村经济和社会事务管理中的参与和监督作用。特别是一些涉及群众切身利益的问题，党组织要支持它们充分发挥协商对话、民主管理和民主监督作用。

（5）支持群众组织，切实加强自身建设。帮助它们加强领导班子建设，健全各项规章制度，引导它们转变活动方式，丰富活动内容，扩大活动的覆盖面。

十四、村官做党的思想政治工作应坚持什么原则？

思想政治工作的原则是思想政治工作必须遵循的基本准则和基本要求，是思想政治工作经验的科学总结。党的思想政治工作需要坚持以下原则：

（1）坚持从实际出发，增强针对性和实效性。思想政治工作必须紧密结合干部和群众的思想实践，有的放矢，对症下药，不能照本宣科，空喊口号。要针对干部群众思想上存在的各种热点、难点问题和种种疑虑、困惑，认真分析其产生的原因，深入细致地开展工作。思想政治工作要注意讲求实际效果，力求做到生动活泼，群众喜闻乐见，切忌形式主义、教条主义，切忌简单生硬。

（2）思想政治工作与经济工作相结合的原则。现实生活中，政治与经济是分不开的。人们的思想问题，往往是在各项工作中产生并通过各种活动表现出来的。思想政治工作只有渗透到经济工作和其他业务工作的各个环节中去，才能及时把握群众的思想脉搏，找到化解矛盾的办法，避免流于形式或空谈。

(3) 思想政治工作与物质利益相结合的原则。物质利益是产生思想问题的重要原因，关心和保护群众的物质利益，使他们的生活不断改善和提高，是农村基层党组织的重要职责。这项工作做好了，就可以大大减少思想问题的产生。许多思想问题的解决，有待于物质利益问题的解决。但我们讲的利益导向，是引导人们在政策和法律允许的范围内积极创造自己应得的利益，而不是拜金主义的利益至上论。在思想政治工作中，既不能搞"精神万能"，也不能搞"金钱万能"，必须把物质鼓励同精神鼓励结合起来，把解决实际问题同解决思想问题结合起来。

(4) 发扬民主与正确指导相结合的原则。在思想政治工作中，教育者与被教育者之间是平等的关系。教育者必须具有民主精神、民主作风并采用民主的方法。发扬民主并不等于放任自流。我们所说的民主，是集中指导下的民主。对于群众中的不正确思想，要正确引导。要把民主与集中很好地结合起来，把平等交流与正确引导结合起来。

(5) 说服教育与严格管理相结合的原则。高尚思想道德的培养，良好社会风尚的形成，既要靠耐心细致的思想教育，又要靠严格、科学、规范的管理。思想教育可以提高人们的思想道德素质，指导人的行为；严格管理则通过规章制度规范人们的行为，养成良好习惯。二者都是维护社会秩序，规范人们行为的重要手段，它们相互结合、相得益彰。

(6) 解决思想问题同解决实际问题相结合的原则。思想政治工作不仅要务虚，更要务实，即在解决群众思想问题的同时，还要帮助他们解决工作和生活中存在的实际困难。只有这样，思想政治工作才能取得良好的效果。对于群众提出的问题，凡是合理的要求，我们要认真对待，分批分期地加以解决；对于不能解决的问题，要讲清道理，取得群众的理解和谅解。

(7) 身教与言教相结合的原则。思想政治工作者应当处处以身作则，来取得群众的信任和拥护。这样，思想政治工作才具有强大的说服力和感染力。

(8) 表扬与批评相结合的原则。思想政治工作要适时开展表扬和批评，激发人的内在积极因素，克服消极因素。

十五、农村思想政治工作的主要内容是什么？

农村思想政治工作，既有一般思想政治工作的共性，也有自己的个性。在具体内容上，要结合农民思想实际，突出抓好以下六个方面的教育：

(1) 深入进行中国特色社会主义理论和党的基本路线教育。把用邓小平理论、"三个代表"重要思想和科学发展观武装全党，教育干部和人民作为思想政治工作的重要任务，广泛进行党的基本路线和基本纲领教育，进行爱国主义、集体主义、社会主义和艰苦奋斗精神的教育。要密切联系改革、建设中的理论和实践问题，增强思想政治工作的针对性和实际效果，使广大干部群众更加自觉地贯彻执行党的基本理论和基本路线。

（2）加强形势政策教育。深入进行国际、国内形势教育，引导干部群众了解改革开放和社会主义现代化建设中的有利条件和不利因素。在形势好的时候看到问题，不盲目乐观；在遇到困难挫折的时候看到光明，不悲观失望。通过教育，增强人民群众克服困难的信心，树立改革必胜的信念。

（3）加强马克思主义唯物论和无神论教育，以及科学知识、科学思想、科学方法和科学精神教育。引导人们掌握科学的世界观和方法论，引导人们划清唯物论与唯心论、无神论与有神论、科学与迷信、文明与愚昧的界限，增强人们识别和抵制唯心主义、封建迷信及各种伪科学的能力。普及与群众日常生活密切相关的自然科学、医疗卫生、科学健身和生老病死等方面的知识，帮助人们掌握科学思想和科学方法，努力在全社会形成爱科学、学科学、用科学的风尚。

（4）加强社会主义市场经济知识教育。教育引导人们树立与新形势要求相适应的思想观念，增强改革开放意识、市场意识、竞争意识、风险意识、民主法制意识、科学意识和可持续发展意识。普及社会主义市场经济知识，帮助人们学习掌握发展市场经济的本领，克服消除市场经济给人们心理和思想所带来的负面影响，提高人们在社会主义市场经济条件下的自我调节能力和适应能力。

（5）加强民主法治和维护社会稳定的教育。坚持不懈地加强民主法制教育，普及宪法和法律知识，引导人们增强法治观念，依法办事、遵纪守法，不参加非法组织，不参与危害社会公共秩序的活动，坚决同一切违法行为作斗争。教育领导干部带头学法、守法，做到依法行政、依法管理。要使广大干部充分认识到，进行现代化建设必须有一个团结稳定的社会环境，稳定压倒一切，没有稳定什么事情都干不成，自觉维护改革、发展、稳定的大局。

（6）加强社会公德、职业道德和家庭美德教育。全面贯彻落实公民道德建设实施纲要，以为人民服务为核心、以集体主义为原则，以诚实守信为重点，加强社会公德、职业道德和家庭美德教育。引导人们在遵守基本行为准则的基础上，追求更高的思想道德目标；引导广大干部群众遵守道德准则，提高道德素质，在社会做一个好公民，在单位做一个好职工，在家庭做一个好成员。

十六、什么是走群众路线？在村官工作中怎样算是坚持走群众路线？

群众路线是中国共产党的根本路线，坚持走群众路线是中国共产党的根本领导方法和工作方法。走群众路线就是要更深入地了解群众，倾听群众的呼声，解决群众的实际问题。

村官要坚持群众路线的工作方法，有两个方面不容忽视：

（1）虚心向村民们学习。作为领导干部，我们应当充分认识到村官的思想、意见和决策，都要符合本村群众的利益，体现本村群众的愿望，更要懂得这些好的想法应该主要来源于本村群众，不能脱离群众，脱离现实。群众是最好的老师，村官都要向他们学习，虚心求教，甘当"小学生"，认真了解农村生活中的实际情况和问题。在这个基础上经过筛选和补充形成符合实际的意见，在群众中间锻炼自己，不断提高工作水平。

（2）实现村官责任的"两化"。①村委会的政策要化为村民的意见。这首先需要干部细心地把村民们分散的意见集中起来，经过整理和综合，再转化为系统的政策，然后再由干部到群众中去宣传普及，转化为村民自己的意见，从而形成一个完整的轮回。②把决策化为村民的行动。这就是说，村官要向村民宣传村委会的决策，让他们理解和接受，只有这样才能把决策落到实处，真正发挥作用。

十七、如何认识新形势下发扬密切联系群众作风的极端重要性？

坚持群众路线是中国共产党一贯的执政理念和执政方略。不可否认，这是中国共产党获得群众认可与支持的关键和基础。走群众路线是我们的传家宝，只有发扬党的密切联系群众的优良作风，贴近民生，才能制定出符合人民意愿的政策方针。事实证明，我们一旦违背了群众路线，就会在实践中走弯路，甚至遭到失败。因此，在新形势下，领导干部大力发扬密切联系群众的作风非常重要。这种重要性主要表现在：

（1）这是实现我国新世纪发展宏伟目标的迫切需要。建设有中国特色的社会主义，是推动社会历史全面进步的事业，充满了生机勃勃的创造性。这项事业的发展进步固然离不开中国共产党的坚强领导，离不开全体共产党员发挥自身的先锋模范作用，但更重要的还是要充分发挥和依靠人民群众的积极性、主动性和创造性，干部群众同心协力才能完成任务。中国共产党之所以有巨大的力量，有无穷的潜能，就是因为它始终扎根于人民群众之中，紧紧依靠人民群众，善于集中人民群众的智慧和创造力。一切为了群众，一切依靠群众。人民群众是创造历史的决定性力量，无论在过去、现在，还是将来，这都是颠扑不破的真理。

（2）这是党在新的征程上经受住各种风险考验的保证。当今世界是开放的世界，面对错综复杂的国内外形势，我们要敏锐地抓住机遇，有足够的勇气去迎接挑战，开拓进取，勇往直前，经受住各种复杂局面和风险的考验。最根本的一条，就是相信群众，始终保持和不断加强党同人民群众的血肉联系，荣辱与共。只要党的各级组织和广大党员干部不脱离群众，真心实意为群众谋幸福，在自己的工作中真正代表人民的利益，善于做群众工作，使党的各项方针政策能赢得人民群众的充分理解、信任和支持，即使我们遇到再大的困难都能够克服，遇到再大的障碍都能够排除，遇到再大的风险都能够抵御。

（3）这是加强党的自身建设的现实要求。我们党的根基在人民、血脉在人民、力量在人民，走群众路线是我们党的立足之本。加强党的执政能力和先进性建设，推进全党建设新的伟大工程，需要做多方面的工作，但巩固和发展党同人民群众的血肉联系，始终是一个贯穿其中、不容忽视的重要问题。我们党有正确的思想路线、政治路线和组织路线，要贯彻执行好这一系列的工作路线都必须依靠群众，都离不开走好群众路线。如果大搞官僚主义和形式主义，脱离群众，高高在上，那就丧失了力量的源泉，就要失败，甚至会被人民抛弃。所以，我们必须认真研究党的思想作风建设方面出现的新情况与新问题，高度重视，认真解决好现在乃至将来，如何防止和纠正党员干部脱离群众的问题，使我们党密切联系群众的政治优势在新的历史条件下得到充分的发挥。

十八、村官如何密切联系群众？

密切联系群众是我们党的优良传统，是干部作风建设的核心内容。无论在战争时期还是和平年代，离开了人民群众的党员都没有光明的前途。因此，每个村官都要努力实践"三个代表"的重要思想，始终代表最广大人民群众的根本利益，坚决相信群众，紧紧依靠群众，一切以人民群众的利益为重，形成事事向人民负责，老老实实向群众学习的良好风尚，这也是我们党宝贵的历史经验的总结。

（1）村官要增强执政为民的意识。在日常工作中要坚持用"三个代表"重要思想武装头脑，强化政治观念，增强服务意识、奉献意识和责任意识，以维护和发展最广大人民的根本利益作为工作的出发点和落脚点，倾听人民的呼声，反映人民的愿望，关心人民的疾苦，以人民群众的满意程度作为衡量工作的根本标准。

（2）村官要深入群众中去，关心群众生活。村官要贴近群众，善于体察民情，了解群众的喜怒哀乐，把群众的安危冷暖挂在心上，为群众诚心诚意办实事，尽心竭力解难事，坚持不懈办好事，特别要关心困难群众的生活，想问题、作决策都要淋漓尽致地体现出全心全意服务人民这个宗旨，把立党为公、执政为民的要求变为实实在在的行动。

（3）村官要改进工作的方式方法。尊重群众的意愿和选择，尊重群众的首创精神，注意保护和调动群众的积极性和创造性。以说服教育、示范引导和提供服务等方法，处理同群众的关系，以民主法制的手段推进工作，努力把实事办好，好事办实，办到群众的心坎上，要不断地从人民群众中汲取智慧和力量，不断谋求更广阔的生存和发展空间。

十九、群众工作的主要任务是什么？

宣传教育群众，尊重依靠群众，组织引导群众，提高群众的思想政治觉悟，调动群众的积极性，是党的群众工作的基本任务。具体地讲，党的群众工作的任务主要有以下六个方面：

（1）发动群众，向群众宣传党的主张。积极向群众宣传党的主张，是完成党的任务的前提条件。只有使群众了解党的主张，才能自觉地把党的主张变成他们的实际行动，变成强大的物质力量。农村基层党组织必须把向农民群众宣传党的主张，作为群众工作的首要任务。宣传党的主张，要做到及时、准确和全面。要把党的各个时期的方针、政策原原本本地告诉群众，绝对不允许断章取义、各取所需。对于群众一时还不能接受或一时还不清楚的问题，要在宣传的同时，耐心细致地做好说服解释工作，不能对群众的意见充耳不闻。

（2）教育群众，帮助群众提高思想政治觉悟和业务水平。教育群众是群众工作中的经常工作。我们衡量一个地方的工作，不仅要看这个地方的经济是否发展了，还要看这个地方群众的思想道德素质和集体主义观念如何。在通常情况下，群众对某项工作热情不高，有抵触畏难情绪，总是有一定原因的，而原因又往往是存在着这样或那样的思想认识问题。特别是在新世纪、新阶段，随着农村产业结构调整的加快，市场经济体制的建立和改革开放的不断深化，各种利益关系正在进行全面深刻的调整，农民群众的生产领域、就业方式和生活方式也呈现出多元化发展趋势，群众的思想问题就更多、更复杂。这就要求农村基层党组织要切实加强思想政治工作，加强中国特色社会主义共同理想的教育，用党的路线、方针和政策引导群众，提高群众的思想政治觉悟。

（3）尊重群众，善于体察民情、了解民意、集中民智。群众是真正的英雄，一切正确的意见都来源于群众之中。农村基层党组织和干部，都要有甘当群众"小学生"的精神，深入群众中去，跟群众打成一片，跟群众交朋友，时刻把握群众的所思、所想、所盼、所急、所难，倾听群众呼声，反映群众意愿，集中群众智慧，尊重群众创造。只有这样，群众才会把你看作是自己人，才敢于讲真话、讲实话，才会把真实的意见和建议反映出来，使基层党组织掌握真实的第一手材料，为作决策提供可靠的依据。

（4）依靠群众，充分发挥群众的积极性和创造性。人民群众是我们党的力量源泉和胜利之本。人民群众蕴藏着无限的智慧和创造力。只有相信群众、依靠群众、尊重群众，善于集中群众的智慧和力量，我们的事业才能获得成功。因此，农村基层党组织在日常工作中，不仅要相信群众，尊重群众在改革开放和社会主义现代化建设中的首创精神,还要依靠群众,深入群众,向群众学习,从群众实践中汲取智慧和营养,总结群众创造的新鲜经验,引导群众前进。

(5) 关心群众,把人民群众的利益保护好、实现好。人民群众的整体利益总是由各方面的具体利益构成的。但是,大多数人的利益是最紧要、最具有决定性的。农村基层党组织在工作中,必须从自己所采取的工作措施中体现大多数人的利益,从自己的社会实践中不断实现、保护和发展好大多数人的利益。要把群众的切身利益放在心上,全心全意为群众谋利益,关心群众的疾苦,注意群众喜什么,怕什么,缺什么,要什么,为群众办看得见、摸得着的实事。

(6) 引导群众,妥善处理和化解各种矛盾,协调各种关系。农民群众在共同的生产和生活中不可避免地要发生一定的关系,产生一定的矛盾。如果这些关系协调不好,矛盾得不到及时处理或处理不妥当,就会产生消极作用,影响生产和工作的正常进行。因此,基层党组织要努力协调好各方面的关系,处理好这些矛盾,主要是处理化解国家、集体、个人利益之间的矛盾、少数人与多数人利益的矛盾、农村宗族势力之间的矛盾,农民群众与村官之间的矛盾等。总的要求是,从有利于党的事业出发,从大局着眼,以党的政策和国家法律法令为标准,切实保持公平和效率,维护农村社会的稳定。

二十、群众工作有什么根本要求?村官做群众工作的方法有哪些?

做好新形势下的群众工作,根本是要坚持立党为公、执政为民,做到权为民所用、情为民所系、利为民所谋。

(1) 做到权为民所用,就必须正确看待和运用手中的权力,始终以党和人民的事业为重,为人民掌好权、用好权,用人民赋予的权力服务于人民,造福于人民,绝不以权谋私。

(2) 做到情为民所系,就必须坚持与人民群众心连心,始终把人民群众的安危冷暖挂在心上,倾听群众呼声,关心群众疾苦,切实帮助群众解决实际困难,绝不脱离群众。

(3) 做到利为民所谋,就必须时刻把群众利益放在首位,始终把维护好、实现好、发展好最广大人民的根本利益作为全部工作的出发点和落脚点。坚持一切为了群众,一切依靠群众,立志为人民做实事、做好事,绝不与民争利。

村官必须按照"三个代表"重要思想和科学发展观的要求,加强和改进党的群众工作,必须适应社会经济生活中出现的多样化环境和基层民主政治建设的发展,以及由此带来的复杂的新情况。在继承过去行之有效的工作方法的同时,大胆创新,采取多种形式,寻找有效载体。群众工作的方法主要有以下几种:

(1) 从群众中来,到群众中去。所谓从群众中来,就是领导者要深入群众,把来自各方面的群众意见集中起来,经过分析研究,整理概括,化为集中的系统的意见,形成切合实际的方针政策和计划方案。所谓到群众中去,就是让集中起来的群众意见,再回到群众中去,并见之于行动,在实践中经受检验,看其是否正确,然后再从群众中集中起来,再到群众中坚持下去。从群众中来,到群众中去的方法是党的领导的基本方法之一。

(2) 一般号召和个别指导相结合。一般号召就是把领导者的决策、计划、方案和意见,向群众做宣传解释,使广大干部和群众知道做什么、为什么这样做和怎样去做。个别指导,就是领导者深入一个或几个单位,亲自了解情况,倾听群众意见,具体地解决实际问题,借以取得经验。个别指导可以使一般号召具体化,落到实处。通过个别指导,可以验证一般号召是否正确。在个别指导过程中发现的问题和取得的经验,反过来又可以充实完善一般号召的内容,使一般号召切实发挥作用。一般号召和个别指导是推动工作的两个基本环节。不论做任何工作,如果没有一般号召,就不可能动员广大群众。但是,如果仅局限于一般号召,而不注意或不善于进行个别的具体指导,就会忽视各单位的差异,犯"一刀切"的错误,难以在一个单位或一个方面取得突破并获得经验,无法带动上面工作的开展。

(3) 领导骨干和广大群众相结合。任何任务的完成,都要依靠领导骨干和广大群众两方面的积极性,只有领导骨干的积极性,而无广大群众的积极性,就会变成少数人的空忙,工作局面也很难打开。但是,如果只有广大群众的积极性,而没有得力的领导骨干去恰当地组织群众,那么群众的热情和行动也不能持久,也不能保证正确的方向和水准的提升。坚持这一方法,就要运用各种手段激发群众内在正确的动机,焕发组织群众的活力和创造性,要为群众创造良好的、和谐的环境,满足群众的精神需要和社会需要,对群众工作成绩要给予公平的报酬和奖励,增强其成就感、荣誉感,并为群众提供参与管理的机会,发挥其主人翁责任感,满足其自我实现的需要。

(4) 抓两头、带中间。抓两头、带中间就是通过抓先进和落后两头,使先进更先进,后进赶先进,带动中间以推进整体向前,推动工作的全面开展。抓两头、带中间的工作方法,是符合客观事物发展规律的,被实践充分证明是行之有效的工作方法。

二十一、村官在工作中如何坚持一切从实际出发?

我国幅员辽阔,各地的情况千差万别,每个村委会所面临的具体情况也不相同,这就决定了工作方法和工作重点的不同。村官长期处在农村工作的第一线,每天都能接触到农民群众,比较了解他们的实际问题。在这样的情况下,要做好本村工作，照搬别处的成功经验是不行的，仅凭一腔热情和美好愿望想当然地做事情更是行不通。在贯彻执行党和国家的路线、方针和政策时，如果不进行微调，不结合本村的实际情况，是贯彻不好的，效果势必要大打折扣。所以我们说，只有从本村实际出发，使自己的想法、做法符合本村情况，才能达到预期目的。

坚持一切从实际出发，务必要注意以下几个方面：

首先，要多听、多问、多调查。毛泽东指出，"没有调查就没有发言权"。尽管村官身在基层，农村工作经验比较丰富，但农村形势发展很快，瞬息万变，新问题层出不穷。如果不听、不问、不调查，不了解农民的要求和愿望，开展工作必然遇到各种各样的困难。所以，村官要多和村民沟通，了解他们的心声。只有深入实际，深入群众，调查研究，才能掌握第一手材料，及时地作出决策，调整工作思路。

其次，不能"想当然"。在实际工作中，村官切忌主观、片面，从"窥一斑"去"知全豹"。制定和落实工作计划时要做到与本村的实际相一致，不能觉得自己的出发点是好的，就一意孤行，不听群众的反对意见，不惜付出任何代价，更不能道听途说、偏听偏信、厚此薄彼。发现自己的想法与本村实际不符时，就要立即反思修正。

再次，具体情况具体分析。村官的工作就是要处理具体问题，解决具体矛盾，完成具体任务，实现具体目标，用实实在在的效果说话。因此，我们要运用智慧，根据本地实际，巧妙地把上级文件、指示和规定同本村的具体情况结合起来，采取切合实际的方法，创造性地贯彻执行，坚持原则，但要追求方法灵活，形式多样，做到统而不死，活而不乱。

最后，还要善于多多借鉴别人的先进工作经验。例如，利用外出参观考察、学习的机会，网罗别人的好做法、好思路，通过借鉴外地经验可以取他人之长补己之短，少走弯路，但是也不能简单模仿，照抄照搬。只有做到灵活运用，才有可能获得事半功倍的效果。

二十二、村官的工作方法有哪些？

村官直接面对广大农民群众，日常要处理各种事务，这些干部的工作既要同中央政策与地方政府保持一致，又要代表村民的利益，要注意听民声、集民智、倡民意、解民忧、谋民利。这就要强调适当的工作方法，否则村委会的工作就无法取得良好的效果。概括地说，比较重要的工作方法主要有：走群众路线，牵"牛鼻子"，一切从实际出发，安民告示，抓两头、带中间，民主法制，示范服务和说服教育等。

每个村的村民都会有先进和落后之分，这就是我们所说的"两头"，其余的就是中间部分。通常情况下，两头是少数，中间是多数。先进和落后是截然相反的典型，中间是大量的普通群众。两头的人数虽然不多，但却历来是领导干部重点关注的对象，也是工作的重点。

抓先进，就是抓先进经验的推广，使村民群众明确前进的方向，大家都向先进看齐，充分发挥先进典型的模范带头作用，以先进带后进，农村工作就能顺利开展。同时，我们也应该看到，每个村民的思想中或多或少都存在着落后的因素。抓落后，就是要在分析研究的基础上，抓住其中的积极因素，循循善诱地促使其向先进转化。抓住两头，是为了把先进推向更先进，使落后向先进转化，形成"两头夹击"带动中间群众向先进看齐的态势，把全村的建设工作推向一个新的高度。

牵牛要牵"牛鼻子"，抓农村工作要抓到点子上。农村工作千头万绪，绝对不能一把抓，不分轻重缓急，面面俱到，要想有所为就得有所不为。村委会在整体推进工作时，必须有所侧重，把有限的人力和物力集中到重点上。在农村工作中，发展农村经济、增加农民收入是第一位的。村官要进一步转变工作重心，把发展作为第一要务，从过去一味从事繁杂的事务中解脱出来，着眼发展本村经济，才能给村民带来实实在在的福利。当然，还要强调经济发展以外的工作并不是没有意义，只是说与发展经济相比较而言，后者更重要、更紧迫一些。

二十三、村官如何在农村推行民主与法治？

村官要解决好农村的各种矛盾和问题，就不能意气用事，更不能用家长作风处理，而应该时时处处都做到依法办事，一视同仁，不徇私情。村官要最先带头学法、守法，并严格依法办事，学会用法律来保护本地、本村农民的合法权益。同时，村官也要看到，农村中出现的各种矛盾与问题，有的能借助法律手段予以解决，有的还要靠基层干部对农民群众的感情和责任来化解，要因时而异，因事而异。

现在各地上访的问题比较突出，很多群众要求解决的问题并不是纯粹的法律问题，相当多的是政治问题、历史遗留问题。这些问题处理不好会在群众中产生相当大的积怨，这就要求村官能耐心地向村民群众摆事实、讲道理，防止矛盾激化。处理好各种矛盾的前提是理解，村委会只有首先理解群众的难处，设身处地地去为他们着想，群众才会体谅组织的难处，这样大家各让一步，才有助于问题的解决。

这个解决问题的过程需要重点抓好人的问题，也就是干部自身的问题。干部问题说白了，就是干部要能够胜任农村工作，真心为群众办事，关键是要落实好村民的民主选举权。要继续坚持并完善基层干部"两推一选"、"公推公选"、"竞争上岗"等选拔任用机制,把提名权、推荐权、选举权直接交给党员和全体村民,形成群众广泛参与、开放竞争的选举方式。通过这种方式选举产生出的干部,一般来说,不仅具有广泛的群众基础,而且能够代表广大农民群众的根本利益,做到对上、对下都负责,从而有利于民主地解决村内的矛盾和问题。

二十四、示范服务与说服教育方法的内容有哪些?

受传统意识、环境条件、历史文化等诸多因素的影响,目前大多数农民群众的思想观念、思维方式和生产方式还相对落后,这与农民群众的致富愿望是不相适应的。因此,村官必须坚持示范引导、提供服务,大力支持本村农业科技人才创办、承包科技示范基地,通过"带着农民干,干给农民看,拿我做示范,风险自承担"这种身体力行的试验模式,引导农村经济走上快速发展的轨道。

在这方面,村委会的任务是辅助农村发展,工作重点在于培育、树立和推广一批致富典型,以典型来影响一大批农民走上致富的道路。农村的领导干部一定要坚持以农户为主体,服务第一,千方百计增加农民收入,积极协助解决农民群众在资金上和技术上遇到的困难。特别要注重立足本地资源条件,以市场为导向兴办企业,不断强化村委会为农村经济发展提供全方位服务的能力。

中共中央办公厅、国务院办公厅发布《关于健全和完善村务公开和民主管理制度的意见》,该文件要求村官要"善于用说服的方法、示范的方法、服务的方法推动农村工作"。说服教育是一种十分有效的工作方法。现在,有些村的干群关系十分紧张,老百姓上访告状的情况不少。有些问题并不是党员干部办事不公或者为政不廉造成的,而是与干部的工作方法简单、作风粗暴有着千丝万缕的关系。比如说,收提留款、搞集体公益事业,既是国家政策明文规定的,也是符合农民长远利益的,只要耐心向群众讲清利弊得失并多做些宣传,大多数群众还是能够通情达理地接受的。对于那些群众一时想不通的事情,不理解的做法,村官一定要耐心说服,晓之以理,动之以情,逐渐把他们的思想打通。对于他们一时不能接受的事情,也不能强迫推行,要多做说服工作,给他们时间看一看、等一等,不能急于求成。

二十五、村官的领导艺术有哪些?在严格执行制度工作中要注意些什么?

村官的领导艺术,就是村官领导好村组工作所需要具备的本事和绝活。这种本事需要在实干中积累经验,光凭用嘴说、用眼看是学不来的,而需要每一个村官在实际生活中勤于摸索,善于总结。

经常用到的领导艺术包括：
(1) 善于营造集体环境；
(2) 运用制度领导村组；
(3) 善于激励表扬、适当批评、把握谈话分寸；
(4) 调解好纠纷并妥善处理村组事故。

村官只有掌握了这些领导艺术，在面对纷繁复杂的村务工作时才能做到心中有数，从容不迫。

村官严格执行制度要注意以下几个问题：

(1) 一视同仁，制度面前人人平等。村官首先要执行制度，不论谁违反规章制度，包括自己的亲戚朋友，不分亲疏远近，一律要严肃惩处，不徇私舞弊。村官应该知道纵容破坏制度的人，在群众中的影响是非常坏的，村官自身的威信也会大大降低，难以服众。

(2) 坚决按照制度办事。规章制度制定之后，必须向全体村民公布，让大家心中有数，坚持执行，绝不能走形式、走过场。

(3) 坚持监督检查。制度公布后，要随时检查执行情况，发现违反政策的现象马上按相关规定解决，不能拖泥带水，敷衍了事。

二十六、村官如何营造和谐的集体环境？

在村内营造和睦、融洽、互敬互爱的集体环境是非常重要的。在这样的环境里，村民有归属感，觉得大家都是自己人，平等，相互尊重，相互关心。村官的决策主张不强加于人，才有助于村委会的工作顺利展开。营造这种和谐气氛应该注意以下几点：

(1) 干部群众要目标一致。村官要对本村的发展做出符合实际的具体规划，然后通过宣传教育来把村民群众的思想统一到这个共同的目标上。村官可以设立本村经济发展的目标，并且经过大家的共同努力，会取得明显的致富效果，这样的决策自然比较容易得到全体村民的认可。由此可见，一致的目标是在村内营造良好的集体环境的重要基础。

(2) 要积极促进村内各个群体之间的交往和沟通。如果干部之间、干群之间缺乏交往，彼此不了解，人际关系就会比较淡薄，无法形成良好的工作氛围。因此，注意加深并扩大村民之间以及干群之间的交往和沟通十分重要。对于村官而言，加强人际关系比较普遍的办法就是定期开会，村官敞开心扉，坦诚地进行批评与自我批评，以此达到增进理解、消除猜疑和误会、加强团结的目的。此外，还可以组织村民开展一些轻松活泼的文体活动，比如庆祝活动、唱戏、跳舞、打球等，通过多种方式促进村民之间、干群之间的交往和联系。

（3）培养互相关心、互相爱护的环境。村官要注意在村民中培养邻里和谐，互相尊重，互相关心，互相帮助的良好气氛。村官不能只关心村民的生产情况，只把心思用在发展经济上，而忽视了对村民本身的关心爱护。一旦村民在生活中出现了无法克服的困难，村官就应该毫不犹豫地出面帮助解决，尽其所能。即使像生病、家庭口角、邻里纠纷这样的小事，也要及时探病安慰、合理劝解，在一点一滴中增进感情。当村民从心底感受到组织和他人的关心时，也会以同样的热情回报组织和其他村民，这样才能形成亲密合作的氛围。

（4）加强村内民主建设。营造集体环境，必须建立健全村内各项民主制度，从根本上保证实现全体村民当家做主的权利。在决定村里的大事、要事时，村委会要主动按照《村委会组织法》的规定，实行民主决策、民主管理和民主监督，认真倾听各方意见，大家一起协商解决。只有坚持走群众路线，善于吸收和归纳群众的意见，才能使决策符合广大村民的根本利益，真正实现村民当家做主。

二十七、村官如何运用制度管理村民？

简单地说，制度就是人们共同遵守的办事规程或行动准则。能否很好地运用制度，直接关系到村官的威信和工作效果。善于运用制度就是指，村官应当在管理工作中依照人们共同遵守的办事规程。简而言之，就是要按规则办事。

不按规程办事的干部是无法在群众中树立威信的，当然也无法顺利地开展工作。因此，村官在运用制度的过程中应当注意以下几个方面：

首先，要正确地制定制度。不正确的制度很有可能成为束缚村民的条条框框，只有制定出正确的制度，才能使制度保证村民的思想行为沿着正确的方向发展，才能充分调动起村民的积极性、主动性和创造性，这样才有利于全村的发展。要制定出这样的制度必须要具备两方面的要求：一是制度在发挥作用时，应当做到相互制约、相互补充，而不是相互矛盾，厚此薄彼，以免日后相互扯皮；二是要将实际工作中可能出现的问题都明文规定，详细归纳，使制度成为大家共同遵守的行为细则、标准和处理办法。这样，经过日积月累，就形成了一套合理的规章制度，为做好村委会的管理工作打下良好基础。

其次，要经常检查制度的执行情况。再好的制度如果不执行，没有发挥作用，也是形同虚设毫无意义。所以，不仅要建立规章制度，还要建立相应的检查制度、考核制度、奖惩制度，使制度得以严格地执行下去，发挥实际作用。此外，还要特别注意奖惩措施。正确的行为值得提倡，当然应当通过奖励使大家明白并加以效仿；而错误的行为应当杜绝，这就应该发挥惩罚机制的作用，使村民的思想和行为不偏离正确的方向。

最后，要设法引导村民自觉执行制度。村官应当教育村民认识制度的必要

村官素质修养提升必读

性,了解制度的基本要求,引导村民自愿地按照制度要求去做。当然,村官在工作中还要善于运用榜样的力量。对于遵守制度的好人、好事要大力表扬,这样才能为村民树立榜样,调动村民践行制度的积极性。与此相反,如果出现执行不力或消极对抗的现象,一定要坚决给予严厉处罚,做到奖惩分明,从而引导村民认真自觉地遵守规章制度,保证生产、工作和任务的顺利完成。

二十八、村官如何激励村民的工作热情?

激励村民的工作热情有助于调动群众的生产劳动积极性,这是村官必备的一种素质和必不可少的工作方法,激励的手段有很多,概括起来不外乎有以下几种:

(1) 目标激励。目标激励的前提是要结合本村的实际情况做出具体的发展计划。然后,再让村民了解本村的发展目标,在村民心中描绘出一幅美好图景,使他们的力量拧成一股绳,齐心协力共同发展。

(2) 荣誉激励。对于那些为村里作出突出贡献的人,应当给予一定的荣誉奖励。例如,为本村的经济发展作出较大贡献的村民,带头破旧俗树新风的村民,邻里、家庭关系和睦融洽的村民以及子女教育出色的村民,都应该给他们颁发奖状、奖品以示鼓励,同时为其他村民树立学习的榜样,使大家明确自己今后的努力方向。

(3) 情感激励。这就是要在本村内建立良好的情感关系,激发每一个村民的士气和干劲,从而提高工作效率。人都是有感情的,长期的共同生活会逐渐形成相互亲近、相互依赖的心理,恰当地运用这种情感能够使村民保持愉快的心情,从而心甘情愿地为村里的工作和生产多付出。这就要求村官多和村民沟通,多给予他们鼓励和赞许,把他们当作自己的家人,与大家建立起亲密融洽的关系。

二十九、村官怎样运用表扬来提高村民积极性?

表扬也是调动群众积极性的重要手段。一个人有了成绩和长处总是希望得到别人的承认与肯定,这能够让他感觉到自己的价值,为他增添信心和动力。所以,村官应该学会适时适度地表扬,不要吝啬。但是,表扬和赞赏也是要讲究技巧的,村官需要掌握以下几点:

(1) 重长处,不求全。俗话说:"金无足赤,人无完人。"村官不应该太苛求别人,每个人都有其闪光和可贵的一面,要多看看别人的长处。比如:有的村民对村里的工作不太积极,但是非常孝敬老人,有的村民计划生育做得不好,但是勤劳能干。这就要求村官要善于发现村民身上的闪光点,及时予以表扬。

（2）重行为，不笼统。村官要就事论事，不能因为对一个人的总体印象不好，就一棍子打死，抹杀他的优点，武断地认定他一无是处。

（3）重实际，不夸大。村官在平时的管理工作中，固然不应忽略每个村民的优点和长处，但在表扬时，也应该注意不能言过其实，随意夸大，使村民忘乎所以，骄傲自满。尤其是对于自己信任、关系较好的人，更不能感情用事，这会使周围群众对村官产生厚此薄彼的不良印象。

（4）重灵活，不死板。村官每天都会接触大量具体的人和事，这就决定了表扬不能千篇一律，要灵活多样，因人而异才能让人感到不做作，而是真心的。至于表扬的方式，可以正面表扬，也可以间接表扬，可以私下表扬，也可以当众表扬，可以口头表扬，也可以落实在书面或者实物上。关键要看人、看事。

（5）重火候，不失实。表扬一定要有时间观念，抓住适当时机及时表扬，追求时效性，这样才能真正打动周围群众。不要一件事情过去好久了，大家的印象已经模糊了再表扬，这样的表扬获得的激励作用自然会大大减小。例如，征收提留款上，某村民积极主动完成，就应当及时表扬，这样既鼓励了他本人，又能为其他村民树立榜样，促使这项工作顺利进行，何乐而不为？

三十、村官在工作中如何运用批评的艺术？

批评也是村官在工作中经常使用的方法。然而，恰当掌握批评的火候和方式是非常重要的，这直接关系到工作的效果。村官如果掌握下面的一些重点，也就掌握了批评艺术的精髓。

一是批评的态度要端正，这主要表现在以下五种情形：

（1）要有良好的出发点。批评的目的是帮助被批评的人认识错误并且尽快改正，不应该为了批评而批评，更不能压制别人或者耍官僚作风。

（2）态度要诚恳。要在平等的位置上对他人进行批评，如果领导干部在做批评工作时带有轻视态度，群众就会产生逆反心理。不论批评的理由多么充分，被批评者都不容易接受，甚至会和干部产生对立情绪，处处和领导对着干，处处让领导难堪，如此一来，就达不到批评预期的目的了。

（3）不能以权压人。压制从来都不是正确的工作方法，要想收到好的工作效果必须因势利导，灵活应对，以开导教育为主，人们才容易接受。

（4）不能乱发脾气。如果批评者情绪冲动，乱发脾气不能自控，那么他就很有可能失去分寸，什么解气说什么，致使矛盾激化，反而适得其反。因此，有必要提醒村官要善于控制情绪，注意态度，保持头脑冷静。

（5）不要在背后批评人。批评应该当面，这样才是光明磊落的干部形象。背后对某个人评头论足，指指点点会引起别人的误解，更不利于实际问题的解决，这也使批评失去了原本的意义。

二是批评的内容要客观。关于这一点，可以从四方面加以注意：

（1）要深入调查了解实际情况，不能偏听偏信，仅凭主观想象，对人乱下结论。

（2）要尊重事实，就事论事，做到对事不对人，客观公正，避免意气用事。

（3）要允许批评对象辩解，任何错误总是会有一些客观原因的，不能不问青红皂白而乱下结论。先听听对方的解释，弄清真相，辨清是非，才有利于事情的解决。

（4）批评要明确指出哪里出了错，分析错误产生的原因，给出具体地纠正办法，帮助村民改正。

三是批评的程度要适中。具体要做到以下三点：

（1）批评要实事求是，不能夸张、夸大，不能脱离事实。

（2）要勇于承担责任，批评别人之前首先要做到自我批评，找出自己的工作漏洞，以身作则。

（3）要接受别人承认错误。认错就表示他人已经认识到自己的错误了，而且有改正的意愿，这个时候应趁热打铁，略加鼓励，让他下次注意，这样做效果无疑是很好的。

四是批评的时间要及时。批评和表扬一样都要及时，错过时机会使效果减弱，而且不及时批评还有可能使犯错的村民沿着错误的道路越走越远。同时，已经发生的错误，隔了很长时间之后再提起也会使被批评的人产生误会，甚至使矛盾陷入僵局，越发不利于问题的解决。

五是批评的方法要妥当。也就是说：

（1）批评要因人而异。这不是说对有的错误就批评，有的错误就纵容，而是说要根据不同人的脾气秉性，采取能够让对方接受的方式，或婉转，或直接地表达意见，以期达到最佳效果。

（2）批评要尽可能回避对方的敏感问题。有错误要批评，但是要维护对方的尊严，给人以足够的尊重。

（3）批评要和鼓励相结合。要客观全面地看人、看事，这样群众才更容易接受。不能为批评而批评，不要将批评扩大化，牵涉更多的人和事，这样反而引发矛盾并使其激化。

三十一、村官如何掌握谈话的艺术？

村官在村民的心里是基层政府的代表。只要村官态度和蔼可亲，群众是愿意说出自己的真实想法的。这就便于村官了解村情，及时掌握第一手材料，为制定出科学合理的决策打基础。

村官与群众的交谈主要是"问"和"答"。因此,村官一定要掌握技巧、巧妙问答。在交谈中问的作用很大,怎样把握分寸使村民群众畅所欲言就成了关键问题。村官怎样才能做到巧问呢?一般应注意以下三方面:

(1) 发问要有针对性。提问要根据对方的身份地位、时间地点、亲疏远近和心理心态等方面的情况,选择出对方容易接受的话题和比较感兴趣的内容,这样才能拉近双方的距离,使谈话在融洽的氛围中进行。

(2) 提问要有目的性。在交谈中,尤其是座谈时,话题总是不断变换的。谈话者要适时变换话题,针对自己关心的问题了解群众的看法,倾听群众的心声,这样就能不断获取新的信息。

(3) 讲究提问的方式。不同的提问方式会产生不同的效果,村官要针对不同的目的而采取不同的语言,充分掌握语言的运用技巧。

"答"就是应答,这是针对问的。村官在与群众交往中要做到妙答,必须注意以下两点:

(1) 认清问题的实质,有针对性地回答问题。由于村民的表达能力各异,他们想问的问题不一定能表达清楚,还有的群众由于自身的利害关系,问题很模糊、很含蓄,当然更有一部分群众出于不同的目的旁敲侧击,提问很刁钻。这就需要领导善于倾听、善于领会,敏锐地把握问题的实质,只有这样才能作出有针对性的回答。

(2) 要灵活回答。每个人提问都抱有不同的动机,涉及敏感问题或者情况不明时要灵活措辞,巧妙作答。对于敏感问题,有的群众总喜欢先探探干部的口风,对于子虚乌有的小道消息总爱向领导求证,越是不好正面回答的越是想刨根问底。对此,村官不便正面予以回答,要灵活回答。

三十二、村官如何调解日常纠纷?

在村委会的日常工作中,村官经常需要处理一些矛盾纠纷。如何恰当地调解纠纷,是干部处理好干群关系和群众之间关系的关键,它直接关系到干部能否团结和教育村民群众,更关系到农村社会的稳定和谐。那么,发生纠纷以后,村官要如何来调解呢?

第一,要周密调查,搞清纠纷的原因。矛盾不是平白无故发生的,村官首先要了解纠纷产生的原因、经过、现状和发展态势。然后,要认真倾听双方的观点、理由和要求。在周密调查的基础上仔细分析,在纷繁复杂的事实中弄清是非曲直,得出正确结论,避免偏听偏信。

第二,要坚持原则,做到以理服人。纠纷要想解决好,让群众从心里接受,村官就必须秉承公道之心，以公平、公正的原则，依照法律法规的有关规定办事。这样才能做到以理服人、以情感人，做出的处理决定才能使群众心平气和地接受，从而达到教育人、团结人的效果。

第三，要因势利导、科学排解。现实生活中的纠纷总是错综复杂的，要妥当地化解纠纷就必须因人制宜，应熟练掌握下列这些方式、方法：

（1）和风细雨的调解方式。处理纠纷时以相互关心、爱护为出发点，淡化双方的积怨。在双方面前摆事实、讲道理，以理服人，以情化恨，才能圆满地解决纠纷。

（2）当庭宣判的调解方式。对于不太复杂的纠纷，村官在弄清事实，矛盾双方没有更多异议的情况下，就应该把双方叫到一起，根据事实，面对面当场解决。

（3）缓冲处理的调解方式。在特定情况下，调解纠纷的时机尚不成熟，可以先安抚双方的情绪，各打五十大板，选择适当的时机再做处理，不可急躁。

（4）彼此退让的调解方式。村官要努力寻找双方纠纷的关节点，通过协商让双方各退让一步，达成彼此都能接受的方案。在这个过程中，村官充分的思想政治工作无疑将成为化解矛盾的润滑剂。

（5）先抑后扬的调解方式。有时为了缓和矛盾，可以先要求比较通情达理的一方承认错误，以这种高姿态感化另一方使其有所触动，这样才能让他认识到自己的错误从而化解矛盾。

三十三、村官如何正确地处理事故？

影响一个村正常生活，稳定发展的因素有很多。而对于关系全局性质严重的事故，如果不能及时预防和处理，将会造成重大损失。

当然，大多数事故是完全可以预防的。对此，村官应以高度负责的精神，有效预测可能发生的问题。对那些容易发生，且一旦发生就会对工作造成重大影响的事故作为重点分析研究的对象，提前制定应急计划，选派人员严密注意。一旦发现前兆，就要及早采取措施处理，消除隐患。

对于那些无法预见的事故，一旦发生后就要大胆面对，沉着积极地应对，争取做好善后工作。要正确处理事故，做到以下四个方面是必不可少的：

（1）稳住阵脚。事故发生后，关键是不能惊慌失措。事故已经发生了，慌乱是没有效果的，后悔也于事无补。只有稳住阵脚，保持头脑冷静，思路清晰，才有助于妥善地处理事故。

（2）积极应对。事故发生后，一味地消极议论或相互指责都是毫无意义的，当务之急是先"救火"，针对出现的问题当机立断，动员一切力量，采取一切措施，防止事态进一步恶化，使全村的工作和生活尽快恢复正常，然后再冷静客观地分析事故发生的原因，总结经验教训。

（3）勇于承担责任。检讨事故原因时，一定要客观，是哪里的问题就是哪里的问题，是谁的问题就是谁的问题，不能遮遮掩掩，更不能狡辩和推托。负责全村工作的领导者与普通群众的不同之处，就在于一个担责任、一个不担责任。出了事情，村官要勇于挺身而出，大胆承担责任，多从自身方面找原因，自我反思，自我检讨，以实际行动影响下属。

（4）吸取教训。找出失败的原因后，要瞅准病根，狠下猛药，针对工作的薄弱环节，采取措施进行整改，务求实效。同时，还要针对类似问题进行总结。人不可能从不犯错误，但也不能在同一个地方屡屡跌倒。真正有智慧的领导就是要善于吸取教训，抓住一切机会寻找失误，弥补漏洞，不断改进自己的工作，不断提高完善。

三十四、村官怎样驾驭全村的大局？

一个小村庄就是一个大社会的缩影，实际的工作要求村官要顾全大局，高瞻远瞩，有远见卓识。要想拥有这种能力，村官就要摆脱一人、一事、一个局部、一个地区的思维局限性，把眼光放远一点，综合分析事物的方方面面，透过事物的表面现象抓住事物的本质，从总体上去把握问题，解决问题。只重视具体而轻视整体，只注重局部而忽略全局的领导者是不称职的。村官要时时以全局为重，服从大局，以全局观为指导，这样才能做好自己的工作。

要提倡顾全大局。有些事从局部看可行，从大局看不可行；有些事从局部看不可行，从大局看可行。归根到底要顾全大局。顾全大局，对于当前深化改革、促进发展、维护稳定，至关重要。顾全大局就是抓住事物的各个要素、各个部分，综合考虑。村官要增强大局的观念，站在全局的高度去观察、分析和处理问题，充分认识到综合考虑全局的重要性，把全局作为考虑问题、研究问题、解决问题的出发点和落脚点。

三十五、村官如何做好调查研究工作？

村官在新农村建设的过程中要重视调查研究的作用。通过开展深入的调查研究，为新农村的发展制定出科学的发展规划。调查研究的方法有很多，比如召开座谈会、走访群众、发放调查问卷等形式，认真听取群众的意见建议，了解他们的真实想法，全面掌握全村的实际情况。在此基础上，研究制定出切实可行的新农村建设的长期发展规划。

按照方便农民、提升农村、发展现代农业的要求，因地制宜地合理规划农民居住区、产业发展区以及教育、文化、卫生等社会事业。尤其要结合当地经济、社会的发展水平和民风民俗、文化历史、地理特点等情况,把土地调整、水系走向、清洁能源、集中居住区规划好,并搞好年度建设规划与中长期规划的衔接。农村实行旧村改造以后,有的三四个村合到一起,有的两个村合到一块,这就使情况变得更为复杂。制定规划不仅要考虑本村的自然条件,还要兼顾周边村庄的建设,更要符合所在乡镇规划以及县城经济的发展远景,把科学发展观落到实处。

此外,我们讲科学统筹规划是针对多年来,人们普遍重视经济发展而忽视生态环境,一味破坏环境,这一现象而制定的。现在很多专家学者已经提出了要建设"生态农村"的战略设想。所谓生态农村,就是以生态经济学原理为指导,实现农村地区生态的良性循环,使经济、社会、环境三者相互协调,可持续发展。

近年来,随着城市化进程的加快,以及农业和农村经济的快速发展,化肥农药的使用量越来越大,规模化养殖快速发展,农村的生态环境问题已经十分突出,这主要表现在以下几个方面:

(1) 农民生活环境恶劣的问题比较突出,农作物乱堆乱放,焚烧农作物污染空气,垃圾无法处理,到处堆积,腐臭难闻,河流和饮用水源受到严重的污染。

(2) 滥施化肥农药造成的农村土地污染、地下水污染越来越严重,农产品质量受到威胁。

(3) 水土流失、土地沙化、水污染等引起的生态问题日益突出,生态灾难时有发生。因此,综合这种种情况,建设生态农村迫在眉睫。村官要学会适应社会、经济和政治的发展,不断更新观念,高瞻远瞩,与时俱进。对党的方针政策理解得再深一些,看得再远一些,学会认真分析新时期各项工作中出现的新形势、新特点和新问题,积极探索新思路,采取新对策,开创新局面。

三十六、怎样加强对村官的教育工作?

我国现阶段,基层的村官整体素质不高,思想观念落后,工作方法简单,工作作风不严谨。只有不断通过各种形式的教育培训,来提高村官们的综合素质,才能帮助他们正确认识新形势,适应各种新变化,这是提高村官整体水平必不可少的重要内容,也是搞好农村工作非常重要、非常现实的问题。提高村官自身素质的途径,主要有四个方法:

(1) 加强村官的思想政治建设。因为这决定着村官对待农村工作的态度,对待人民群众的态度,以及对待自身工作岗位的责任意识。村官要坚持不懈地用科学发展观来武装自己,唯有如此,他们才能毫不动摇并自觉地贯彻执行党的基本路线,不断强化工作的原则性、预见性、系统性和创造性,提高对各种复杂问题的处理能力。同时村官还要学会把上级精神和本地实际结合起来,通过村官这条纽带,把党的政策转化为群众的自觉行动。

(2) 增强村官的法治观念。市场经济就是法治经济,村官要增强法治观念和责任意识,提高自己依法办事、依法行政的自觉性,把农村的各项工作引入法治化轨道。

(3) 强化村官的发展意识。现在,一些村之所以形势好、人心顺,一般都是因为经济发展比较快,村官能为群众办实事,能一心一意带领群众致富。所以,要通过形式多样的教育和培训,不断充实村官的经济知识、金融知识和科技知识,提高村官的致富本领。

(4) 要增强廉洁自律意识。村官们生活在群众之中,他们的一言一行群众了解得非常清楚,只有大公无私、一身正气,才能说话硬,指挥灵;否则,不仅干不好工作,还会引起群众的不满,激化干群矛盾,最终让自己陷入绝境。因此,村官要继承和发扬老党员一心为公、清正廉洁的作风,增强与群众鱼水情深、同心同德、同甘苦共命运的意识。

三十七、村官如何处理突发的事件?

在我国改革开放不断深入的过程中,各种各样的思想和利益冲突日益增多。一旦一些人不能正确地认识和处理自己的利益关系,就会演变成突发性事件,酿成严重的后果。比如,群众互相串联并集体上访,聚众打架斗殴等,其形式、时间、地点、规模等通常都是难以预测的,一旦发生,不仅会耗费领导者的很大精力,扰乱基层领导者的正常工作,还会严重影响社会治安,扰乱社会秩序。更严重的是,有些行为远远超越了法律准则的底线,造成了严重的社会后果,甚至酿成不应有的惨剧,因而未雨绸缪,防患于未然是关键。当然,一旦发生突发事件,村官也不能慌乱,要积极筹划亡羊补牢之策。在农村工作中,很多村官都遇到过这样的情况,有些人已经在实践中摸索出一些规律,初步掌握了一些处理突发事件的工作原则和方法。但总的来说,有些工作原则还需要不断充实和完善。

一般来讲,当出现突发事件时,村官要在最短的时间内去了解情况,弄清事件的原因、性质和规模,并很快拿出一个有效控制局面的大体方案。

首先,要及时控制局势,抓紧时间向当地公安人员求助,迅速查处煽动是非者和组织者,对他们进行说服教育,尽快扭转他们的错误思想。

其次,要向周围群众说明事情真相,避免他们产生恐慌情绪,尽快疏散围观凑热闹的人群。

最后，要防止串联，不让事件肆意蔓延，越闹越大。在必要的时候，还可以借助中介的力量，请在群众中有威望的人物平息事端。

在处理问题时要公正调解，晓之以理，动之以情。对于参与事件的广大群众，村官要耐心说服劝阻，理顺情绪，指出群众的错误观点，实事求是，合理地解决问题。对主要责任人要进行严厉批评，对于一些不知情而又跟风的群众，要与他们沟通交流，透彻地分析利弊得失，尽量使其能认识到自己的错误。对于利益受损的人员要进行抚慰，并合理地对其补偿，化解他们心中的不平。总而言之，在发生突发事件时，村官要积极灵活地采取各种措施并加以解决，尽可能地在事件刚开始时就予以控制，不要等事件发生了，不良影响造成了，才被动地应付。

在突发事件结束以后，村官要善于总结经验教训，分析事件发生的原因。如果是自然因素造成的，村官要在今后的工作中做好预防工作，防微杜渐，争取以后不让此类事件重演。如果是人为因素造成的，就要细致分析事件发生的来龙去脉，洞察事件的主要矛盾，抓住主要源头，从理顺人们的思想入手，从加强人性化管理着眼，在今后的工作中注意加强疏导，最大限度地避免和减少类似事件的再度发生。

另外，书面的文字总结材料也必不可少。这可以为今后的工作提供准确、齐全、丰富的文字依据，有利于提高村官与其他干部的交流。

三十八、村官如何消除村民的积怨？

积怨，顾名思义，就是人在内心深处积累起来的怨恨。在有些村，由于村民的实际问题长期得不到解决，或者村官不关心群众的疾苦，在其位不谋其政，再或者村民没有获得应有的民主权利，等等，致使干群关系出现紧张态势，村民积怨上升，集体上访事件不断增多。

在实际工作中，各种各样的摩擦时有发生，这样村官就有可能与同事、村民之间产生矛盾，形成积怨。对于同事之间的矛盾，村官要主动自我反思，自我检讨，对其他同事多一些宽容和理解。

对于村官与村民之间的矛盾，村官要多一些涵养，让村民把心中的怨愤发泄出来，注意倾听他们的牢骚，不至于将矛盾激化，这有利于有针对性地疏导工作，化解积怨。在别人不理解村官的工作时，村官不能一味抱怨别人的觉悟低、素质差，而是要耐心地与村民讲道理，经常交换思想，多和周围的人谈心，沟通感情，把别人的不同认识转变过来，这样才能把思想与行动统一起来。很多优秀的村官工作任劳任怨，在被群众误解时气度非凡，胸怀宽阔，积极地对待和消除各种不满情绪。

在对待各种怨气时，村官要本着实事求是的态度。如果确实是自己工作失误，造成不良影响的，要诚恳地向周围的同志或者群众承认自己的错误，争取得到大家的谅解，而且要及时改正，不仅体现在口头上，更要体现在行动中。如果是由于别人的错误而造成民怨的，村官也不能袖手旁观，要及时和当事人交换意见，帮助双方化解矛盾，达成共识，积极建言献策，采取有力措施，避免造成更大的矛盾与误解。

在面对各种问题时，由于看问题的角度不同，每个人都有自己的认识，各持己见。在意见不统一时，就可能引起别人的怨气和不满。在这种情况下，可以说大家都没有错。村官在处理这种情况时要宽容大度一点，以自己的实际行动和实际成效来说服别人，用事实说话。

三十九、村官如何调解村民的利益矛盾？

和谐社会，首先是利益的和谐，这是建设和谐社会的基础。有人就有思想，有思想就有思想之间的碰撞，由此也就产生了利益矛盾，所以利益矛盾在不同地区、不同领域的人们之间都广泛存在。在一个村子当中，利益矛盾当然也少不了。这种矛盾包括村官与村民之间的矛盾，村民与村民之间的矛盾，还有村里人与村外人之间的矛盾。在村官的日常工作中，调解利益矛盾是一项经常性的工作，而且这项工作不好做。在这里，本书给大家提供一些调解利益矛盾的最基本方法：

（1）村官在调解利益矛盾时要选择适当的调解方式。利益矛盾的种类很多，性质也有所不同，有村民之间的私人矛盾，还有村官在行使职权过程中与村民产生的利益冲突。不管是哪一种，村官在处理矛盾冲突时，都应采用思想教育工作与行政法律手段相结合的方式。在对村民进行思想教育的基础上严格按照行政法律程序来办事。当然，有的看似合理但不合法，还有的合法却又不合理，这就需要村官运用自己的智慧细加甄别，在调解过程中善于运用技巧，对矛盾双方晓之以理，动之以情，使双方都心悦诚服。

（2）村官在调解利益纠纷时要公正合理。在处理相关利益矛盾时，村官要始终坚持客观公正的原则，不偏不倚，一碗水端平。当集体利益与个人利益冲突时，或者国家利益与地方利益冲突时，村官想问题一定要在以集体和国家利益为重的基础上，兼顾个人利益和地方利益。同时，村官还要把眼光放长远，兼顾历史与现实、现实与未来，坚持可持续的发展道路，用科学发展观来指导实践，平息利益纠纷。

（3）村官在调解利益纠纷时必须坚持原则。这里所说的原则，不是个人意志，更不是村官个人的面子问题或所谓的"威严"，而是要秉持一颗公平正义之心。如果村官失去了原则，不辨是非，在一些问题上耳根太软，心太软，偏听偏信，就容易将事情引向更糟糕的方向。在兼顾各方利益的基础上，村官对于一些违反规定的人要进行严厉的批评教育，必要时协助司法机关进行处理，绝不姑息，而对于利益受损的一方，要设法保护当事者的利益并给予必要的安慰。

四十、村官如何做好洪涝救灾工作？

洪涝灾害是突发性的非常事件，破坏力极大，在我国南方地区时有发生，一旦爆发就会给人民群众的生产、生活造成极大的危害和损失。抗洪救灾，保护农民赖以生存的家园是一场全体人民的斗争。村官只有在洪涝灾害中，有效地发动、组织、凝聚党员干部和群众的力量，才能取得抗洪救灾的全面胜利，使农村党员干部的基础性作用得到充分的体现。这就要求村官做到以下三个方面：

(1) 全面推行党员承诺制，激发广大党员的使命感。党员承诺制，是近年来农村基层组织建设针对农村党员特点探索出来的一个有效载体，它的功能在于能够使广大党员从"要我做"变为"我要做"，主动发挥自身能动性。在抗洪救灾斗争中，村官要争分夺秒，果断制定救灾方案，把抗洪救灾工作的任务，向党员干部布置清楚，详细地向群众承诺要做到的具体内容，稳住群众情绪，尽一切努力保证人民的生命和财产安全。党员干部要根据灾情，承诺在抗洪救灾工作中办实事，并将承诺内容公开上墙，接受群众监督。

(2) 深化无职党员的设岗定责，增强党员的责任感。村官要根据无职党员的文化程度、工作能力、个人专长、身体状况等特点，本着因需设岗、因事设岗、因人选岗与责任到人的原则，为无职党员设置岗位，确定岗位职责，使得洪涝灾区的农村党员有岗、有责、有为，有一份力出一份力，充分发挥党员的光和热，充分体现党员的先进性。

(3) 实行为民服务全程代理，为群众办实事、办好事。抗洪救灾中，村官要坚持以人为本，发挥村组织为民服务全程代理的作用，尽已所能为民办实事、办好事，为灾民排忧解难，帮助他们渡过难关，尽快恢复生产。

实践证明，村官只有与时俱进，不断适应新形势下的新要求，创新形式，完善机制，充实内容，发动群众，组织群众，才能取得抗洪救灾的胜利，把损失降到最低。

四十一、村官应该具备哪些能力？

能力是在基本素质和基础知识上发展起来的，是村官顺利开展工作，从事领导活动，实现工作目标的本领。村官能力的大小直接关系着党和政府的各项方针政策能否在农村贯彻落实，直接关系到农村物质文明、政治文明和精神文明的建

设发展,广大村官要着重提高以下几种能力:

(1) 提高开拓创新的能力。建设社会主义新农村的复杂性和艰巨性,决定了村官必须结合本村的具体情况,创造性地执行党的路线、方针和政策。实事求是,用一种勇于冲破一切传统观念和习惯束缚的魄力,积极地想办法,找出路,及时地解决新问题,总结新经验,走出新路子。

(2) 提高协调关系和化解矛盾的能力。村官要善于处理自己与上级、同事和群众之间的关系。要巧妙地引导群众心往一处想,劲往一处使,组织群众齐心协力干工作,充分调动群众的积极性、主动性和创造性,一起把村里的各项事业搞上去。村官的组织协调能力主要表现在善于运用组织的力量,把不同才能、不同特点的人,以恰当的方式组织起来,形成配合默契、协调一致的集体。这种协调能力还表现在,村官要善于把国家的需要、集体的要求和村委会的工作目标,同干部和群众的要求结合起来,做到统筹兼顾,恰当处理,推动村里经济的快速健康发展和各项任务的完成。村官还要善于引导群众通过理性合法的形式表达自己的利益诉求,特别是对于上访一类的群体性事件要密切关注,积极预防,一旦发现苗头就要坚决处理,不能坐以待毙,听之任之,维护社会稳定事关大局,绝不可掉以轻心。

(3) 提高民主决策的能力。村务工作的决策能力包括制定决策的能力和实施决策的能力。就制定决策而言,村官具备较好的决策素养是必不可少的前提。这种决策素养包括:通晓马克思主义基本理论,熟悉党和国家的各项方针政策,以及相关法律法规,懂得运用现代科学决策的理论和业务管理知识。有了丰富的理论知识,就能够实事求是地按照客观规律办事,尊重实践,尊重科学,勇于创新,敢于负责,善于决断。同时,村官还要善于听取群众的意见,善于把群众的闪光思想抽离出来,把分散的、无系统的意见建议集中起来,把群众的智慧转化为决策的依据,使决策得到村民群众的支持,从而在最大范围内推行。就决策实施的过程而言,村官首先要调动起全体村民的积极性和主动性,大家上下一心,肝胆相照,这样作出的决策才能顺利得以贯彻。

(4) 提高依法办事的能力。改革开放以来,农村社会由封闭走向开放,村民的利益由原来的基本一致发展到逐渐不同,甚至完全对立。农村与外界的经济联系和社会交往日益频繁,农民群众的民主法治意识普遍增强,都懂得拿起法律武器来保护自己的合法权益。而且,村委会的工作中涉及司法的问题也越来越多了,这对村官的法律素质提出了更高的要求。村官如果不懂法,不能依法办事,就无法有效地开展工作。有些矛盾处理不当,往往会使问题激化,甚至影响社会稳定。因此,村官要带头学法,严格依法办事,教育自己的家属及子女遵纪守法。同时,村官还要搞好法治宣传工作,经常用鲜活的案例教育群众,增强他们的法治意识，使村民学会运用法律手段解决矛盾，坚持依法办事，使本村各项工作逐步走上规范化、制度化、法制化的轨道。

（5）提高分析判断的能力。分析判断能力是指，村官要能够在各种复杂事物、众多头绪中，科学地分析、判断、归纳和总结，找出问题的症结所在。只有具备了这方面的能力，村官才能在大量的日常工作中，准确地判断出哪些问题事关全局，必须统筹规划，小心谨慎，立即处理；哪些是一般性的问题，可以缓一缓，放一放，等到适当的时机再通盘考虑；哪些问题是错综复杂、易于出差错的敏感问题，解决起来需要权衡全局，斟酌再三，取得上级领导的支持后再处理。只有这样，村官的工作才能突出重点，带动一般，做到总体配合。

（6）提高做群众工作的能力。群众工作是发展农村经济，保持农村社会稳定的重要保证。农民是最讲实际，最尊重事实的，要他们做什么、不做什么，都要讲清道理，解释透彻，用党的政策和国家的法律去说服他们，引导他们。这就需要村官不断地提高自身素质，认真学习党和国家的路线、方针和政策，学习国家关于农村工作的法律法规，努力探索新形势下做好群众工作的新途径、新方法。

（7）提高分配时间的能力。做任何工作都要耗费一定的时间，村务工作复杂琐碎，村官既要安排好自己家庭的生产和生活，又要组织管理好村里的各项工作，这就要求村官能够科学地分配时间，合理地利用时间。只有具备了这样的能力，才能使村官忙而不乱、井井有条地处理好众多的日常工作，做到事半功倍。说到合理支配时间，村官应该珍惜时间，并要合理安排自己的时间，杜绝浪费时间的行为，减少不必要的应酬，提高时间的利用率，在有限的时间内争取多为村民服务。

四十二、村官应该如何提高能力素质修养？

村官能力素质修养的高低直接关系到其能否做好农村工作。村官要以科学理论为指导，积极投身于改革开放和建设社会主义新农村的伟大实践中。在实践中认真分析得失功过，总结经验教训，不断提高思想觉悟，克服缺点，弥补不足，全面提高工作能力，这是加强村官自身修养的正确途径。学习、实践和总结，是村官提高自身修养的三个基本环节，只有三者紧密结合，才能取得良好的效果。具体地说：

首先，学习是前提。村官要通过学习邓小平理论、"三个代表"重要思想和科学发展观，牢固树立无产阶级的世界观、人生观和价值观，奠定良好的理论基础。也就是说，不能只把这些理论挂在口头上，要让它指导村官的行动。同时，村官还要学习建设新农村所需的各类知识、经验和技能，加深对现阶段党的路线、方针、政策的理解，自觉用党的创新理论指导农村工作，提高工作的创造性，使其发挥实实在在的作用。

其次，实践是基础。村官要提高自身的能力修养，理论学习固然重要。但是，理论与实践脱节同样不可能真正提高能力，补充再多的理论知识也毫无意义。实践是检验真理的唯一标准，只有通过实践才能检验出自己的修养有没有提高，自己还欠缺些什么，然后才能更有针对性地弥补自己的缺点和不足。所以我们说，实践是村官磨砺意志，陶冶情操，培养高尚品格的重要环节。

最后，总结是关键。村官要善于以科学的理论为指导，对自己高标准严要求，不断总结自己在思想、工作和生活中的不足。只有对自己不断提出新目标、新要求，村官的能力素质修养才能不断提高、逐步完善。

四十三、村官如何理解党的信访工作及其主要内容？

党的信访工作是指，党员或公民通过来信、来访或者其他形式向党组织反映问题、提出建议、投诉或控告的活动。党的信访工作与其他信访活动不同，它不是一种国家活动，主要针对的对象是党员，依据的规定是党内的各种法规和政策，不是国家法律，这些都体现出了党的信访的特殊性。党内负责信访工作的部门是党的纪律检查委员会。

党的信访工作的内容包括两个方面：

（1）党员的信访。根据《党章》的规定，党员有向党的上级组织直至中央提出请求、申诉和控告，并要求有关组织给予负责的答复，这是关于党员信访权利的原则性规定。除此之外，在《中国共产党党员权利保障条例》（以下简称《党员权利保障条例》）中也规定：党员在政治、工作、学习等方面遇到重要问题需要党组织帮助解决的，有权向本人所在的党组织、上级党组织直至中央提出请求。党员对于党组织给予本人的处分、鉴定、审查结论或者其他处理不服的，有权向本人所在的党组织、上级党组织直至中央提出申诉；党员认为党组织给予其他党员的处分、鉴定、审查结论或者其他处理不当的，有权逐级向党组织直至中央提出意见。党员的合法权益受到党组织或者其他党员侵害时，有权向本人所在的党组织、上级党组织直至中央提出控告。党员有权要求有关党组织对其提出的请求、申诉和控告给予负责的答复。

（2）群众的信访。作为非党员的群众也可以对党组织提出建议，或者对党员干部的违法违纪行为提出检举控告。在我国，大部分国家机关的领导人都是党员，某个党员或某些党员出现问题，难免有互相包庇，官官相护的情况，而群众的眼睛是雪亮的，群众的信访能对党员起到很好的监督作用。由于党的纪律检查委员会往往是和行政监察部门合署办公的，所以由群众向党机构提出的信访占党信访的很大部分。

四十四、村官要引导群众在信访活动中避免出现哪些情况？

在农村信访活动中，有一些信访行为不符合法律的规定或精神，当然也不利于问题的解决。因此，村官要引导群众在信访活动中避免出现以下这些行为。

一是集体上访。集体上访一般是指人数超过五人的来访。《信访条例》规定，"信访人提出信访事项，一般应当采用书信、电子邮件、传真等书面形式；信访人采用走访形式提出信访事项的，应当到有关机关设立的或者指定的接待场所提出。多人采用走访形式提出共同的信访事项的，应当推选代表，代表人数不得超过5人"。

这样规定的目的是鼓励信访人尽量采用书面形式对要反映的问题提出投诉，因为信访问题主要还是要靠其他职能部门来处理，它需要一个调查处理的过程，有的还需要转办，依据程序办事，往往并不能当场得到答复。如果是多人走访，就要推选出不超过五人的代表，由代表向国家信访机构表达大家的意愿和要求。许多人认为人多势众，人越多越有理、领导越重视、问题越容易解决，实际上这种想法是不对的。党中央和国务院一贯主张，群众上访，不要采取集体形式，因为集体上访对国家、对群众都不利。集体上访花费巨大，还要耽误众多农民的生产劳动，而且也会妨碍国家机关的正常工作，扰乱社会秩序。集体上访一旦成为事实，不管组织者的主观愿望如何，它都会对社会造成不良影响，而且很容易被别有用心的人利用，借此大做文章，最终并不利于实际问题的解决。

二是越级上访。《信访条例》规定，"信访人采用走访形式提出信访事项，应当向依法有权处理的本级或者上一级机关提出"，如果信访人没有按照这一条规定向有处理权的机关提出上访，而是上访到更高一级的国家机关，这就是越级上访。农民群众舍近求远是有原因的，这多是由于一些基层政府官员在处理信访问题时态度恶劣，方法简单，甚至故意推脱责任，上访的问题迟迟得不到解决，所以导致许多群众对基层政府丧失了信任，才一定要不辞辛苦地去省里或者北京"告御状"。这种想法可以理解，但这种做法本身是不应该提倡的。因为即使上访者把问题告到北京去，最后还是要送回到地方来解决的。随意越级上访，不仅花费巨大，而且并不见得有助于问题的解决。如果一些群众对地方政府的信访工作不满意，可以按照正常的程序投诉，也可以写信到更高一级政府或人大检举他们对工作不负责任。

《信访条例》还专门作出规定，"国家信访工作机构要建立全国信访信息系统，为信访人在当地提出信访事项、查询信访事项办理情况提供便利；县级以上地方人民政府应建立或确定本地区的信访信息系统，并与上、下级政府及其部门的信访信息系统实现互联互通"。全国信访信息系统的建立,把我国的信访工作推向了一个新的发展阶段,一些困扰信访人员的难题也迎刃而解。此举一方面大大方便了信访群众在当地提出信访事项,可以随时查询其所提出信访事项的办理进展情况;另一方面,这也方便上级行政机关及其负责人及时了解各个地区有哪些信访事项,可以随时督促相关部门尽快处理解决信访事项,还可以减少各级行政机关对同一信访事项重复受理、办理。在这种情况下,信访人更没有必要千里迢迢越级上访了。

三是暴力上访。信访是一种法律救济渠道,有着严格的程序,信访人必须遵守信访规则,依法信访,维护信访秩序,当反映的问题不能当时就得到解决时,也要给予信访工作人员充分的理解。但是,在实际中,有少数信访人为了急于要个说法,不惜采用暴力手段来达到目的,这种方式不仅是非常不可取的,而且还是一种违法犯罪活动,是要受到法律惩处的,实在是得不偿失。有些人认为"会哭的孩子有奶吃"、"大闹大解决,小闹小解决",这种想法是非常不切实际的,维护信访秩序,对人对己都是有利的。曾经有信访人在国家重要机构门前放火自焚,也有人希望通过制造暴力事件引起媒体和国家机关对自己上访问题的关注,引起社会轰动,促使问题尽快解决,这些行为都是和信访的宗旨大相径庭的,应该严格禁止。为了维护信访秩序,创造解决信访问题的良好环境,我国《信访条例》明确规定,信访人不得有下列行为:

(1) 在国家机关办公场所周围、公共场所非法聚集,围堵、冲击国家机关,拦截公务车辆,或者堵塞、阻断交通的;

(2) 携带危险物品、管制器具的;

(3) 侮辱、殴打、威胁国家机关工作人员,或者非法限制他人人身自由的;

(4) 在信访接待场所滞留、滋事,或者将生活不能自理的人弃留在信访接待场所的;

(5) 煽动、串联、胁迫、以财物诱使、幕后操纵他人信访或者以信访为名借机敛财的;

(6) 扰乱公共秩序、妨害国家和公共安全的其他行为。

四是长期上访。信访人首先要正确理解我国信访活动的宗旨,那就是设置一条便捷的途径,为一部分受迫害和有冤屈的人讨回公道,但不能满足所有人的任何要求,更不能成为少数人满足自己不正当要求的手段。对此,我们必须要保持一个正常的心态去认识信访工作。根据我国《信访条例》规定,信访问题经过初步处理、复查和复核三个环节就已经终结了,当事人不能再就相同的问题重复上访。然而,有些人无视这样的规定,依然我行我素,同一个问题上访了三年、五年甚至十几年,还不肯罢休,这就是典型的长期上访,称作"缠访"。

长期上访大致有两种情形：一种情况是上访人确实曾经受到某种冤屈或者侵害，气愤难平，但是因为证据灭失或者证人死亡（尤其是一些历史遗留问题），无法确认事实真相，因此问题很难得到解决，但是受害人又坚持上访。对于这种情况就需要特事特办，利用特殊手段安抚上访人情绪，例如联合政府相关部门给予适当的救济。另一种情况是信访人的要求属于无稽之谈，既不合法又不合理，经过解释、说服、教育，对方仍不肯罢访息讼，这就属于典型的"缠访"了，这种行为不被允许，也不会满足信访者的要求。如果信访人存在违法行为，还要追究其法律责任。

四十五、村官如何积极引导农民群众树立正确的生育观？落实《中华人民共和国人口与计划生育法》？

从中国农村的传统看，为家族延续香火而生育男孩，构成了农民生育意愿的核心内容。生一个男孩是中国农村居民生育文化的底线。在"不孝有三，无后为大"，"传宗接代"这些古训的教诲下，许多农民为了要儿子不停地生育，延续了几千年的传统生育观，构成了计划生育工作最大的现实阻力。要想做好农村的计划生育工作，首先需要在农民的思想上做文章，而彻底转变他们的传统生育观则是关键。计划生育是一项需要全社会共同参与的事业，涉及社会的方方面面。人口与计划生育的相关法律对各级人民政府及部门、各基层组织在计划生育工作中应该担负的责任都作出了具体的规定。具体到农村，村官们要采取多种形式进行国情教育，引导农民正确认识我国的基本现实，增强为国分忧的责任感和自觉性。要对他们进行科学、文明、进步的婚育观念教育，引导农民树立"生男生女都一样，女儿也是传后人"的新型生育观。要加强向农民宣传实行计划生育对提高人们生活质量的益处，引导村民树立"多生可耻，致富光荣"的现代观念。村官还要加强对村民的科技知识教育，千方百计大力发展农村经济，引导农民把主要精力放在勤劳致富奔小康上，改变农村贫穷落后的面貌，使农民靠自己的双手来致富并过上幸福生活，而不再把自己未来的"福气"寄托在儿孙身上。与此同时，还要加强农村各项福利事业的建设，落实国家关于农民的最低生活保障政策，切实解除农民的后顾之忧。

《中华人民共和国人口与计划生育法》（以下简称《人口与计划生育法》）已于2002年9月1日正式施行，贯彻落实《人口与计划生育法》是当前我国人口与计划生育工作的头等大事。计划生育是根据我国国情确定的一项基本国策，是实现国民经济和社会可持续发展的一项战略性措施。实行计划生育与发展经济、消除贫困、提高妇女地位、建设文明幸福家庭密切相连。这部法律的颁布和实施在我国人口与计划生育事业发展史上无疑是一个重要的里程碑，对于加快人口与计划生育法治建设，对于提高人口与计划生育工作的管理和服务水平，保障公民的合法权益，必将起到重要的推动作用，有助于促进家庭幸福和家庭生活水平的提高，有助于促进民族的繁荣和社会的进步，为我国人口与计划生育事业稳定、健康、持续发展提供了不竭动力。村官要利用各种渠道，采取活泼生动，通俗易懂，群众喜闻乐见的方法，将《人口与计划生育法》的基本精神和主要内容，以及当前农民生育观念的新变化，制作成科普宣传手册，或者编成相声、小品等文艺节目，与农民进行面对面的宣传教育，调动广大农民群众的参与热情和积极性。在潜移默化中，使农村广大群众特别是育龄夫妇，为子女以后的生存教育考虑，为我们民族的前途发展考虑，逐渐树立起正确的生育观，增强法制观念，做到知法、信法、守法，从而深刻地认识到这项法律的重要意义。村官要加强领导，根据本村的实际情况，制定落实《人口与计划生育法》的具体措施，建立和完善依法管理、村民自治、优质服务、政策推动、综合治理的计划生育管理机制，采取经济、法律、政治、教育的手段，进行综合治理，确保计划生育政策的落实。

四十六、村官为什么推行计划生育也要依法管理、依法行政、文明执法？

村官依法管理计划生育的基本要求是：首先，要做到有法可依，主要依据国家《人口与计划生育法》和本地区计划生育条例及有关规章制度，不断组织学习，不断提高干部群众的法律意识，提高工作水平。其次，要正确执法，做到管理主体合法、程序合法、行为合法，不能侵犯公民的合法权益。最后，要制定一系列完善的规章制度，如民主监督制度等，以保障计划生育法律法规的正确实施。

村官要想真正做到依法管理计划生育工作，在计划生育行政执法中还必须注意以下几个方面：

（1）不准非法关押、殴打、侮辱违反计划生育的人员及其家庭；

（2）不准毁坏违反计划生育规定人员的财产、庄稼、房屋；

（3）不准不经法定程序将违反计划生育规定人员的财物抵缴计划生育费；

（4）不准乱设收费项目、乱罚款；

（5）不准因当事人违反计划生育规定而牵连其亲友、邻居及其他群众；不准对揭发、举报的群众打击报复；

（6）不准以完成人口计划生育指标为由而不允许合法的生育；

（7）不准对未婚女青年进行孕检。

实行计划生育是一项基本国策，推行这项基本国策，既需要靠各级政府的大力推动，也需要社会各方面的广泛参与。《人口与计划生育法》规定了各级政府、政府部门、村民委员会、居民委员会、社会团体、企业事业组织等在计划生育工作中的职责分工。各级政府、政府部门、村民委员会、居民委员会、社会团体、企业事业组织等要按照法律的要求做好计划生育工作。

所谓依法行政，是指各级政府及其工作人员应当在法律和法规规定的范围内活动，不得超越法律或者法规的规定擅自行事。具体如下：

（1）行政机关在制定规范、实施立法活动等抽象行政行为时，应做到依法行政，符合法律优先的要求。

（2）行政机关在作出决策及具体行政行为时，应遵循依法行政的原则，行政机关及其工作人员的行政行为必须有明确的法律依据，必须体现权责统一的原则，不仅要遵守或依据实体法，也要遵守程序法，所有违法行为必须予以撤销或改变。

（3）一切行政行为都要自觉接受人民群众的监督。

依法行政，文明执法是对所有行政机关及其工作人员的要求，各级人民政府及其工作人员在推行计划生育工作中也要注意自己的行为和方法是否合法，是否文明，避免工作的随意性。

众所周知，我国的计划生育工作是在二十世纪八十年代初就已开始实施。那时，我国的生产力还不发达、社会保障制度还不健全，保障水平还比较低，可以说，生儿子是众多农村夫妇安享晚年的唯一寄托。在那种情况下实行计划生育，广大群众不可避免地会遇到一些生活、生产和养老等方面的实际问题。群众的生育意愿和国家的生育政策还有一定距离，计划生育工作难度大，被称为"天下第一难事"。在推行这项政策时遇到的阻力可想而知。为了完成工作目标，一些干部不注意工作方法，部分地方出现了粗暴、野蛮的执法方法，严重侵犯了群众的合法权益，损害了党群、干群关系，在国际上也造成了恶劣的影响。因此，村官在落实计划生育政策的过程中要坚持"三为主"的方针，既要加强行政管理，又要做好群众的工作，还要充分发挥广大群众的自觉性。提高广大农村人口与计划生育工作水平，从根本上禁止打骂人、强取财物、推倒房屋等野蛮行为的出现，真正做到依法行政、文明执法，提高人口与计划生育工作的整体水平，树立良好的国际形象。

四十七、村官如何抓好计划生育管理工作？

村级计划生育管理包括：婚姻管理，生育管理，宣传教育，避孕指导，优生优育，统计和台账管理，还有优化计生服务和发展村级福利事业，以及促进计划生育工作的落实。

村级计划生育管理的方法要从以下几个方面着手：

（1）切实加强领导，每个村都要建立村计划生育领导小组，配计划生育专干。村委会主要领导要亲自挂帅，计划生育专干具体主抓，把计划生育当作一项重要的日常工作，坚持常抓不懈。

（2）加强对村民的宣传教育，组织村民认真学习贯彻《人口与计划生育法》，把计划生育工作纳入法制轨道。严格按照法律条例办事，违法必究。提倡计划生育、晚婚晚育、一对夫妻只生一个子女，严格控制人口数量，努力提高人口素质。对本村育龄夫妇做好摸底工作，有针对性地每月底召开重点对象会，宣传计生知识。

（3）加强生育计划管理。计划生育工作是一项系统的工程，村级各种组织要齐抓共管，互相配合，完善管理和服务措施，稳定低生育水平，坚决禁止早婚、早育、非婚生育。村级要实行目标管理责任制，认真执行生育计划，实行一票否决。严格实行准生证制度，准生证的发放情况要向全村公开，接受监督，没有准生证的妇女不准生育。

（4）严格人口生育统计，如实上报，不弄虚作假掩盖实情。同时，还要加强对流动人口的计划生育工作，落实孕检、随访工作，积极地向群众宣传避孕节育措施，搞好节育服务工作，防止个别人钻空子。

（5）落实《中华人民共和国婚姻法》（以下简称《婚姻法》），严格控制患有遗传性精神病、遗传性智力缺陷、遗传畸形等严重遗传性疾病的夫妻生育，预防和减少出生缺陷的发生，为优化人口素质打下基础。

（6）落实对计划生育先进工作者和先进个人的各种表彰奖励措施。夫妻生育一个子女后，采取节育措施并不再生育的，发放独生子女父母光荣证。村委会对领到独生子女父母光荣证的夫妻，要认真落实各项优惠政策。例如，农村实行计划生育的家庭，可以享受到资金、技术、培训等方面的支持和优惠；实行计划生育的贫困家庭可以享受到在扶贫贷款、以工代赈、扶贫项目和社会救济等方面给予优先照顾。对违反计划生育规定的夫妻，村委会要给予教育和严厉的处罚，同时对那些在计生工作中作出突出贡献的单位和个人，要给予精神和物质奖励。

四十八、村官如何积极发挥群众组织在计划生育工作中的作用？

计划生育直接关系着我们每一个人的生存和发展，落实这项政策的责任不仅仅在计生工作者。在村级计划生育工作中，村官要充分引导群众自治组织、群众团体和其他形式群众组织发挥各自的作用。村委会要根据党的方针政策和国家的法律法规，结合实际，在村民自治章程和村规民约中制定计划生育的有关规定，建立计划生育村务公开制度，落实计生专干的报酬，制定奖励措施，健全计划生育的管理服务制度。此外，各个组织应相互配合，积极开展工作，主动承担起计划生育工作的责任，实行计划生育的村级自治。

共青团、妇联，特别是计划生育协会等群众组织是村级计划生育工作的重要力量。村委会要把计划生育工作与他们的日常活动紧密结合起来，组织青年、妇女和民兵带头通过各种方式，加强宣传教育工作，倡导文明、健康的婚育新风，做到家喻户晓，人人明白，而且要坚持以人为本的原则，建立起科学的管理和人性化的服务规范，把宣传教育与咨询服务结合起来，提高科普宣传的针对性和有效性。村委会要充分发挥计划生育协会的作用，执行计划生育政策，组织群众参与计划生育工作的自我教育、自我管理和自我服务，参与计划生育的民主管理和民主监督。村委会通过依靠群众组织联系群众，服务群众，了解群众的需求和愿望，组织群众学习计划生育基本知识，来发挥他们的带头、示范和辐射作用。

四十九、村官如何抓好流动人口的计划生育管理工作？

流动人口是一个特殊的群体，他们流动性强，容易形成计划生育工作的薄弱地带，为超生留空子。为了使计划生育工作不留死角，对于流动人口这一重点人群的计划生育管理，村委会必须要采取其户籍所在地与现居住地相互协助，齐抓共管的方法。具体的操作方法如下：

（1）流动人口的计划生育工作应由户籍所在地和现居住地的地方人民政府共同管理，以现居住地为主。一般由现居住地的人民政府，统一领导本行政区域内流动人口的计划生育管理和服务工作，组织、协调有关部门实行综合治理，并提供必要的保障。

（2）流动人口现居住地人民政府或街道办事处，要经常性地向已婚育龄流动人口进行人口与计划生育宣传，为他们提供避孕节育措施服务和相关咨询服务，同时与其户籍所在地的人民政府或街道办事处建立联系，将已婚育龄流动人口的避孕节育情况向其户籍所在地的人民政府或街道办事处通报。已婚育龄流动人口，也可以自行将其现居住地的乡（镇）人民政府或街道办事处出具的避孕节育情况证明，寄回户籍所在地的乡（镇）人民政府或街道办事处登记备案。

（3）对流动人口的计划生育工作要体现管理与服务并重的原则，在加强管理的同时，相关部门还要向育龄人员提供生产、生活、生育方面的优质服务。已婚育龄流动人口如果违反计划生育规定，由其现居住地或者户籍所在地的人民政府、街道办事处或计划生育行政管理部门按照本省、自治区、直辖市的有关规定处理。已婚育龄流动人口因违反计划生育规定在一地受到处罚的，在另一地不因同一事实再次受到处罚。

第四章 村官基层党务工作者素质修养

一、基层党组织的定义及分类是怎样的？其任期是怎样的？

党章规定：基层党组织，是指党在企业、农村、机关、学校、科研院所、街道社区、社会组织、人民解放军连队和其他有正式党员3人以上的基层单位中设立的党组织。根据工作需要和党员人数，可分别设立党的基层委员会、总支部委员会、支部委员会。

基层党组织的分类有：

（1）街道、乡、镇党的基层委员会和村、社区党组织；

（2）国有企业和集体企业中党的基层组织；

（3）非公有制经济组织中党的基层组织；

（4）事业单位中党的基层组织；

（5）各级党和国家机关中党的基层组织；

（6）人民解放军连队中党的基层组织；

（7）其他基层单位中党的基层组织。

党的中央委员会每届任期五年。党的省、自治区、直辖市、设区的市和自治州的委员会，每届任期五年。党的县（旗）、自治县、不设区的市和市辖区的委员会，每届任期五年。党的基层委员会每届任期三年至五年，总支部委员会、支部委员会每届任期两年或三年。

二、基层党组织的地位和作用有哪些？

（1）街道、乡、镇党的基层委员会和村、社区党组织，负责领导本地区的工作，支持和保证行政组织、经济组织和群众自治组织充分行使职权。

（2）国有企业和集体企业中党的基层组织，发挥了政治核心作用，其围绕企业生产经营开展工作，保证并监督党和国家的方针、政策在本企业的贯彻执行；支持股东会、董事会、监事会和经理（厂长）依法行使职权；全心全意依靠职工群众，支持职工代表大会开展工作；参与企业重大问题的决策；加强党组织的自身建设，领导思想政治工作、精神文明建设和工会、共青团等群众组织。

（3）非公有制经济组织中党的基层组织，贯彻党的方针政策，引导和监督企业遵守国家的法律法规，领导工会、共青团等群众组织，团结凝聚职工群众，维护各方的合法权益，促进企业健康发展。

（4）实行行政领导人负责制的事业单位中党的基层组织，发挥了政治核心作用。在党委领导下的行政领导人负责制的事业单位中党的基层组织，对重大问题进行讨论和作出决定，同时保证行政领导人充分行使自己的职权。

（5）各级党和国家机关中党的基层组织，协助行政负责人完成任务，改进工作，对包括行政负责人在内的每个党员进行监督，不领导本单位的业务工作。

三、党支部的地位是怎样的？

党支部是党最基层的一级组织，在整个党的建设中，党支部占有极其重要的地位。

（1）党支部是党的组织基础。中国共产党是由中央、地方和基层组织共同构成、相互作用的严密而完整的组织关系。在这个体系中，党支部是最基本的细胞。我们党正是通过党支部这一组织形式，将全国各地，各条战线和各个单位的每一个党员紧密地组织起来，形成一个具有统一意志、统一纪律、统一行动的整体，从而奠定了我们党全部工作和战斗力的基础。假如没有党的支部，我们党就不可能具有今天这样强大的生命力和凝聚力。

（2）党支部是党自身建设和管理党员最基本的单位。党支部具体担负着对党员进行管理教育、发展新党员、执行党的纪律的重要责任。按照党章规定，所有的党员都要参加党的一个支部，由党支部负责教育、管理和监督。发展新党员、执行党的纪律，除特殊情况外，都必须经过党支部。党支部是党员履行义务，行使权力的基本场所，党员通过党支部参与对党内事务的管理。因此，党支部是否坚强有力，能否履行党章规定的职责，对于提高党员素质，发挥党员先锋模范作用，保持党的先进性和纯洁性，完成党所担负的历史任务，都具有十分重要的意义。

（3）党支部是党在社会基层组织中的战斗堡垒。我们党是执政党，是社会主义现代化事业的领导核心。实现党的领导，首先要制定正确的路线、方针和政策，而正确的路线、方针和政策的贯彻执行，最终要通过党支部的大量工作，使之变为广大党员和群众的实际行动。党支部分布在企业、农村、机关、学校、科研院所、街道社区、社会组织、人民解放军连队和其他基层单位。尽管这些基层单位的工作任务、领导体制有所不同，党支部的具体职能和工作方法也不完全一样，但都是党在社会基层组织中的战斗堡垒，都担负着团结、组织党内外的干部和群众的任务。党支部要做好组织和宣传工作,把党的主张变为群众的自觉行动,维护团结,并在紧急关头和关键时刻把握方向、驾驭全局、稳定形势等。党支部的这种作用,是党的领导在社会基层组织中的具体表现,是其他任何社会组织都无法替代的。

(4)党支部是党联系群众的桥梁和纽带。党支部扎根于群众之中,是人民群众认识党、了解党的窗口,是党的各级领导机关了解人民群众的愿望和要求的主要渠道。人民群众往往通过党支部和党员的表现来评价党。党支部一方面担负着把党的路线、方针和政策直接传达给群众,直接在基层贯彻落实的任务;另一方面,还担负着及时向上级党组织反映群众的意见、要求和建议的任务。从这个意义上讲,党支部状况如何,直接关系着党在人民心目中的形象与威信,关系着党能否赢得人民群众的依赖与支持。

(5)党支部是党在社会基层单位的政治核心。政治核心作用是指:党的基层组织在本单位的各种关系中所处的位置,主要是政治思想方面。党的性质、任务和党在社会主义现代化建设中的领导地位,决定了党支部必须在社会基层单位中发挥政治核心作用。主要体现在五个方面:一是保证监督党和国家的方针、政策在本单位、本部门的贯彻执行,保证本单位生产、工作和任务的完成;二是支持行政领导人依法行使职权,坚持和完善行政领导人负责制;三是全心全意依靠群众,支持职工代表大会开展工作;四是参与本单位重大问题的决策;五是加强党组织的自身建设,领导思想政治工作和工会、共青团等群众组织。由于各单位的领导体制,工作性质和所担负的任务不同,党支部的地位和作用也有所不同,党支部政治核心作用的具体表现形式也有所不同。农村党支部、社区(居民区)党支部,以及在党委领导下的行政领导人负责制的事业单位中的党支部,是组织各项工作的领导核心,支持并保证行政组织、经济组织和群众自治组织充分行使职权;在实行行政领导人负责制的企事业单位的党支部,要充分发挥政治核心作用,围绕本单位生产和工作任务开展工作,保证党和国家的方针、政策在本单位的贯彻执行;各级党和国家机关中的党支部,发挥了监督作用。不论其何种作用的党支部,对行政工作既不能大包大揽,又不能党政分家,而是要在坚持党的统一领导的前提下,以经济建设为中心,充分发挥政权机关和行政组织的职能作用,支持并保证行政组织,经济组织和群众自治组织,以及行政领导人充分行使自己的职权,把党的各项事业推向前进。

四、党支部有哪些作用?

(1)政治思想引导作用。党支部的首要任务就是在政治上、思想上对各基层单位和广大群众进行思想引导。一方面党支部要善于运用马克思主义的立场、观点和方法，分析并解决改革开放和现代化建设过程中的现实问题，为本单位的改革和发展把握正确的政治方向；另一方面，抓好党员的教育和管理，做好群众的思想政治工作。党的基层支部要做好思想上、政治上的引导工作，必须紧紧围绕经济建设这个中心，结合本单位、本部门的工作实际，贯彻执行党的路线、方针和政策，全面推进本单位、本部门的改革开放，同时以教育和说服的方法，采取灵活多样的形式，有针对性地做好思想政治工作。

（2）组织协调作用。党支部因其所在单位和部门的不同而在职责和具体任务上有所区别，但组织上的协调作用则是基本相同的。各个单位或部门虽小，但其结构和各种关系却非常具体而又复杂，如个人与个人之间，个人与集体之间，各个职能部门之间等。有效地协调这些错综复杂的关系，以使这个复杂的集体在共同利益的基础上形成合力，是党支部责无旁贷的职责。党支部是各个社会基层单位的政治核心或领导核心，它代表基层单位的全局利益和长远利益，能超脱于各种利益关系之上，驾驭全局。党支部必须充分发挥这一独特优势，有效地利用政治、思想、组织上的各种手段，协调并解决各类矛盾，把各个利益主体聚合在一起，形成一个和谐而充满活力的整体。

五、党支部的基本任务有哪些？

党的基层组织是党在社会基层组织中的战斗堡垒，是党的全部工作和战斗力的基础，其基本任务是：

（1）宣传和执行党的路线、方针、政策，宣传和执行党中央、上级组织和本组织的决议，充分发挥党员的先锋模范作用，团结、组织党内外的干部和群众，努力完成本单位所担负的任务。

（2）组织党员认真学习马克思列宁主义、毛泽东思想、邓小平理论和"三个代表"重要思想，学习科学发展观，学习党的路线、方针、政策和决议，学习党的基本知识，学习科学、文化、法律和业务知识。

（3）对党员进行教育、管理、监督和服务，提高党员素质，增强党性，严格党的组织生活，开展批评和自我批评，维护和执行党的纪律，监督党员切实履行义务，保障党员的权利不受侵犯，加强和改进流动党员管理。

（4）密切联系群众，经常了解群众对党员、党的工作的批评和意见，维护群众的正当权利和利益，做好群众的思想政治工作。

（5）充分发挥党员和群众的积极性、创造性，发现、培养、推荐他们中间的优秀人才，鼓励、支持他们在改革开放和社会主义现代化建设中贡献自己的聪明才智。

（6）对要求入党的积极分子进行教育和培养，做好经常性的发展党员工作，

第四章 村官基层党务工作者素质修养

重视在生产、工作第一线的群众和青年中发展党员。

（7）监督党员干部和其他所有工作人员严格遵守国法政纪，严格遵守国家的财政经济法规和人事制度，不得侵占国家、集体和群众的利益。

（8）教育党员和群众自觉抵制不良倾向，坚决同各种违法犯罪行为作斗争。

六、农村党支部的主要任务和职责？

（1）贯彻执行党的路线、方针、政策和上级党组织及本村党员大会的决议。

（2）讨论决定本村经济建设和社会发展中的重要问题。需由村民委员会、村民会议或集体经济组织决定的事情，由村民委员会、村民会议或集体经济组织依照法律和有关规定作出决定。

（3）领导和推进村级民主选举、民主决策、民主管理、民主监督，支持和保障村民依法开展自治活动。领导村民委员会、村集体经济组织，以及共青团、妇代会、民兵等群众组织，支持和保证这些组织依照国家法律法规及各自章程充分行使职权。

（4）搞好支部委员会的自身建设，对党员进行教育、管理和监督。负责对要求入党的积极分子进行教育和培养，做好发展党员工作。

（5）负责村、组干部和村办企业管理人员的教育管理和监督。

（6）搞好本村的社会主义精神文明建设、社会治安工作和计划生育工作。

七、党小组如何划分？党小组是不是一级党组织？

党支部根据党员的数量、分布情况，以及工作、生产、学习等实际需要划分党小组，这是为了具体地组织、推动和指导每个党员的日常活动，保证党的指示和决议的贯彻落实。对党支部来说，许多工作要通过党小组进行，做好党小组工作是做好支部工作的基础。因为党小组对党员的思想、工作、学习、生活等方面的情况和要求最了解，便于组织党员学习，开展批评和自我批评，监督和检查党员贯彻支部决议、进行群众工作等。因此，支部要经常注意加强党小组的工作，切实发挥党小组的作用。党小组的划分，一般应根据党员数量的多少、工作需要和党员分布情况来决定。党小组的人数不少于3人。如不足3人，可同党员较少、工作性质相近、联系方便的行政、生产、教学组织的党员合编在一个党小组内。

党小组是党支部的组成部分，而不是党的一级组织。党员数量少的党支部，也可以不划分党小组。

八、党小组的作用和任务是什么？

党小组在党支部的领导下，以自己的积极活动来实现党支部的决议，并担负党支部不便集中进行的一部分工作，保证党支部各项任务的完成。

党小组的主要任务是：①组织党员学习马克思列宁主义、毛泽东思想、邓小平理论和"三个代表"重要思想，学习科学发展观，学习党的基本政策、基本知识和科学文化技术，不断提高党员的思想政治觉悟和业务工作素质。②按照实际情况和需要，分配每个党员一定的工作，具体地组织党员去实现党支部的决议，完成支部布置的各项工作任务。③协助党支部做好对党员经常性的思想教育，接受党员的汇报，关心、了解党员的思想、工作、学习、生活等情况，及时向党支部汇报，反映党员的思想动态和群众的呼声、要求。④定期召开党小组生活会，开展批评和自我批评，组织、督促党员按时参加党组织的有关活动。⑤协助党支部做好对党员的民主评议和鉴定，做好对入党积极分子的培养、考察和对预备党员的考察、转正工作。⑥组织党员开展"创先争优"活动，要求党员在本单位的各项工作中发挥先锋模范作用。

九、支部委员同党小组的关系是什么？

支部委员是支部委员会的成员，他在受支部委员会的委托向党小组传达布置工作时，是代表支部委员会的，在组织上他和党小组是领导与被领导的关系。同时，支部委员又是党支部的一名普通党员，应毫无例外地编入一个党小组参加党小组的活动。在党小组会上，只要他不是受支部委员会的委托向党小组传达布置工作，他的发言就只能代表个人意见，他和党小组的关系就是个人和组织的关系。在贯彻执行党支部决议时，支部委员也是一名普通党员，支部委员也应该把自己放在普通党员的位置，虚心接受党小组的批评监督，用自己的模范行动去带动小组的其他党员贯彻执行党支部的决定。

十、党支部的设置原则是什么？

党章规定，在企业、农村、机关、学校、科研院所、街道社区、社会组织、人民解放军连队和其他基层单位中，凡是有正式党员3人以上的，都应当成立党的基层组织。党的基层组织，根据工作需要和党员人数，经上级党组织批准，分别设立党的基层委员会、总支部委员会、支部委员会。一般情况是：党员3人以上又不足50人的基层单位，可以成立支部委员会；党员50～100人的，如不需要成立党的总支部委员会或基层委员会，经上级党组织决定，也可以成立支部委员会；正式党员不足3人，或没有条件单独成立党支部的单位，可与邻近单位的党员组成联合党支部；外出执行某项临时任务，或者参加短期学习或会议，或者被抽调参加某项临时机构工作，凡有正式党员3人以上的，经上级党组织批准，可成立临时党支部。

建立党的支部委员会应当由县、团或相当于县、团级党的委员会决定。党支部的组织形式是支部党员大会和党支部委员会。支部党员大会决定支部的重大问题。党支部委员会是党支部的领导班子，负责处理党支部的日常工作。党支部委员会的名额，由县、团级党的的委员会决定。党支部委员会的职数和设置，应根据党员人数和工作需要确定，支委人数不应超过或等于本支部正式党员的半数，一般由3~7人组成，可设书记、组织委员、宣传委员、纪委检查委员、青年委员、保密委员等。不足10名党员的支部，一般不设支部委员会，由党员直接选举产生1名书记，必要时增设副书记1名或配1名支部干事。党支部委员会实行集体领导。党支部一般应按照党员的人数和分布情况划分党的小组，干部党员要和非干部党员一起编组过小组生活。

十一、党支部的成立、调整和撤建有何规定？

（一）审批权限

设立党支部和党总支应当由县、团或相当于县、团级党的委员会决定。在某县的实际操作中，设立党支部的，由县委组织部组织科审批；设立党总支的，由县委组织部审批。

设立基层党委由县委审批，报市委组织部备案。

党的基层组织的撤销、合并或转移，均按组织设立的审批权限办理。

（二）审批程序

（1）向上级党组织写出请示报告，说明本单位党员人数，成立党委（总支、支部）的理由及依据，拟设党委（总支、支部）及纪委的委员名额，其中书记、副书记名额报上级党组织批准。

（2）上级党组织考察、审批。

（3）新设组织批准后，其委员及书记、副书记的产生均按党组织换届的要求和程序选举产生，必要时可由上级党委任命。

（4）选举结果报上级党组织。

（三）更名、撤建程序

（1）如基层党组织需要更名、撤建，由基层党组织向上级党委提出撤建或更名的请示，报县委组织部审批，请示要写清撤建或更名的具体理由和方案。

（2）上级党组织考察、审批。

（3）县委组织部研究批复后，党委行文。

十二、支部委员会换届选举前有哪些准备工作？

（1）书面呈报请示。请示的主要内容包括：上届支部委员会换届改选的时间;本次换届改选的理由;换届改选的指导思想及主要议程;改选的时间安排;支部委员会委员、副书记、书记的名额;讨论、酝酿支委候选人的方法及选举办法。

(2) 做好选举教育工作。

(3) 组织起草支部工作报告。支部工作报告的主要内容,一般应包括:检查党支部贯彻、执行党的路线、方针、政策和上级党组织决议的情况,总结党支部完成的各项任务,以及自身建设的情况和经验教训;对下届支部委员会的工作提出的意见和建议;向广大党员提出的号召和要求。

(4) 组织起草选举办法。

(5) 酝酿讨论支部委员会委员候选人名单,支部委员会委员一般由3~7人组成,设书记一人,必要时设副书记一人。

(6) 印制选票。

(7) 布置会场,会场要有会标,应悬挂党旗。

十三、支部委员会换届选举大会的主要议程是什么?

(1) 会议开始,会议主持人首先报告参加本次党员大会的党员数,介绍上级领导、列席代表、宣布大会的议程。

(2) 宣读上届支部委员会或书记作工作报告。

(3) 宣读、通过选举办法。

(4) 通过支部委员会委员候选人建议名单。

(5) 提名并举手表决通过总监票人、监票人名单,确定计票工作人员。

(6) 组织实施选举。大会选举工作由总监票人负责组织实施,其程序和内容一般包括:

①宣布大会选举内容。

②清点到会正式党员人数,宣布应到和实到正式党员数。实到会的正式党员数必须超过应到党员数的五分之四,方可进行选举。

③按实到正式党员数分发选票并进行核对,并将多余选票剪角作废。

④说明填写选票的办法,应注意的问题和投票顺序。

⑤监票人查、封票箱。

⑥依次投票。

⑦投票完毕,当场开箱清点票数,并宣布清点结果。

⑧计票。

⑨公布选举情况,即收回票数、废票数、有效票数、每个被选举人所得票数。

⑩大会主持人宣布选举结果，即宣读当选人名单。
（7）宣读并通过支部工作报告决议。
（8）上级党组织领导讲话。
（9）宣布支部换届改选大会结束。

十四、新一届支部委员会第一次会议的主要任务及议程是什么？

（1）主要任务：选举书记、副书记，研究确定支部委员会的分工。
（2）会议议程：
①会议主持人介绍上届支部委员会及上级党组织对书记、副书记的建议名单。
②支部委员会委员酝酿讨论。
③无记名投票选举。
④监票人公布得票情况。
⑤主持人宣布选举结果。
⑥由新当选的支部书记主持会议，讨论研究各委员的分工情况。

不设立支部委员会的党支部，改选时也要认真总结支部工作，充分发扬民主，经全体党员充分酝酿讨论，提出书记、副书记候选人，报上级党组织审查同意后，在党员大会上进行选举。

十五、新一届支部委员会换届选举有哪些善后工作？

（1）向上级党组织书面报告支部大会和支部委员会第一次会议的选举情况。报告通常要一式两份上报。
（2）做好落选人的思想工作。
（3）做好文件、材料的立卷、归档工作。

十六、什么是"三会一课"？

"三会一课"是指：定期召开支部党员大会、支部委员会、党小组会，按时上好党课。

（一）支部党员大会
（1）支部党员大会是党支部全体党员（包括预备党员）参加的会议，是党支部组织生活的基本形式之一，一般每季度召开一次，也可根据工作需要适当增加召开的次数。支部党员大会是党支部的领导机关，在党支部中享有最高决策权、选举权和监督权，其主要任务是：

①传达、学习上级党组织的决议、指示,讨论和制定贯彻执行的计划、措施。

②听取和审议党支部委员会工作报告。

③讨论本支部重大问题并作出决议。

④选举党支部委员会(不设委员会的选举书记、副书记)和出席上级党代会代表。

⑤讨论接收新党员和预备党员转正。

⑥讨论决定对党员的表彰和处分。

⑦讨论决定其他应由支部党员大会讨论决定的问题。

凡属需要提交支部党员大会讨论决定的重要问题,一般先由支部委员会讨论研究,提出初步意见和方案,再提交支部党员大会讨论。支部党员大会讨论决定重要问题,一般应作出决议或决定。决议采用举手表决的形式,赞成人数必须超过应到会有表决权党员的半数。

(2)召开支部党员大会的一般程序是:

①确定支部党员大会的议题和时间,发出开会通知(包括时间、地点、内容和要求)。

②主持人报告党员出席情况(到会有表决权党员超过本支部实有有表决权党员的半数方可开会),宣布议题,开始开会。

③支部委员会就需要讨论决定的问题提出初步意见和方案,党员讨论,进行表决,形成决议或决定。

④指定专人做好记录。

(二)支部委员会会议

(1)支部委员会会议是由半数以上党支部委员会成员参加的会议,一般每月召开一次,若工作需要可随时召开,其主要内容是:

①传达、学习上级党组织的决议、指示,研究已贯彻落实的具体措施。

②讨论加强支部自身建设问题,对需要提交支部党员大会讨论决定的问题提出初步意见和方案。

③讨论决定职责范围内的其他重要问题。

支部委员会会议在讨论决定问题时,要坚持民主集中制原则,充分发扬民主,防止个人专断。支部委员会要适时归纳和集中委员的意见,严格按照少数服从多数的原则形成决议,决定要进行表决的重要问题。支部委员会会议讨论问题时,如产生分歧,除紧急情况必须作出决定外,应暂缓作出决定,待进一步学习和调查研究后,再召开会议讨论,如仍无法取得一致意见,可以把不同意见报上级党组织或提交支部党员大会讨论,最后按上级党组织或支部党员大会的决定执行。

（2）召开支部委员会会议的一般程序是：

①书记和有关委员商定议题，准备意见或方案，通知开会（包括时间、地点和议题等）。

②主持人宣布开会，说明议题和有关要求等事项。

③负责会议议题的委员向会议提出准备的意见或方案。

④进行讨论。

⑤书记归纳、集中委员意见，需作出决议时，进行表决。

⑥对决定的事项作出明确分工。

⑦做好会议记录。

（三）党小组会

（1）党小组会是党员参加组织生活的一种最经常、最普遍的形式，一般每月召开一次（其中以党员汇报思想、工作和学习情况，开展批评与自我批评为内容的民主生活会，每季度至少一次）。党小组会的主要内容是：

①学习党的理论、路线、方针、政策。

②讨论贯彻支部决议的具体措施及每个党员应承担的任务。

③党员汇报思想、工作、学习和执行党的决议的情况，开展批评和自我批评。

④根据支部统一安排，开展民主评议党员活动。

⑤分析群众思想状况，研究如何做好群众工作。

⑥研究对入党积极分子的培养教育工作，酝酿讨论发展党员、预备党员转正、评选优秀党员、处分违纪党员和处置不合格党员等问题。

由于党小组不是党的一级组织，其主要任务是保证支部决议的贯彻执行，在日常工作中不讨论重大问题，所以一般不进行表决。

（2）召开党小组会的一般程序是：

①确定会议内容，发出通知。

②组织党员学习、讨论或汇报思想、工作和学习情况，开展批评与自我批评。

③根据讨论情况，形成党小组意见，制定措施，分配工作任务。

④做好记录，及时向支部汇报。

（四）党课

党课是对党员进行教育的最经常、最基本的一种形式，一般每季度一次。党课主要是对党员进行党的基本理论、基本路线教育，党的基本知识教育，形势任务教育，党员现实思想教育，党的优良传统作风教育，其内容既要注重系统性，

村官素质修养提升必读

也要具有针对性。

党课教育可以以支部为单位上课，也可由基层党委统一组织，集中上课。由上级党委统一组织，集中上课的，支部要采取切实可行的措施，保证党员按时参加听课，并认真组织讨论；以支部为单位上课的，支部要根据党的中心任务和上级党委的安排，针对一个时期党员的思想倾向和共性问题，确定党课内容，制定党课教育计划（一般应制定一年的计划），并认真组织实施。党课教员一般由支部书记、委员或优秀党员担任，也可聘请上级党组织的领导同志担任，或聘请党校教师担任。担任党课教学的同志，应认真备课，保证党课质量。

党课教育的形式要多样化，做到集中听课与分散讨论相结合，上课教育与开展生动活泼的活动相结合。为督促党员学习，提高党课教育效果，课后可进行必要的测验。

十七、什么是组织（民主）生活会？

基层党组织的组织（民主）生活会每年召开一次。

党内组织生活会是支部委员会或党小组召开的，以上党课、学习党内文件、汇报思想、交换意见、谈心交流、总结报告工作等为主要活动内容的会议。

党内民主生活会是党员领导干部（一般是一个单位领导班子中的党员干部）单独召开的会议，以交换意见、认真开展批评与自我批评、理清工作发展思路等为主要内容。

所有党员必须按时参加支部组织生活会，党员领导干部要按规定参加双重组织（民主）生活会。

十八、民主评议是怎样的？

（一）评议目的

通过对全体党员进行做新时期合格共产党员的教育，并通过民主评议和组织考察，检查和评价每个党员在坚持党的基本路线的实践中，特别是在当前治理经济环境、整顿经济秩序、全面深化改革中发挥先锋模范作用的情况，表彰优秀党员，推动清除腐败分子和处置不合格党员的工作，提高党员素质，增强党组织的凝聚力和战斗力。

（二）评议内容

在新的历史时期，共产党员应当忠诚于共产主义事业，坚定不移地执行党在社会主义初级阶段的基本路线，为建设有中国特色的社会主义而努力奋斗。按照这个总体要求，着重从以下五个方面对党员进行评议：

(1) 是否具有坚定的共产主义信念，能否坚持四项基本原则，坚持改革开放,把实现现阶段的共同理想同做好本职工作结合起来,全心全意为人民服务。

(2) 是否坚决贯彻执行党在社会主义初级阶段的基本路线和各项方针、政策,在政治上同党中央保持一致,为推动生产力的发展和社会主义精神文明建设作出贡献。

(3) 是否站在改革的前列,维护改革的大局,正确处理国家、集体、个人利益之间的关系,做到个人利益服从党和人民的利益,局部利益服从整体利益。

(4) 是否切实地执行党的决议,严守党纪、政纪、国法,坚决做到令行禁止。

(5) 是否密切联系群众,关心群众疾苦,艰苦奋斗,廉洁奉公,在个人利益同党和人民的利益发生矛盾时,自觉地牺牲个人利益。

各地、各部门要结合实际情况,确定评议党员的具体内容。党政机关和大中型企业评议党员干部,要把顾全大局、清正廉洁、严守法纪作为重要内容。

(三) 基本方法

民主评议党员工作,要在党委的领导下,以支部为单位有步骤地进行。方法要简便易行,时间要相对集中,不要拖得过长。

(1) 学习教育。对党员普遍进行在新形势下坚持党员标准的教育。这项教育要同形势教育结合起来。学习内容以《中国共产党章程》、《关于党内政治生活的若干准则》等党的重要文献为主。学习方法可以多种多样,要讲求实效。

(2) 自我评价。在学习讨论的基础上,对照党员标准,总结个人在思想、工作、学习等方面的情况,特别要检查对深化改革、保持廉洁、加强纪律的认识、态度和行动,肯定成绩,找出差距,明确努力方向。

(3) 民主评议。一般应召开党小组会或党支部会,进行民主评议。评议中,要是非分明,敢于触及矛盾,认真而不是敷衍地开展批评和自我批评,还要采取适当的方式,听取非党群众的意见。

(4) 组织考察。支委会对党内外评议的意见,进行实事求是的分析、综合,形成组织意见,转告本人,并向支部大会报告。

(5) 表彰和处理。对民主评议的好党员,党组织通过口头或书面形式进行表扬。对模范作用突出的党员,可经过支部大会讨论通过,报上级党委批准,授予优秀共产党员的称号。对评议中揭露的违法乱纪等问题,要认真查明,严肃处理。经评议认为是不合格的党员,支委会应区别不同情况,提出妥善处置的意见,提交支部大会,按照民主集中制的原则进行表决。对党员进行组织处理,应当十分慎重,原则要坚持,方法要得当。对被劝退和除名的,党组织要做好思想工作。在他们出党以后,仍要继续关心和团结他们,在工作中继续发挥他们的作用。

十九、什么是党内监督？

（一）党内监督的基本方针

党内监督以马克思列宁主义、毛泽东思想、邓小平理论和"三个代表"重要思想为指导，坚持解放思想、实事求是、与时俱进，坚持民主集中制和从严治党的方针。

（二）党内监督的重点对象

《中国共产党党内监督条例（试行）》中指出，党内监督的重点对象是党的各级领导机关和领导干部，特别是各级领导班子的主要负责人。

（三）党内监督的内容

（1）遵守党的章程和其他党内法规，维护中央权威，贯彻执行党的路线、方针、政策和上级党组织决议、决定及工作部署的情况；

（2）遵守宪法、法律，坚持依法执政的情况；

（3）贯彻执行民主集中制的情况；

（4）保障党员权利的情况；

（5）在干部选拔任用工作中，执行党和国家有关规定的情况；

（6）密切联系群众，实现、维护、发展人民群众根本利益的情况；

（7）廉洁自律和抓党风、廉政建设的情况。

（四）党员在党内监督方面的责任和权利

（1）及时向党组织反映群众的意见和要求，维护群众的正当利益；

（2）对党的决议和政策如有不同意见，在坚决执行的前提下，可以在党的会议上或向党的组织提出保留，并且可以把自己的意见向党的上级组织直至中央反映，但不得公开发表同中央决定相反的意见；

（3）在党的会议上有根据地批评党的任何组织和任何党员，勇于揭露和纠正工作中的缺点、错误；

（4）检举党的任何组织和任何党员违纪违法的事实，同腐败现象作斗争；

（5）参加党组织开展的评议党员领导干部活动，发表意见。

二十、党员教育工作有何意义与作用？

党员教育工作是党的组织工作、宣传工作的重要内容。加强党员教育，是搞好党的建设的中心环节。在改革开放和社会主义现代化建设的新的历史时期，我们党肩负着历史的重任，经受着时代的考验，必须加强自身建设，不断提高领导水平和执政水平，这就对加强党员教育提出了更高的新要求。新形势下党员教育工作的意义和作用主要表现在：保持党的先进性的中心环节；实现党的领导的重要条件;加强党同群众联系的前提和基础。

二十一、当前党员教育工作的指导思想是什么?

高举中国特色社会主义伟大旗帜,以邓小平理论和"三个代表"重要思想为指导,深入贯彻落实科学发展观,按照加强党的执政能力建设和先进性建设的要求,适应建设学习型政党的需要,以学习贯彻中国特色社会主义理论体系和党章为重点,围绕党的中心任务,大规模开展党员教育培训,全方位提高党员队伍素质,为构建社会主义和谐社会、全面建成小康社会、加快推进社会主义现代化提供坚强的思想政治保证和组织保证。

党员教育工作,必须以邓小平同志建设有中国特色社会主义的理论为根本方针。只有坚持以建设有中国特色社会主义的理论为指导,党员教育工作才能沿着正确的政治方向不断前进,才能有效地提高党员素质,才能保证全党坚持党的基本路线一百年不动摇。

党员教育工作,必须始终贯彻党的基本路线,自觉以经济建设为中心,坚持为改革、发展和稳定服务。党员教育的各项工作和活动,都要有利于解放和发展生产力,有利于加强党的自身建设,提高党员执行党的基本路线的自觉性和坚定性。党员教育工作必须根据改革建设的需要,看准两者的结合点,适当确定教育内容,通过各种形式,把教育工作渗透到建立社会主义市场经济体制,促进经济持续、快速、健康发展,推动社会全面进步的各个环节中去,引导党员自觉经受锻炼,积极建功立业。

党员教育工作必须坚持重在建设,以立为本,要把坚持党性原则与适应发展社会主义市场经济的要求统一起来,充分调动广大党员的主动性、积极性、创造性,充分发挥他们的先锋模范作用。

二十二、党员教育工作的主要任务是什么?

党员教育培训的主要内容是:始终把中国特色社会主义理论体系教育放在首位,对广大党员进行党章和党的基本理论,党的基本知识,党的历史,党的路线、方针、政策和形势、任务的教育,以及法律法规和党风党纪教育,业务知识和技术技能培训。

广大农村、城市社区党员和各级各类学校学生党员的教育培训分别由其所在地乡镇党委、街道党(工)委和学校党组织负责组织实施,新经济组织和新社会组织党员的教育培训由其上一级党组织负责组织实施,每年至少进行一次,时间一般不少于16学时,其中党组织领导班子成员及新经济组织和新社会组织党建工作指导员一般不少于24学时。

村官素质修养提升必读

党政机关、国有企业和事业单位,以及金融机构党员的教育培训,由其所在单位党组织负责组织实施,每年至少进行一次,时间一般不少于24学时,其中党组织领导班子成员一般不少于40学时。

其他各类基层党员的教育培训,均按党组织隶属关系由其上一级党组织负责组织实施。

纳入各级党委干部教育培训范围的党员领导干部,除认真执行干部教育培训的有关要求外,要带头参加所在单位的党员教育培训。

二十三、党员教育的基本原则是什么?

(1) 坚持理论联系实际,加强教育的针对性,做到有的放矢。党员教育工作者要经常深入基层,及时掌握党员的思想动态,努力做到按需施教,注意把解放思想、认识问题同解决实际问题结合起来。

(2) 坚持以正面教育为主,正面灌输与自我教育相结合,采取启发式的教育方法和耐心说理、平等讨论、互教互学的民主方式,激发党员自我教育的积极性和主动性。不仅要多表扬先进,树立榜样,还要选择反面典型,引导党员吸取教训,警戒自己,努力在党内造成一种奋发向上的良好风气。

(3) 坚持分类、分层次施教。对不同类型、不同层次的党员,党组织要区别对待,分别提出教育的侧重点,采取不同的教育方法。对广大基层党员,要把适当的集中学习和轮训同自学结合起来,内容要少而精,方法要灵活多样,注重实效。

(4) 坚持加强教育同改进管理、严肃党纪相结合。继续探索融教育与管理、监督为一体的好方法。通过有效的组织管理,增强教育效果。还要坚持从严治党,严格执行党的纪律,增强党员的法纪观念,提高拒腐防变能力。

二十四、党员教育的方式方法有哪些?

(1) 基层党校轮训党员,是对党员进行教育的主要阵地,我们要认真总结经验,在巩固、提高和充分发挥作用上下功夫。要因地制宜地解决好党校专职(兼职)教员与管理人员的配备,以及教学条件等方面的问题,努力提高党校教员的素质。基层党校教育的内容,应更加切合实际,适当增加经济理论、经济知识和科学文化知识的分量。教育方式要更加开放和灵活,适当开展一些富有教育意义的实践活动,使基层党校教育更加丰富多彩。

(2) 定期上好党课。讲授党课,要紧密联系实际,针对党员普遍关心的问题,进行积极正确的引导,努力做到深入浅出,生动形象,增强吸引力。领导干部要带头讲党课。

(3) 坚持民主评议党员的制度。评议内容，应随形势的发展进行调整和充实，评议重点是党员在改革开放和现代化建设中的表现与作用。具体做法应从实际出发，简化手续，注重实效。

(4) 严格党的组织生活，实行党员目标管理，搞好经常性的党内活动。党的组织生活，要注意研究解决存在的突出问题，使党员真正从思想上受到教育和启发，要开展批评和自我批评，坚持积极的思想斗争，达到提高认识、增强团结、共同进步的目的。日常组织生活和教育活动，要根据生产、工作条件妥善安排，每次时间要短，内容要精，力求解决一两个问题。

(5) 围绕"两个文明"建设开展各种活动，如党员联系户、党员责任区、党员义务服务、党群共同致富等。这些活动要围绕经济建设这个中心，为搞好"两个文明"建设而服务，具体内容可以多种多样。每项活动都要脚踏实地，善始善终。

(6) 电化教育形象直观，感染力强，应继续用好这种手段，做好党员教育工作。当前，要加强对现有设备的管理和开发使用，着重在提高制片质量上下功夫。

(7) 运用大众传播媒介和各种社会教育手段，开展党员教育。党员教育刊物要紧密结合本地改革、建设的实际和党员的思想实际，突出思想性，扩大知识面，增强指导性和可读性。另外，要把报刊、广播、电影、电视、出版等有关部门的力量组织起来，发挥各自的优势，共同为党员教育工作作出贡献。

二十五、什么是党员管理？

党员管理是党组织按照党章和《关于党内政治生活的若干准则》及党内其他有关规定，通过一定的方式和手段，对党员的思想和行为进行规范和约束，使党员认真履行义务、正确行使权利。党员管理分为广义和狭义两种。广义的党员管理包括：建立和健全党的组织，了解党员的思想、工作、学习情况，对党员进行教育，分配党员做适当工作，严格党员的组织生活，对党员监督、审查、鉴定表彰和处置不合格党员等。狭义的党员管理主要指：健全党的组织、转递党员组织关系、收缴党费、处置党籍和党员统计工作等。

二十六、党员管理的指导思想和基本原则是什么？

党员管理的指导思想是：高举邓小平理论伟大旗帜，认真贯彻执行党的基本路线，紧紧围绕经济建设这个中心，积极适应建立社会主义市场经济体制和社会主义现代化建设的需要，加强党员的教育、管理、监督，全面提高党员素质，增强党性，在建设有中国特色的社会主义事业中发挥先锋模范作用。

党员管理必须遵循以下基本原则：

（1）坚持从严治党的原则。首先，坚持党性原则。要在党内生活中讲党性、讲原则，使党员增强党员意识，自觉坚持党员标准。对那些不履行党员义务，徒有其名的党员，经过多次教育，仍不能改正的，要劝其退党，或者从党内除名。其次，严明党的纪律。维护和保障党纪的严肃性和权威性，坚持在纪律面前人人平等，不管是谁违反了党的纪律，都要按照党章的规定，给予应有的制裁。最后，建立严格的约束机制。要对党员特别是党员领导干部严格要求、严格管理、严格监督。

（2）坚持注重实效的原则。力求以较少的工作在最短的时间内取得最佳的预期效果，坚持党的基本路线，紧紧围绕经济建设这个中心开展工作，以充分发挥党员的作用。衡量一个地方或单位的党员管理工作做得如何，主要看实际效果，如看党员的素质是否提高，党性是否增强，能不能坚决贯彻执行党的基本路线，充分发挥党员的先锋模范作用，带领群众为本地区、本单位的经济发展和社会进步做出实绩。

（3）坚持制度规范的原则。不断健全和完善党员管理的各项规章制度，严格按照规章制度办事，运用规章制度来规范和约束党员的思想和行为，维护党内生活有序，关系正常。制度规范原则的主要内容是：制定和完善党员管理制度；保证制度的实施并加以检查；引导党员自觉地执行制度。

（4）坚持管理与教育相结合的原则。党员的思想教育和党员的管理是紧密相连的，二者同等重要，既不能分割，也不能偏废，继续探索融党员教育、管理和监督为一体的方法，建立制度，形成规范，通过有效的管理，增强教育效果。

（5）坚持继承与创新相结合的原则。新时期党员管理工作面临的新情况、新问题很多，在继承和发扬优良传统的基础上要不断根据新形势和新任务，积极创造出适应新情况、新问题的新方法和新途径。

二十七、党员管理的基本任务是什么？

按照党章的规定和现代化建设的要求，新时期党员管理工作的基本任务主要是：

（1）引导党员严格履行义务，保障党员充分行使权利。党章规定党员必须履行的八项义务是党组织对党员的基本要求，也是衡量一个党员是否合格的具体标准。党员充分行使党章规定的党员权利是党内民主的重要表现。切实保障党员权利的正确行使，可激发广大党员积极参与党内事务，充分发挥党员的先锋模范作用。

（2）组织党员参加党的活动。党章规定，党员的基本条件之一，就是"参加党的一个组织并在其中积极工作"。例如,参加党的组织生活,按期交纳党费,完成党组织分配的工作等。

(3) 严格党员组织关系和党籍管理。党员的组织关系是党员身份的证明,党籍是党员的资格。党员的工作变动是经常发生的,要及时按规定办理转移组织关系的手续。党员凭组织关系参加党的组织生活,发挥先锋模范作用。党员如果丧失了党员资格,应按规定对党员进行党籍处理。

(4) 保持党员队伍的纯洁性。任何时候,党员队伍中都会有落伍者,对于那些丧失了共产主义信念,不履行党员义务,已经不具备党员条件的不合格党员,应按照党章的规定,根据党员的不同情况,分别采取措施并进行严肃处理,以保持党员队伍的纯洁性。

二十八、党员管理工作的形式和方法有哪些?

(1) "三会一课"。所谓"三会",是指定期召开支部党员大会、支部委员会、党小组会;"一课"是指按时上好党课。

(2) 党员领导干部的双重组织生活会。根据党章和党内有关规定,各级党员领导干部既要参加所在党支部、党小组的组织生活会,又要参加定期召开的党员领导干部的民主生活会。

(3) "创先争优"活动。"创先争优"主要是指在党内开展争创先进党支部、争当优秀党员的活动。这是近几年来在广大基层党组织中广泛开展并行之有效的一种组织生活形式。

(4) 党员目标管理。党员目标管理是近年来各地在加强党员队伍建设中广泛采用的一种管理方法。所谓党员目标管理,就是基层党组织按照党章对党员的有关规定和要求,结合本单位的工作和党员个人的实际情况,制定出党员在一定时期内应当完成的目标,通过定期检查、考核来督促并激发党员更好地发挥先锋模范作用。党员目标管理是运用目标和责任机制来科学管理党员。

(5) 党员联系户。这是农村党员发挥先锋模范作用的一种有效形式。具体内容是,党的基层组织分配每个党员联系一户或几户农民,特别是贫困农民,向他们宣传党的方针和政策,从思想、生产、生活和技术等方面对他们进行帮助,解决农户的实际困难,带动他们勤劳致富,树立文明新风,带动农村面貌的改变。

(6) 党员责任区。这是企业或行业基层党组织,围绕生产经营任务,发挥党员先锋模范作用的一种有效形式。所谓党员责任区,就是党组织根据党员的工作岗位、工作性质、个人能力和活动范围,把需要党员承担和完成的各项工作任务有机地结合起来,以责任制的形式落实到每个党员,形成以一个或几个党员为主体，以一定数量的群众为对象，以一定区域为活动范围的党员责任区。在责任区内，党员以自己的模范行为，教育、影响和带动周围群众完成各项工作任务，帮助解决群众的思想、工作和生活难题，促进三个文明建设。

(7) 党员主题实践活动。党员主题实践活动是基层党组织在党员教育管理中，结合行业特点和本单位的工作实际，有目的、有计划地组织党员，围绕改革开放和经济建设而开展的一系列旨在增强党员党性，促进精神文明建设而开展的各种党内活动。开展党员主题实践活动，一要选好主题，二要建立载体，三要抓好骨干，四要加强管理。

(8) 谈心活动。同志之间比较深入的相互交谈是交流思想、交换意见的一种有效方式。谈心活动有集体谈心和个别谈心两种形式。谈心的目的在于沟通思想，统一认识，解决矛盾，互相帮助，增强团结，做好工作。谈心一定要以诚相见，以心换心，还要有搞好团结、解决问题的愿望和实事求是的精神。

二十九、党员管理工作有哪些内容？

党员管理大多以制度的形式来体现，主要有：

(1) 党员必须编入党的一个组织。党章明确规定："每个党员，不论职务高低，都必须编入党的一个支部、小组或其他特定组织，参加党的组织生活，接受党内外群众的监督。党员领导干部还必须参加党委、党组的民主生活会。不允许有任何不参加党的组织生活、不接受党内外群众监督的特殊党员。"

(2) 党员要参加党的组织生活。党的组织生活，主要指党员参加所在支部党员大会和党小组会，以及党员领导干部单独召开的民主生活会。党员必须在党的一个组织中过组织生活，这是加强对党员教育、管理和监督，促进党员发挥先锋模范作用的一项组织保证。

(3) 党员定期要向党组织汇报思想和工作。党员定期向党组织汇报自己的思想和工作情况，是党员接受党组织教育和监督的一种形式，便于党组织了解掌握党员思想和工作情况，也是有针对性地进行教育和管理的一种途径。

(4) 党员需交纳党费。党章规定："年满十八岁的中国工人、农民、军人、知识分子和其他社会阶层的先进分子，承认党的纲领和章程，愿意参加党的一个组织并在其中积极工作，执行党的决议和按时交纳党费的，可以申请加入中国共产党。"按期交纳党费，是共产党员对党组织应尽的义务，也是党员关心党的事业的具体表现。

(5) 民主评议制度。按照有关规定，党员定期开展民主评议，通过制度建设来加强对党员的经常性教育、管理和监督，这是从严治党、提高党员素质的有效方法。

（6）党员转移组织关系的制度。党员的组织关系，是指党员对党的基层组织的隶属关系。党员组织关系介绍信是党员政治身份的证明。党员因调动工作等原因需要从一个单位或地区到另一个单位或地区，按规定应转移党员正式组织关系。有关党组织只有接到其组织关系介绍信后，才能承认其党员身份，并将其编入一个支部，参加组织生活。

（7）党籍管理制度。党籍是党员资格。一名申请入党的同志，当他履行了入党手续，被批准为预备党员后就有了党籍。党籍，是一个人被承认为党员的依据。

（8）流动党员管理制度。随着改革开放和社会主义市场经济的发展，流动党员越来越多，加强对流动党员的管理，使他们在流动中能够及时参加党的组织生活，接受党组织的教育、管理和监督，发挥党员的先锋模范作用，是新时期党员管理的一个新课题。

三十、转移和接收党员组织关系凭证的使用范围是什么？

党员组织关系包括正式组织关系和临时组织关系。转移和接收正式组织关系，应当凭据中国共产党党员组织关系介绍信；转移和接收临时组织关系，应当凭据中国共产党党员证明信或中国共产党流动党员活动证。

党员外出地点或工作单位相对固定，外出时间6个月以上的，一般应当开具中国共产党党员组织关系介绍信；外出时间6个月及6个月以内的，一般应当开具中国共产党党员证明信。外出地点、时间不确定的，一般应当持有中国共产党流动党员活动证。短期外出开会、参观、学习、实习、考察等，时间在3个月及3个月以内，无须证明党员身份的，可不开具党员组织关系凭证。

三十一、在转移和接收党员组织关系中，党组织的主要职责及对党员的要求有哪些？

（1）在转出党员组织关系上，党组织的主要职责是：

①教育督促党员按照规定及时转移组织关系，并如实填写党员组织关系凭证。

②建立转移组织关系党员基本情况登记制度，对临时外出的党员要采取适当方式与其保持联系。

③及时了解党员外出期间的表现，查验流动党员活动证记载的有关内容。

④及时掌握党员去向，与党员所在的地方或单位党组织保持联系。

（2）在接收党员组织关系上，党组织的主要职责是：

①认真查验转移党员组织关系凭证，为党员办理组织关系接收手续，及时将

党员编入党的一个组织,并加强对党员的教育、管理和监督。

②将接收党员的有关情况以适当方式及时反馈给转出组织关系的党组织。

③在流动党员活动证上如实填写党员参加党的组织生活、交纳党费、组织关系变更、民主评议情况等内容,并将相关材料转给其正式组织关系所在党组织。

④对于因工作需要、经济条件等原因不能回原所在党组织办理组织关系转移手续的党员,帮助其办理组织关系转移手续。

(3) 对党员的要求是:

①因工作、学习、生活等原因离开原所在党组织,要及时转移党员组织关系,在规定时间内到所去地方或单位党组织报到。

②短期外出或外出时间较长但无固定地点的,应当通过适当方式主动与原所在党组织保持联系,汇报外出期间的有关情况,按照规定交纳党费。

③如果没有正当理由,连续六个月不参加党的组织生活,或不交纳党费,或不做党所分配的工作,就被认为是自行脱党。支部大会应当决定把这样的党员除名,并报上级党组织批准。

三十二、流动党员活动证使用制度有哪些内容?

(一)《流动党员活动证》的适用范围

《流动党员活动证》适用于短期外出(6个月以内),或长期外出但暂时无法转移组织关系的党员。

《流动党员活动证》是流动党员参加党的活动的凭证。党员可持证在外出所在地或单位党组织(基层党委、总支或支部,下同)参加党的组织生活,交纳党费,但不享有表决权、选举权和被选举权。

(二)《流动党员活动证》的制发

《流动党员活动证》由省、自治区、直辖市党委组织部按中央组织部制定的统一式样印制,印制点由省(自治区、直辖市)统一确定,并加强管理。《流动党员活动证》由基层党委加盖印章后登记发放,农村由乡镇党委发放,城市分别由机关党委(工委)、企事业单位党委和街道党委(工委)发放。《流动党员活动证》应妥善保管,不得私自涂改,不准将其用于使用范围以外的其他活动,如有遗失应及时向签发单位党组织报告。

(三)《流动党员活动证》的使用

原所在党组织应做到:①对外出党员进行教育并提出要求,按规定登记发放《流动党员活动证》。②通过适当方式与党员继续保持联系,了解党员外出后的思想、工作情况,及时向外出党员通报党组织的重要情况。③党员返回后,认真查验《流动党员活动证》内记载的有关内容,详细了解党员外出期间的表现。

党员外出后不按规定将《流动党员活动证》交外出所在地党组织，无正当理由连续6个月不参加党的组织生活，或不交纳党费，或不做党所分配的工作的，按党章有关规定办理。

外出所在地党组织应做到：①对持有《流动党员活动证》的外来党员，验证后及时接收并将其编入党支部、党小组，同时报上级党组织备案，不得借各种理由拒绝接收。②安排他们参加党的组织生活和其他党内活动，收缴党费，并分配他们做适当工作。③认真填写《流动党员活动证》内的有关内容。

流动党员应做到：①外出前向所在党支部报告。②外出后及时将《流动党员活动证》交给外出所在地党组织，接受外出所在地党组织的教育管理。③外出期间按照党员标准严格要求自己，积极参加党的组织生活，按规定交纳党费，完成党组织交给的任务，发挥党员的先锋模范作用。④外出返回后，及时将《流动党员活动证》交党组织查验，如实向党组织汇报外出期间的情况。

三十三、发展党员工作的方针和原则是什么？

党的基层组织是党的全部工作和战斗力的基础，是宣传和执行党的路线、方针、政策，加强对党员的教育、管理和监督，团结、组织党内外干部和群众努力完成本单位工作任务的战斗堡垒。为了充分发挥这种重要作用，基层党组织必须经常吸收新鲜血液，不断发展壮大党的队伍。基层党组织的任务之一，就是要经常不断地教育和培养出认真贯彻执行党的基本路线，诚心诚意为人民谋利益，带领群众为经济发展和社会进步做出实绩的先进分子，在他们具有入党要求并具备党员条件时，及时地把他们吸收到党内来。如要切实有效地做好这项工作，就必须掌握发展党员工作的方针和原则，并明确此项工作的程序，具体如下：

1. 发展党员工作的方针

发展党员工作的方针是坚持标准，保证质量，改善结构，慎重发展，简称"十六字方针"。

（1）坚持标准。发展党员必须严格坚持党章规定的党员标准，任何单位和个人不能降低标准，更不得另立标准。

（2）保证质量。在工作上要正确处理好数量与质量、需要与可能的关系，把质量放在第一位。

（3）改善结构。在发展新党员工作中，要注意使结构合理。逐步改善党员队伍的结构和分布，以利于更好地发挥党员的先锋模范作用。改善结构包括改善年龄、文化结构和职业分布。

（4）慎重发展。发展新党员必须按照党章规定，坚持个别吸收原则，严格履行入党程序，成熟一个发展一个，防止把不具备党员条件的人吸收到党内来。

2. 发展党员工作的原则

（1）入党自愿和个别吸收原则。有了入党要求，自愿提出入党申请，经过党组织的培养和考察，确实具备党员条件，才能被吸收入党；党组织要坚持逐个培养考察，逐个履行入党手续。支部大会和党委会在讨论接收新党员时，要进行逐个讨论和表决。在坚持入党自愿和个别吸收的原则过程中，防止突击发展和"关门主义"的现象发生。

（2）科学规划原则。依据组织建设的需要，入党积极分子成熟情况，在调查研究的基础上，对发展工作制定长远规划，减少盲目性和随意性。对发展计划，每年年初上报一次，党委半年研究调整一次。

（3）责任追究原则。对组织发展工作必须明确责任，实行目标管理，对把队伍带少了、带老了、带丢了，任期内没有发展党员或违规发展党员的支部书记必须追究责任。

（4）总量控制原则。发展党员要适当控制数量，切实提高质量。在保证质量的前提下，各基层党委要根据全县的发展总量，科学规划本单位的发展数量，既不搞关门主义，又不搞突击发展，防止盲目追求数量、大起大落。

（5）突出重点原则。发展的重点就是党力量薄弱的单位、农村、新经济组织、新社会组织、各类社会团体，要在优秀的工人、农民、知识分子及其他社会阶层的先进分子中加大发展工作的力度。但也不能以突出重点为由，忽视其他行业和阶层，防止形成新的死角。

（6）常抓常议原则。发展党员是集党员的教育与管理为一体的一项重要工作，是提高党员素质、保证党员发挥先锋模范作用的重要环节。它是各级党组织的一项基本职能，必须作为经常性的工作来研究、部署、落实，而不是集中发展、突击发展。

三十四、如何做好入党积极分子阶段的工作？

（一）申请人递交入党申请书

申请入党条件：党章规定，"年满十八岁的中国工人、农民、军人、知识分子和其他社会阶层的先进分子，承认党的纲领和章程，愿意参加党的一个组织并在其中积极工作、执行党的决议和按期交纳党费的，可以申请加入中国共产党"。申请人要亲自向党支部写入党申请书。如特别有困难的，也可以口述由他人帮助代写，但要说明不能亲自书写的原因，并经申请人签名盖章后交给党组织。

入党申请书主要内容：第一部分是写对党的认识，入党动机及对待入党的态度；第二部分是对本人的自然情况、个人简历，以及思想、工作、生活作风等方面进行全面的总结；第三部分是写清楚家庭成员和主要社会关系的政历情况。

申请书的递交与保管：申请人应及时将入党申请书递交给党组织。一般应递交给支部书记或组织委员，也可以由党小组组长递交党支部。党组织对申请人的申请书要妥善保管。在党支部有关人员工作变动时，要及时移交，严防丢失。当申请人调动工作的时候，党组织要及时将申请书移交给新单位的党组织。申请入党的人向本单位党组织递交入党申请书后，如无特殊情况，不必重复写入党申请书，可以书面或口头方式向党组织汇报自己的思想和工作情况，主动争取党组织的教育和帮助。

（二）确定入党积极分子

支委会根据申请人情况及党小组提名，确定入党积极分子。支部建立入党积极分子档案（包括申请书、入党积极分子登记表、入党积极分子考察表、思想汇报等），填写入党积极分子名册上报党委备案。而且拟确定为积极分子的人员必须在本单位、本支部进行公示，时间不少于7天。此外，在确定培养人方面，培养人必须由两名正式党员担任，对于重点培养对象，党支部的委员可直接负责培养。培养人一般是今后的入党介绍人。

（三）入党积极分子的培养、教育和考察

培养教育方式：①参加党委的集中培训，在支部上党课，列席接收新党员支部大会，参加新党员宣誓仪式和党内其他有关活动。②进行个别谈话，了解思想、学习、工作情况，帮助入党积极分子克服缺点不足。③分配一定任务，提出具体要求，在实际工作中加以培养锻炼。④引导入党积极分子学习政治理论和业务知识，以提高他们的政治思想觉悟和业务能力。⑤要求入党积极分子经常向党组织汇报自己的思想和工作情况，每季度至少书面汇报一次，汇报要求实事求是。

教育内容：马列主义、毛泽东思想、邓小平理论、"三个代表"重要思想等党的基本知识和社会主义荣辱观、科学发展观、社会主义新农村建设等基本内容。

定期考察：入党积极分子要填写好入党积极分子考察表，各项内容要真实准确。考察主要内容包括，政治觉悟、思想品质、入党动机、工作学习情况和现实表现。党支部对积极分子每半年考察一次，如因积极分子工作变动，党组织要及时把考察表移交到积极分子新单位的党组织。考察要切实记载，依次及时、具体地反映被培养人的特点，切忌泛泛而谈，要肯定成绩，指出不足。对于考察不合格者要及时调整出积极分子队伍。

三十五、如何做好党员发展对象阶段的工作？

按照规定，新党员应在发展对象中吸收，发展对象是入党积极分子的延续。

(一) 发展对象基本条件

经过党组织一年以上培养教育的入党积极分子，政历清楚，对党有正确的认识，入党动机端正，作风正派，工作认真，能严格要求自己。

(二) 确定发展对象的程序

(1) 所在党小组讨论推荐，培养联系人推荐，征求党内外群众意见。28岁以下的青年一般要经团组织推荐（以上工作进行时间不分先后）。

(2) 支委会讨论确定。

(3) 在本单位、本支部进行公示。

(4) 报党委审批备案。

(三) 入党积极分子被列为发展对象后党组织应做的工作

党组织应继续加强对发展对象的培养教育，对发展对象进行政治审查，对其现实表现继续进行考察（沿用入党积极分子考察表），并组织他们进行入党前短期集中培训。之后，入党积极分子参加统一考试，考试不合格者不得入党。

(四) 对发展对象进行政治审查

根据规定，凡没有经过政治审查的不能发展入党。

政治审查主要内容：申请人对党的路线、方针、政策的态度，以及本人的政治历史和在重大事件中的表现；直系亲属和主要社会关系的职业、政治面貌、政治历史表现和现实表现以及与本人的关系等。直系亲属主要是指父母、配偶、子女、养父母、养子女及长期与本人一起生活关系密切的其他亲属，如祖父母、外祖父母、岳父母（公婆）、兄弟姐妹等。主要社会关系是指伯、叔、姑、舅，以及不在一起生活的岳父母（公婆）、祖父母、兄弟姐妹和关系密切的朋友、同学、同事、同乡等。

政治审查方法：同发展对象本人谈话；查阅有关档案材料；找有关单位和人员了解；函调和外调。

函调和外调方法的使用：本人反映与组织掌握一致的，不必外调和函调。函调和外调的问题必须是直接影响发展对象能否入党的问题；函调和外调必须按有关规定办理必要的手续。

(五) 对发展对象入党前进行短期集中培训

根据规定，没有经过培训的，除个别特殊情况外，不能发展入党。

培训内容：重点是马列主义、毛泽东思想、邓小平理论、"三个代表"重要思想等党的基本知识，社会主义荣辱观，科学发展观，社会主义新农村建设等基本内容。

培训要求：须进行短期集中培训，时间为5~7天（或不少于40个学时）；发展对象的集中培训可与入党积极分子培训、预备党员培训同时进行。培训一般由基层党委或县委组织部统一负责。

（六）填写《发展党员序列材料》

内容包括：申请书和自传；党小组讨论情况；党外群众测评和座谈；家庭主要成员及主要社会关系政审登记；其他相关材料；推优材料；计划生育情况。

（七）填写《入党志愿书》

填写《入党志愿书》的前提：发展对象已经具备了党员条件；支部事先要征得上级党委同意。

填写《入党志愿书》的注意事项：支部负责人或支部组织委员要向申请人讲清楚填写方法和注意事项；《入党志愿书》必须要由本人填写，如因文化较低或生病、残疾，本人不能填写而请人代填的，本人要口述填写内容，签名盖章注明日期，并写明本人不能填写的原因。

填写《入党志愿书》：①"入党志愿"栏：应着重写本人对党的认识，实事求是地写出思想发展和变化过程，以及自己入党的决心等。②"本人经历"栏：一般从上初中时填写，要注意时间的衔接，注意不要遗漏，重要经历要写上证明人。③"家庭主要人员情况"栏：同发展对象政治审查内容。④"主要社会关系情况"栏：同发展对象政治审查内容。⑤"对党还有哪些需要说明的问题"栏：主要填写本人需要向党说明而在其他项目中没有反映出来的内容。⑥某些项目没有内容可填时，应注明"无"。⑦填写入党介绍人意见：在本人填写《入党志愿书》之后，支部大会之前进行。⑧确定入党介绍人：入党介绍人由发展对象自己约请，或由党组织指定。由党组织指定的，也要经本人同意，不应硬性指派。

（八）召开支委会

会前准备：①广泛征求党内外群众对发展对象的意见。②由支部书记或组织委员同发展对象谈话，进一步了解其对党的认识、入党动机，以及其他需要了解的情况。

支委会内容：①听取入党介绍人关于发展对象的情况汇报。②对发展对象填写的《入党志愿书》和有关问题进行审查。③审查结束后，非支委的入党介绍人退会，由支委讨论确定是否同意发展对象入党。④研究决定支部大会召开日期，并安排人员做支部大会的准备工作。

（九）综合报告

综合报告是党支部对发展对象全面审查考核的结论性材料，是党委审批党员的重要依据。因此，反映的现实表现要具体、真实。

综合报告的内容：①申请人基本情况，提出申请、列为积极分子、定为发展对象的时间，参加培训的时间、次数、成绩等情况。②申请人政治历史。③征求党内外群众意见的情况。④申请人入党动机。列为入党积极分子以来的主要表现和是否具备入党条件的审查意见。

（十）序列材料和《入党志愿书》等材料的填写说明

不需要本人填写的材料，由支部安排专人负责整理填写。而且要用碳素墨水钢笔或黑色签字笔书写，不得使用圆珠笔、铅笔书写。各类印章也要齐备。

三十六、如何做好预备党员接收阶段的工作？

（一）召开接收预备党员的支部大会

会前准备：通知全体党员，告知会议的时间、地点和内容；向因事、因病或外出确实不能按时参加会议的党员征求意见；清点到会人数（含征求意见数），指派专人记录。党委要派专人参加支部大会。

会议程序：①党支部书记担任会议主持人，宣布开会，报告出席会议的党员人数，提出会议议题及开好会议的具体要求。②申请人宣读志愿书，汇报自己对党的认识，入党动机及本人的主要优缺点，介绍本人经历和家庭成员、政治面貌主要社会关系等情况。③入党介绍人介绍对申请人的培养、教育、考察情况，并表明是否同意做其入党介绍人。④党小组发表意见，介绍申请人的表现并表明态度。⑤支委会向支部大会进行综合报告，报告对申请人审查的情况，并征求党内外党员群众意见情况。⑥到会的党员对入党申请人是否具备入党条件充分发表意见。⑦申请人对支部大会讨论的情况表明自己的态度，对讨论中党员提出的有关问题进行实事求是的解释。⑧有表决权的正式党员，采取无记名投票的方式进行表决，赞成票必须超过应到会有表决权党员数的半数以上，方为通过。大会讨论表决接收预备党员时，申请人不必回避。⑨党支部书记对支部大会情况作简要总结。

召开接收预备党员的支部大会注意事项：①保证出席人数，尽量做到全体党员都参加。实到会有表决权的党员要超过应到会有表决权的党员人数一半以上，支部大会方可举行。为了确保参会人员的比例，结合当前实际，属以下五种情况不能参加大会的党员，经党委同意，并经党员大会通过，可不计算在应到会人数之内：一是患有精神病或其他疾病导致不能表达本人意志的；二是自费出国半年以上的；三是虽未受到留党察看以上党纪处分，但正在服刑的；四是年老体弱卧床不起和长期生病，生活不能自理的；五是工作调动、下派锻炼、蹲点、外出学习或工作半年以上等按规定应转走正式组织关系而没有转走的。②入党申请人、入党介绍人必须自始至终参加大会。若申请人或两名介绍人因故不能参加，支部大会应改期召开。入党介绍人必须要投赞成票，否则不能作为介绍人。③表决要在有表决权的正式党员中进行，赞同票数超过应到会有表决权的正式党员的半数，接收申请人为预备党员的决议有效。如果刚好半数或少于半数，决议无效。因故不能到会的正式党员，凡会前正式向支部提出书面意见的，应统计在票数之内。支部大会表决后才提出书面意见的视作无效。④讨论两名以上的人员入党应当逐个表决。⑤支部要指定专人做好会议记录，要写清会议时间、地点、内容、主持人、记录人、党员总数、实际出缺席党员名单、参加会议预备党员和群众代表名单、会议讨论情况、表决形式及结果等。

填写支部大会决议：①支部大会通过吸收申请人入党后，应及时将决议填入《入党志愿书》有关栏目内。填好支部名称并加盖党支部印章，支部书记签名盖章，日期与支部大会时间要一致。若同意接收发展对象为预备党员，则应及时上报上级党组织审批，否则由支部保存备案。②决议的主要内容有：入党申请人的基本情况（支部大会对入党申请人的意见，如优缺点）；表决情况（支部大会党员应到人数、实到人数，其中有表决权的党员人数、赞成票、反对票和弃权票各多少）。

（二）党委初步预审

党委认真审阅汇总后的有关材料，并提出修改、完善意见，要求支部按意见尽快修改、完善。

（三）县委组织部预审

基层党委将发展对象的《入党积极分子考察表》、《发展党员序列材料》、《入党志愿书》报县组织部预审，县委组织部预审合格后进行谈话或委托谈话。谈话合格后建议党委审批。

（四）基层党委审批

审批前的准备工作。审查《入党志愿书》及有关材料，通知每个党委成员开会的时间及审批对象的基本情况等。

坚持集体讨论，逐一审批。党委（总支）集体讨论审批预备党员时，参加会议的党委（总支）委员必须超过应到委员的半数，否则形成的决议无效。如果在同一次会议上讨论审批两个以上预备党员时，应逐个审议和表决。

及时讨论，按时审批。党委审批预备党员必须在党支部通过的接收预备党员决议上报后三个月内讨论审批，无故超过规定时间的应退回原报批党支部，在复议后再进行审批。如遇特殊情况可适当延长审批时间，但不得超过六个月。超过规定期限的，应重新履行入党手续，包括重填《入党志愿书》。经过上级党组织审批的预备党员，其预备期从支部大会通过之日算起。

（五）入党宣誓

支部接到党委批复后，应及时召开支部大会，举行新党员宣誓仪式：

（1）入党宣誓仪式，由基层党委或党支部（党总支）组织举行。由党支部举行的入党宣誓仪式，上级党组织应派人参加，可在"七一"集中举行。

（2）预备党员入党宣誓，应在上级党组织批准接收预备党员后及时进行，时间不宜拖得太久。

（3）可以吸收部分入党积子参加宣誓仪式。

（4）举行入党宣誓仪式要严肃认真，会场要布置的庄重、简朴，主席台正中悬挂党旗和"入党宣誓大会"的横标。

（5）入党宣誓的程序：唱（奏）国际歌；预备党员面向党旗，举起右手握拳过肩，在领誓人逐句领读下，跟读誓词。读完誓词后，宣誓人自报姓名（可逐个报姓名，也可一起报各自姓名）；党组织负责同志讲话；预备党员、党员、入党积子代表分别发言。

（6）入党宣誓仪式要组织的严密紧凑，所有的讲话发言都要简要，时间不宜过长。

（7）预备党员预备期为一年，从支部大会通过之日算起预备党员不能提前转正，不宜评为优秀党员，除没有表决权、选举权、被选举权以外，其他权利及义务同正式党员一样。

（8）宣誓结束后，一般是支部书记、组织委员找新党员谈话，提出要求，将其编入党小组，参加以后的组织生活。

三十七、如何做好预备党员的教育、考察和转正阶段的工作？

预备党员必须经过一年预备期的教育考察，才能转为正式党员。对预备党员的教育考察同样是保证新党员质量，把好"入口关"的重要环节。

（一）预备党员教育的内容

开展预备党员教育工作，既要与以往入党积极分子教育培训连贯起来，又要体现出作为预备党员教育的更高层次。因此，教育的内容虽基本相同，但在要求上应有所提高。

（二）教育的方法

经常性教育：党组织要有计划、有目的地进行持续的教育活动。首先，党支部应将他们编入党小组，让他们参加党的组织生活。其次，培养联系人要经常与他们谈心，并进一步考察、了解他们的思想状况、入党动机和政治素质等。最后，预备党员定期向党组织汇报工作学习情况，党组织要督促教育他们按照党员标准严格要求自己，对存在的缺点及时批评指正。

集中教育：一般主要由基层党委集中时间、集中人员开展有针对性的短期培训。

实践教育：党组织有意识地给预备党员分配适当工作，加强与人民群众的联系，增强党员意识。

自我教育：即要求预备党员自觉地学习有关理论和知识。

（三）预备党员考察的内容

内容包括：政治思想品质及工作态度；执行党的路线、方针、政策的情况；履行党员义务的情况；在实际工作中发挥作用的情况；是否符合党员条件。

（四）预备党员考察的措施和手段

培养联系人：培养联系人一般是入党介绍人，也可以是其他正式党员。

实践锻炼：党组织分配一定任务，在实际工作中加以培养锻炼。

思想汇报：预备党员一般每季度向党支部汇报一次思想情况，每半年向支部大会汇报一次情况。

组织考察：党支部要定期对预备党员进行全面考察，一般每季度一次，并填写《预备党员考察表》，并以此作为能否及时转正的依据。党支部对考察发现的问题，要及时批评教育，帮助改正。

（五）预备党员转正的程序

（1）本人提出转正申请：转正申请必须由本人提出，自己书写，提前两周交给所在党组织。确实不能自己书写的，可以口述，请人代笔，但要有本人签名或盖章。

（2）转正申请人内容：一是简况。说明自己何时被批准入党，何时预备期满，并正式向党组织提出转正申请。二是自己在预备期间的表现。对照党员标准，肯定成绩和进步，找出差距并实事求是地说明有关问题。三是今后的努力方向，表明自己的决心。预备党员预备期满未提出转正申请，党组织要及时提醒，并根据不同情况，进行教育和处理。

（3）党小组讨论提出能否转正的意见。

（4）党组织征求党内外党员群众的意见。

（5）支委会审查。

（6）在本单位、本支部公示，时间不少于7天。

（7）支部大会讨论表决。其程序是：①申请转正的预备党员宣读申请报告。②党小组介绍预备党员表现情况和小组意见。③支委会介绍教育考察情况，提出意见。④与会党员充分发表意见。⑤采取无记名投票的方式进行表决，作出决议。决议包括，预备党员在预备期间的表现、支部大会讨论的情况、应到实到党员人数、应到实到有表决权党员人数、表决结果。⑥申请转正的预备党员对支部大会讨论的意见或表决结果表明态度。

报上级党委审批。党委审批党支部上报的预备党员转正的决议，应在三个月内进行，由党委集体讨论，表决决定。审批结果要及时填入申请转正人的《入党志愿书》，并通知党支部。

（六）延长预备期与取消预备党员资格（程序同上）

延长预备期：预备党员预备期满后，仍不完全具备党员条件的，经支部大会讨论，可延长其预备期半年到一年，并报党委批准。需要延长预备期的一般有以下几种情况：①入党时有某些缺点，在预备期间转变不明显，不完全具备党员条件，但本人愿意接受党组织的教育和考察，决心按照党员标准去做的。②入党时基本具备党员条件，但入党后不能严格要求自己，在思想、工作、学习等方面出现一些较严重的缺点，经党组织指出后，愿意改正的。③入党后犯了一般性错误，本人检查认识深刻，下决心改正错误。④入党后虽一般表现尚好，但政治素质较差，党组织认为应该继续进行教育和考察的。

取消预备党员资格：预备党员丧失党员条件的，应取消预备党员资格，经支部大会讨论通过，报上级党组织批准。

（七）材料归档

预备党员转为正式党员后，基层党委应负责将《入党志愿书》及《发展党员序列材料》转入本人档案。对被取消预备党员资格的，基层党委应将有关情况在《入党志愿书》中填写清楚由党委保存。

三十八、党内表彰的基本要求有哪些？

党内表彰是各级党组织通过先进典型的示范作用，教育、引导、激励党组织和党员，充分调动各级党组织和党员的积极性，弘扬正气，加强党组织和党员队伍建设的有效手段。

党内表彰的基本要求：一是先进性。受表彰的先进集体和个人，要有鲜明的时代特征。党组织要表彰具有时代特点、高尚思想风范和道德品格的、能催人奋进、有很强的示范和导向作用的先进典型。二是时效性。党组织要根据形势和任务的要求，及时发现先进典型，并进行表彰、宣传。三是严肃性。在表彰对象的评选和考察中，党组织要坚持实事求是的原则，先进事迹力求真实、准确、具体、生动，不能人为地进行拔高，不搞一好百好。表彰对象要有广泛的群众基础，能够真正起到示范作用。四是规范性。表彰工作要在党委领导下，严格按规定程序进行，不得降低标准，随意设置表彰项目。

三十九、党内表彰的种类有哪些？

党内表彰一般包括：优秀共产党员、优秀党务工作者、优秀党委（支部）书记、先进基层党组织。

（一）优秀共产党员

优秀共产党员的基本条件是：认真学习马列主义、毛泽东思想、邓小平理论，模范执行党的路线、方针、政策和决议，具有坚定的共产主义信念；牢记党的宗旨，全心全意为人民服务；坚持党性原则，遵纪守法，廉洁奉公，敢于同不良现象作斗争；出色地完成本职工作，成绩突出；密切联系群众，在党员和群众中有较高威信。

表彰对象应是中国共产党正式党员。

（二）优秀党务工作者

优秀党务工作者的基本条件是：认真学习马列主义、毛泽东思想、邓小平理论，自觉贯彻执行党的路线、方针、政策，在政治上同党中央保持一致；热爱党务工作，在加强党的自身建设中，脚踏实地，有创新精神，在党的建设工作中取得比较突出的成绩；党性强，坚持原则，廉洁奉公，刚正不阿，敢于开展批评与自我批评，勇于同违犯党纪的现象作斗争；能够密切联系群众，全心全意为人民服务，受到党员和群众的信赖和敬重。

表彰对象是在各级党务工作部门和基层党组织从事党务工作的同志。

（三）优秀党委（支部）书记

优秀党委（支部）书记的基本条件是：认真学习马列主义、毛泽东思想、邓小平理论，自觉贯彻执行党的基本路线，献身社会主义现代化建设事业，带领干部、党员和群众开拓创新，艰苦创业，政绩突出，深受群众拥护；模范地贯彻执行民主集中制，领导班子团结协调；基层党组织作用发挥得好，坚持实事求是，讲实情，办实事，密切联系群众，有无私奉献的精神和埋头苦干的工作态度，勤政为民，清正廉洁。

表彰对象是各级地方党委和基层党委（支部）书记。

（四）先进基层党组织

先进基层党组织的基本条件是：坚决贯彻执行党的基本路线和各项方针、政策，在深化改革和发展社会主义市场经济中，本单位的各项工作取得显著成绩；坚持"两手抓、两手都要硬"的方针，全面落实党的基层组织建设的指导方针和基本任务，本地区、本部门党的建设工作成绩突出，党组织的战斗堡垒作用和党员的先锋模范作用明显；坚持民主集中制原则，领导班子团结、廉洁、公道正派，密切联系群众，得到党员和群众的拥护。

表彰对象是企业、农村、机关、学校、科研院所、街道社区、社会组织、人民解放军连队和其他基层单位成立的党的组织。

四十、党内表彰的权限是什么？

各级党组织表彰的对象由下一级党组织考察推荐，本级党组织审批。表彰对象是党员领导干部的，要按干部管理权限征求主管部门意见。

省、自治区、直辖市党委一般二至三年,地(市)党委一般一至二年,县(市、区)党委一般一年进行一次表彰活动。

党内表彰工作应在党内"创先争优"活动的基础上进行,要坚持走群众路线,自下而上,经过民主评选,组织认真考察和推荐,严格按标准审批。

四十一、党内表彰程序和被表彰者的评选办法有哪些?

(1)党内表彰工作的一般程序是:确定表彰范围,制发评选标准;推荐评选,确定对象;考察审批;做出表彰决定,宣传先进事迹等。

党内表彰是一项十分严肃的工作,推荐和评选工作一定要坚持标准,过细工作,严格把关。推荐和评选中要发扬民主,增加透明度,采取自下而上、自上而下相结合的办法反复筛选,在适当范围内广泛听取党内外群众意见,注重工作实绩和社会公论。要把推荐和评选过程,作为加强基层党组织建设、激励先进、鞭策后进、推动各项工作的过程,形成评先进、学先进、赶先进的局面。经验、事迹材料要认真核实,做到准确无误。

(2)评选表彰优秀党员的工作程序是:①搞好评比工作的动员。根据上级党委制定的优秀党员条件,召开支部党员大会进行评比动员工作,讲明评比的目的、意义、条件和方法。②个人总结。根据支部大会要求,对照优秀党员的条件,要求每个党员从思想、工作和学习方面,进行认真的总结,实事求是地总结经验,肯定成绩,找出不足。③召开党小组会。每个党员作自我总结,党员之间相互评议,根据优秀党员的条件民主推荐本支部的优秀党员。④党支部召开支委会并汇总各党小组推荐的优秀党员名单。根据多数人的意见,党支部提出本支部优秀党员候选人。⑤将推荐的优秀党员名单返回各党小组进行充分酝酿和讨论,广泛征求大家的意见。⑥党支部委员会根据党小组返回的意见,逐一讨论、研究确定优秀党员名单。⑦填写《优秀党员登记表》,整理先进事迹材料。属本支部表彰的优秀党员,党支部签署意见加盖印章后存档;属上级党委表彰的优秀党员,签署意见加盖印章后报上级党委审批。⑧优秀党员评选后,应及时召开党员大会进行表彰,号召全体党员向他们学习。

四十二、党员纪律处分有何规定?

按照党章规定,党的纪律处分有五种:警告、严重警告、撤销党内职务、留党察看、开除党籍。处分党员的程序如下:

1. 调查取证

(1)确定调查人员。调查人选要经支部委员会研究决定,由两名正式党员负责违纪党员的调查工作。

第四章 村官基层党务工作者素质修养

(2) 调查取证。由调查人员找违纪党员及有关人员进行调查取证，获取证言、证据。证言必须对事情发生的时间、地点、当事人，对事情发生的原因、经过、结果等具体情节讲清楚；一人一证、一事一证，每事要有两个以上证言；用钢笔或毛笔书写，证人要签名盖章。证据包括物证、书证、视听材料、证人证言、揭发检举人的陈述，违纪党员的交待、检查和申辩材料、鉴定结论、从司法部门取得的询问笔录、调查笔录等。

(3) 写出调查报告。调查报告的主要内容包括：标题、自然概况、立案根据、主要错误事实，用证言、证据说话，综述违纪党员犯了哪些错误、性质、后果、本人应负的责任和对所犯错误的态度，根据有关规定提出处理建议，并落款（单位、调查人签名盖章、年、月、日）。

(4) 写出与本人见面的材料。根据调查报告写出与本人见面材料，材料内容包括标题和主要错误事实。

(5) 调查材料要与违纪党员核实。由调查组将所认定的错误事实材料与本人核实，本人看后要写出是否属实的意见，并签名盖章。调查组对本人合理的意见应予采纳，必要时还应补充调查；对不合理的意见，调查组还应写出针对本人意见的说明材料。对拒不签署意见的，由调查组在见面材料上注明情况。参加见面的人应签名盖章，注明年、月、日。

(6) 报送审理。党支部应将调查报告、错误事实、见面材料、本人意见、调查组的说明及证据材料按审批权限逐级上报。

2. 履行手续

(1) 召开支部委员会，研究处分的初步意见，起草处分决定。处分决定的主要内容包括：标题、自然概况、主要错误事实（把所犯错误的时间、地点、情节、性质、后果、本人应负的责任写清楚）、历来表现和认错态度、处分意见（根据有关规定，提出给予何种处分）、党员表决情况、落款。

(2) 向全体党员通报违纪党员所犯错误事实，由党员酝酿处分意见。

(3) 召开支部党员大会，作出处分决定。主持人（党支部书记或纪检委员）清点和报告缺席人数（到会党员人数必须达到应到会党员人数的80%以上，违纪党员除特殊情况外应参加会议），宣布开会；说明大会议题和议程，简要介绍违纪党员所犯的错误事实；违纪党员作检查（所犯错误的事实经过、原因、对错误的认识和改正的决心）；到会党员对其帮助教育并提出处理意见（允许本人申辩）。如党员提出的处理意见与支部委员会起草的处分决定基本一致，就宣布支部党员大会决议草案，举手表决通过，形成正式处分决定；如果意见不一致，暂时休会，召开支部委员会研究修改处分决定草案，再复会宣布表决通过；如果仍不能形成决定，支部应写出支部大会情况报告，报告基本内容与处分决定相同，应将不同意见及其理由和表决情况详细阐述。支部大会应认真做好会议记录。

（4）支部党员大会通过的处分决定应交受处分的党员签署意见，然后按审批权限逐级上报。如受处分的党员拒绝在处分决定上签署意见，党支部仍可上报，但要在报告上注明这一情况。

（5）上报审批材料，履行审批手续。上报的材料包括：支部处分决定、本人对组织处分的意见、党委（总支）的处分意见、会议记录复印件（均应盖章）。

（6）上级机关对处分决定批复后，要召开支部党员大会宣布，并找受处分党员谈话，鼓励他吸取教训，认真改正错误，并将上级批复交给本人一份。

（7）材料归档。党组织应将上级批复、党支部处分决定（含总支、党委的处分意见）、与本人见面材料、本人对组织处分的意见、调查报告、本人检查交待材料，移送本人单位组织或人事部门存入本人档案。

（8）党组织在接到批准机关批复之日起，必须在一个月内填报（处分决定或批复执行情况报告表）呈送上级纪委。

3. 帮助教育

（1）指定专人负责帮教。由两名党员重点负责做受处分党员的思想转化工作。

（2）制定帮教措施，限定整改时间。

（3）定期考核写实，掌握其思想状况，帮助其克服消极情绪，认识错误，改正错误。

（4）经常向上级党组织汇报对受处分党员的考察和教育情况。

（5）做好留党察看处分的党员工作。留党察看期满后，本人应向党支部提出恢复党员权利的书面申请，经支部委员会讨论，支部党员大会通过，作出决定，报上级党委审批。

四十三、村官如何提升党性修养？

创优争先是巩固和拓展深入学习实践科学发展观活动成果的重要举措，让我们充分认识到，在新形势下，服务于基层的村官，如何提高自身党性修养，带头服务群众，显得尤为重要。

（1）进一步增强忧患意识和历史责任感。科学发展观的重要思想是指导我们加强新时期党的建设的基本方针，也是面向新世纪，对党员干部的素质提出的新的更高要求。学习实践科学发展观的重要思想，就要面对当今复杂的局势，创造性地解决发展中的新问题，不断推进现代化建设事业。

（2）坚定正确的理想信念，增强政治意识。事实证明，树立了坚定正确的理想信念，才能在错综复杂的情况下明辨是非、保持清醒头脑，才能经得住任何风浪的考验，站得稳、守得住，才有勇气和能力去排除万难夺取最后的胜利。我们应积极投身于建设有中国特色社会主义的伟大实践，在实践中坚定信念，以坚定的信念，始终保持奋发进取的精神状态去克服改革攻坚阶段的众多矛盾和困难，不断推进我国的社会主义现代化建设事业。

（3）发扬求真务实的工作作风，增强群众意识，坚持实事求是、从实际出发。切忌浮躁心态和急功近利的做法，立足实际，着眼长远，打好基础，树立正确的价值观，办实事，求实效，力戒形式主义，不做表面文章，不搞花架子，不弄虚作假、欺上瞒下。我们还要注重办事效果，把好事办实，实事办好，办出成效，真正使人民群众满意。

四十四、村官如何做到讲党性、重品行、作表率？

组织系统讲党性、重品行、作表率活动虽然告一段落，但讲党性、重品行、作表率作为一个永恒主题，在组织系统要长期坚持下去。

首先，树立正确的价值观、人生观，转变思想观念，做好角色转变。不少村官都是刚从大学的校门出来踏上了工作之路，一时间很难从学生的角色中转变过来，不管是做事还是生活都保留着学生时代的习性，树立正确的价值观、人生观是基本前提，再者一定要尽快做好角色转变，调整思想观念，尽快适应工作的各种需求，做到服务老百姓，服务人民这一伟大而繁重的工作。

其次，加强政治理论学习，提高服务农村的专业理念。俗话说得好，学习是永无止境的。学习是提高自身修养的必由之路，我们必须真正把学习当作一种责任、一种追求、一种境界，做到学习工作化，工作学习化。我们只有不断学习，才能更好地服务广大基层老百姓，带动村民富起来。

最后，真抓实干，在实践中出真知。作为一名村官一定要肯干，在干的过程中还要学会创新，结合本村的村情，将本村的有效资源得到合理的利用。

村官为当今农村工作的主体，我们应该不断提升自身修养，争取在广大的农村创造一片属于自己的事业天空，找到属于自己真正的社会价值。

四十五、加强党性修养，村官如何正确处理理想信念与现实差距的关系？

从近年的先进性教育、科学发展观到创先争优，无不闪烁着党性的光辉。理想信念作为党性修养的根基、安身立命的支柱，为我们开启了先进思想的大门，指引着我们坚定信念、艰苦奋斗、实事求是，在埋头实干中锤炼党性。但树立正确的理想信念并不是一件容易的事情，需要经过长期的努力甚至严峻的考验，是一个不断学习修养、实践提高、磨炼成熟的过程。理想信念与现实差距并不是一个统一体,有时二者会产生冲突,甚至是严重的冲突。例如,看到与自己处在同一序列的同志陆续走上了领导岗位,而自己却长时间"按兵不动",甚至是因环境、风气等因素,使一些原本没有希望的人获得了机遇的时候,最易出现浮躁心态。一方面是开始怀疑一切,遇事沉不住气,按不住火;另一方面又显得底气不足,精力消退,萎靡不振,给组织和群众一种不成熟的感觉,给自己一种不健康的情绪。此时我们必须接受理想信念的锻炼和考验,不断缩小与现实差距、组织要求之间的距离。调整好心态,保持崇高追求,直面现实问题,任何时候都不彷徨、不动摇、不懈怠。有功劳的时候不伸手、有苦劳的时候不计较、有疲劳的时候不抱怨,要相信组织的决策,是金子总会发光的。因此,正确对待理想信念和现实差距的关系也是党性修养成熟的一种标志。

四十六、加强党性修养,村官如何正确处理岗位职责与社会价值的关系?

充分履行岗位职责要求我们必须埋头苦干,这是成就一切事业所必须具备的基本态度,也是实现社会价值的最好方法和途径。在增强党性修养实践过程中,正确对待岗位职责和社会价值的关系时,实干显得尤为重要。这一理念要求我们,必须弯下腰、低下头,到实践中去、到群众中去,在实践的土壤中汲取营养,在苦干的风雨中锤炼摔打,珍惜自己从事的岗位,把岗位当作成就事业的重要舞台,对事业真心热爱、充满感情,精心谋事、潜心干事。坚持做讲原则、讲责任、讲奉献的"三讲"干部,强化自己求真务实、忠于职守的责任意识,不耽于幻想,不投机取巧,在思想上、行动上,当先锋、做表率,时刻以自己的言行团结和影响身边的同事,诚心诚意为群众服务。对于自己职责范围内的工作,领导交办的工作,以及其他同志需要帮助的工作,我们都应该认认真真、脚踏实地的尽力去做,努力成为一面旗帜,努力履行一份责任。牢记自己的党员身份,牢固树立我是党的一个"兵"的思想,用实际行动诠释共产党员的真正含义,努力实现社会价值的最大化。

四十七、加强党性修养,村官如何正确处理锐意进取与自身发展的关系?

个人要想取得进步,获得发展,就要摆正锐意进取与自身发展的关系。我们常说,路是自己走的,确实,每个人的路都不同,就看你怎样去想,是走一条锐意进取的新路,还是走一条因循守旧的老路,新路和老路是两种截然不同征程,对于自身的发展也会产生极大的影响。锐意进取的路可能荆棘遍布,雾霾苍茫,但在逆境中锤炼品质、磨砺意志、增长才华，增强克服困难的信心和能力却远比走无风无浪、一马平川的老路要有意义的多。锐意进取的路上要求我们埋头苦干、多干实事、不怕吃苦，要有一往无前的决心、大胆探索的勇气、只争朝夕的精神，把经受磨练作为人生的财富。特别是后备干部，如何对待后备时间问题，这本身就是一种考验。切不可错过一两次机会，就认为自己的一生成了"过去的一页"，就陷入一种顾影自怜的寂寞悲怆之中。能不能正确对待这份寂寞，是一个关键。战胜它，就能砥砺前行；沉溺其中，积极进取的精神就会迅速萎缩。一名成熟稳健的干部，要能耐住寂寞，能在创建开拓创新、求真务实、团结和谐、廉洁自律班子中发挥作用，只要对自己的信仰和价值追求矢志不渝，只要"我心依旧"、蓄势待发，必将迎来更多更好的机遇。

四十八、加强党性修养，村官如何正确处理坚持原则与亲情友情的关系？

我们每个人都有亲情、友情，而亲情观、友情观也能够折射出一个党员的党性原则，在事关全局、事关根本的原则问题上，必须立场坚定、旗帜鲜明、毫不含糊。中共中央政治局常委、中央纪委书记贺国强向年轻干部提出了"要慎独、要慎微、要慎情、要慎友"的"四慎寄语"，这"四慎寄语"是我们加强党性修养，始终为人民掌好权、用好权的重要保证。权力只可用于法，用于法则有效；权力不可用于私人之交谊，用于私人之交谊则绝对无效。党员领导干部讲亲情、友情是正常的，无可厚非。然而，党员领导干部的特殊身份、地位要求，在顾及亲情、友情时绝不能违背党性原则。党性原则是党员领导干部处理问题的行为准则，它有着鲜明的政策界限，明确的是非标准。在对待坚持原则与亲情友情上，我们必须小心谨慎，君子同道为友，小人同利为朋。良朋益友可以给你带来很多帮助，恶朋佞友却会给你带来许多麻烦。我们讲亲情、友情，要以严守党性原则为基础，以党的事业、人民的利益为前提。做事以事论，私交以私交论。做事论理、论法，私交论情。无视这一点，盲目讲亲情、友情就难免触礁翻船。

第五章　村官廉洁从政素质修养

一、为什么要实行党风廉政建设责任制？

1998年11月21日，中共中央、国务院颁发《关于实行党风廉政建设责任制的规定》。这是为维护和推进改革、发展，稳定大局，从制度上保证各级领导班子和领导干部对党风廉政建设和反腐败斗争切实负起领导责任而采取的一项重大举措。党风廉政建设责任制是一项具有全局性的党风廉政制度，是深入进行党风廉政建设和反腐败斗争的需要，是把党风廉政建设和反腐败斗争纳入法制轨道的重要保证。坚决反对和防止腐败，是全党一项重大的政治任务。要坚定信心，扎实工作，旗帜鲜明，毫不动摇地把反腐败斗争深入进行下去。加强教育，发展民主，健全体制，强化监督，创新体制，把反腐败贯彻于各项重要政策措施之中，从源头上预防和解决腐败问题。坚持和完善反腐败领导体制和工作机制，认真落实党风廉政建设责任制，形成防止和惩治腐败的合力。必须指出的是，在过去一段时期中，对各级领导干部在贯彻执行党风廉政建设的各项法规制度方面，缺乏明确的责任规定，对不履行责任的行为难以追究，而实行党风廉政建设责任制，作为整个党风廉政制度体系中的基础性制度，自然对于其他有关法规制度的贯彻落实起到重要保证作用。同时，党风廉政建设责任制具体体现了我们在党风廉政建设和反腐败斗争实践中形成的"党委统一领导，党政齐抓共管，纪委组织协调，部门各负其责，依靠群众的支持和参与"的反腐败领导体制与工作机制，为这个领导体制和工作机制的正常运行提供了制度保证。事实证明，建立和实行党风廉政建设责任制，有力地促进了党风廉政建设和反腐败斗争沿着法制轨道健康发展。

二、《中国共产党党员领导干部廉洁从政若干准则（试行）》对党员领导干部提出了哪些要求？从哪些方面禁止领导干部的不正当行为？

《中国共产党党员领导干部廉洁从政若干准则（试行）》（以下简称《廉政准则》）对党员领导干部提出了六个方面的要求：①在履行职权方面，党员领导干部要廉洁奉公,忠于职守,禁止利用职权和职务上的影响谋取不正当利益。②在经济活动领域,党员领导干部要严防商品交换原则侵入党的政治生活和国家机关的政务活动,禁止私自从事营利活动。③在维护公共财物方面,党员领导干部要遵守公共财物管理和使用的规定,禁止假公济私、化公为私。④在选拔任用干部方面,党员领导干部要遵守组织人事纪律,严格按照干部选拔任用工作的制度办事,禁止借选拔任用干部之机谋取私利。⑤在亲友及身边工作人员方面,对涉及与配偶、子女、其他亲友及身边工作人员有利害关系的事项,党员领导干部应当奉公守法。禁止利用职权和职务上的影响为亲友及身边工作人员谋取利益。⑥在发扬党的优良作风方面,党员领导干部要艰苦奋斗,勤俭节约,禁止讲排场、比阔气、挥霍公款、铺张浪费。

《廉政准则》从以下六个方面禁止党员领导干部利用职权和职务上的影响谋取不正当的利益:①不准索取管理、服务对象的钱物,即不准采取提要求、暗示等方式向接受管理、服务对象(行政机关的工作对象、司法机关和执纪机关查处的案件当事人、组织和人事部门的工作对象以及其他领导干部在部门和单位法定职责范围内管理和服务的对象)要钱要物。②不准接受可能影响公正执行公务的礼物馈赠和宴请,即不准接受管理和服务对象及其亲属的礼物馈赠和宴请。③不准在公务活动中接受礼金和各种有价证券,即在国内公务活动和对外公务活动中,不准接受用公款以各种名义(如各种会议的形式和名义)赠送的礼金和各种有价证券(包括现金和代币购物券、礼仪储蓄单、债券、股票及其他有价证券),以及接受个人赠送的可能影响公正执行公务的礼金和各种有价证券(同前)。④不准接受下属单位和其他企业、事业单位或者个人赠送的信用卡及其他支付凭证,其他支付凭证包括支票、汇票等支付凭证。⑤不准以虚报、谎报等手段获取荣誉、职称及其他利益,即不准以说假话、隐瞒事实真相等弄虚作假的手段夸大成绩、掩盖问题,欺骗群众、欺骗领导、欺骗上级,而获取荣誉、职称及其他利益。⑥不准用公款公物操办婚丧喜庆事宜,借机敛财,即不准用公款公物操办本人及家庭成员职务升迁、过生日、迁新居等喜庆事宜,以及借此之机收敛财物。

《廉政准则》从以下五个方面禁止党员领导干部为亲友和身边工作人员谋取利益:①要求或者指使提拔配偶、子女、其他亲友及身边工作人员;②用公款支付配偶、子女及其他亲友学习、培训的费用;③为配偶、子女及其他亲友出国(境)旅游、探亲、留学向国(境)外个人或者组织索取资助;④妨碍涉及配偶、子女、其他亲友及身边工作人员案件的调查处理;⑤为配偶、子女及其他亲友经商、办企业提供便利和优惠条件。同时提出,省(部)级以上领导干部的配偶、子女及其配偶,不准在该领导干部管辖的地区及管辖的业务范围内个人经商办企业和在外商独资企业任职。

三、《中国共产党纪律处分条例》认定贪污贿赂行为有哪些？

《中国共产党纪律处分条例》认定贪污贿赂行为有以下14条：

（1）党和国家工作人员或者受委托管理、经营国有财产的人员，利用职务上的便利，侵吞、窃取、骗取或者以其他手段非法占有公共财物；贪污党费、社保基金和救灾、抢险、防汛、优抚、扶贫、移民、救济、防疫款物。

（2）党和国家机关、国有企业（公司）、事业单位、人民团体，违反有关规定以单位名义将国有资产集体私分给个人的；执纪机关、行政执法机关、司法机关违反有关规定将应当上缴国家的罚没财物以单位名义集体私分给个人。

（3）党和国家工作人员或者其他从事公务的人员，利用职务上的便利，索取他人财物，或者非法收受他人财物为他人谋取利益。前款所列人员利用职务上的便利，变相非法收受他人财物为他人谋取利益。因受贿给国家、集体和人民利益造成重大损失；因索取财物未遂而刁难报复对方，给对方造成损失。

（4）党和国家工作人员或者其他从事公务的人员，在经济往来中违反有关规定收受财物或者各种名义的回扣、手续费，归个人所有的，以受贿论。

（5）党和国家工作人员或者其他从事公务的人员，利用本人职务上的便利，通过其他党和国家工作人员职务上的行为，为请托人谋取不正当利益，索取请托人财物，或者收受、变相非法收受请托人财物。

（6）党和国家工作人员退（离）休后，利用本人原有职权或者地位形成的便利条件，通过党和国家在职工作人员职务上的行为为请托人谋取利益，而本人索取或者非法收受、变相非法收受请托人财物。

（7）党和国家机关、国有企业（公司）、事业单位、人民团体，索取或者非法收受、变相非法收受他人财物，为他人谋取利益。前款所列单位，在经济往来中，在账外暗中收受各种名义的回扣、手续费的，以受贿论。因索取财物未遂而对下属单位、客户刁难报复，给对方造成损失。将索取或者非法收受、变相非法收受的财物合伙私分的，以受贿论。

（8）为谋取不正当利益，给予党和国家工作人员或者其他从事公务的人员以财物。在经济往来中违反有关规定，给予党和国家工作人员或者其他从事公务的人员以财物或者各种名义的回扣、手续费。因行贿给国家、集体和人民利益造成重大损失。

（9）为谋取不正当利益，给予党和国家机关、国有企业（公司）、事业单位、人民团体以财物，或者在经济往来中违反有关规定给予各种名义的回扣、手续费。

第五章 村官廉洁从政素质修养

（10）向党和国家工作人员或者其他从事公务的人员介绍贿赂。

（11）单位为谋取不正当利益而行贿，或者违反有关规定给予党和国家工作人员或者其他从事公务的人员以财物或者各种名义的回扣、手续费。

（12）党和国家工作人员或者受委托管理、经营国有财产的人员，利用职务上的便利，挪用公款归个人使用，进行非法活动，或者进行营利活动，或者超过三个月未还。挪用党费、社保基金和救灾、抢险、防汛、优抚、扶贫、移民、救济、防疫款物。挪用公款归个人使用时间不足三个月，但数额较大的。

（13）农村党组织、社区党组织、村民委员会、社区居民委员会等基层组织中的党员从事下列公务，利用职务上的便利，非法占有公共财物，挪用公款，索取他人财物或者非法收受、变相非法收受他人财物为他人谋取利益。具体有以下相关项目：

①党费、社保基金和救灾、抢险、防汛、优抚、扶贫、移民、救济、防疫款物的管理；

②社会捐助公益事业款物的管理；

③国有土地的经营和管理；

④土地征用补偿费的管理；

⑤代征、代缴税款；

⑥有关计划生育、户籍、征兵工作；

⑦协助人民政府从事的其他行政管理工作；

⑧依照党内法规从事党的纪检、组织（人事）、宣传等工作。

（14）党和国家工作人员或者其他从事公务的人员，其财产或者支出明显超过合法收入，差额较大的，可以责令其说明来源，本人不能说明其来源是合法的，差额部分以非法所得论。

四、针对新情况与新问题而对禁止利用职务便利谋取不正当利益作出了哪些新的规定？

2007年5月30日，中央纪委印发了《中共中央纪委关于严格禁止利用职务上的便利谋取不正当利益的若干规定》。该项规定对国家工作人员中的共产党员提出了八项严格的禁止性规定，即严格禁止国家工作人员中的共产党员利用职务上的便利为请托人谋取利益。这包括：以交易形式收受财物；收受干股；由请托人出资，合作开办公司或者进行其他合作投资；以委托请托人投资证券、期货或者其他委托理财的名义获取收益；通过赌博方式收受财物；使特定关系人不实际工作却获取所谓薪酬；授意请托人以本规定所列形式，将有关财物给予特定关系人；在职时为请托人谋利，离职后收受财物。中央纪委有关负责人解释说，该规定为有效查处权钱交易案件,提供了及时、有力的法规依据。这既是对党员干部的严格要求,更是对党员干部的关心、爱护,要求各级领导干部认真学习以上规定并引以为戒,自觉遵守。

五、党的反腐倡廉的重大战略决策的含义及意义是什么?其重点人群、根本、主题、目标是什么?应坚持哪四个方面的教育?

坚持标本兼治、综合治理、惩防并举、注重预防的方针,建立健全与社会主义市场经济体制相适应的教育、制度、监督并重的惩治和预防腐败体系,是党中央从完成经济社会发展的重大任务和巩固党的执政地位的全局出发,为做好新形势下的反腐倡廉工作而作出的重大战略决策。这一重大决策使我们党对执政规律和反腐倡廉工作规律的认识进一步深化,这是从源头上防治腐败的根本举措,对于提高党的执政能力、巩固党的执政地位具有极其重要的意义。

反腐倡廉教育要以领导干部为重点;以要树立马克思主义的世界观、人生观、价值观和正确的权力观、地位观、利益观为根本;以艰苦奋斗、廉洁奉公为主题;以立党为公、执政为民为目标。坚持四个方面教育是指:①党的基本理论、基本路线、基本纲领和基本经验教育;②理想信念和从政道德教育;③党的优良传统和作风教育;④党纪条规和国家法律法规教育。

六、如何理解"标本兼治、综合治理、惩防并举、注重预防"的反腐倡廉方针?

党的十七大对党章进行了重大修改,其中一条重要内容就是把坚持"标本兼治、综合治理、惩防并举、注重预防"的反腐倡廉方针写入党章,肯定了这一方针的地位和权威。

改革开放特别是党的十三届四中全会以来,我们党面临的反腐倡廉形势不断变化,党中央确立的反腐倡廉方针也在不断完善和发展。党的十四大确立了建立社会主义市场经济体制的目标,我国改革开放和现代化建设进入新的发展阶段。由于当时新旧两种体制转换加快,法制不健全,监督管理跟不上,消极腐败现象呈现滋生蔓延甚至泛滥的态势。针对这种情况,党中央果断作出了加大反腐败斗争力度的重大决策,确立了标本兼治、综合治理的工作方针,开展领导干部廉洁自律、查办违纪违法案件、纠正部门和行业不正之风的工作,侧重遏制正在发生的腐败现象,探索一条在不搞政治运动的条件下端正党风、反对腐蚀的新途径。

随着社会主义市场经济的发展和反腐倡廉工作的深入,治本的有利条件不断增加,党的十五大提出了"教育是基础,法制是保证,监督是关键,通过深化改革,不断铲除腐败现象滋生蔓延土壤"的要求。我们党确立了标本兼治、综合治理的方针，逐步加大反腐败工作力度，注重从源头上预防和治理腐败现象，出台了一系列推进体制、机制、制度改革的重大措施，开展党内监督，在派出巡视组等方面进行了探索。反腐败由侧重遏制转到标本兼治、综合治理，逐步加大治本力度的轨道上来，初步走出一条适合我国现阶段基本国情的反腐倡廉的路子。

进入21世纪，随着我国综合国力不断增强，经济体制不断完善，民主法制不断健全，精神文明建设不断加强，加大预防力度的条件基本具备，时机比较成熟。党的十六大认真总结十三年反腐倡廉实践，进一步提出"坚决反对和防止腐败，是全党一项重大的政治任务"，而把防止腐败摆到了十分重要的位置。党的十六届四中全会从加强党的执政能力建设的要求出发，确立了坚持标本兼治、综合治理、惩防并举、注重预防的方针。我们党在坚决惩治腐败的同时，进一步加大预防腐败的力度，坚持用发展的思路和改革的办法，从源头上预防和解决腐败问题，走出了一条中国特色反腐倡廉道路。

综观改革开放以来的党风廉政建设和反腐败斗争历程，可以看出，反腐倡廉方针由一开始的"侧重遏制"到"标本兼治、综合治理"，再到"标本兼治、综合治理，逐步加大治本力度"，最后到"标本兼治、综合治理，惩防并举、注重预防"，是我们党结合我国现阶段基本国情，不断总结历史经验，适应党的建设时代要求和反腐倡廉形势的变化，正确处理治标与治本、惩治与预防关系所作的历史选择，也是在发展社会主义市场经济条件下更好地防治腐败，推动反腐倡廉工作向纵深发展的必然要求。

贯彻"标本兼治、综合治理、惩防并举、注重预防"的方针，关键就是要正确认识和处理好惩治和预防腐败的关系。治标和治本、惩治和预防，是反腐倡廉相辅相成、互相促进的两个方面。坚决惩治腐败是我们党执政能力的重要体现，有效预防腐败更是我们党执政能力的重要标志。只有抓好从严惩治，才能有效遏制腐败现象的蔓延，为注重预防创造条件。只有抓好预防，才能巩固和发展反腐倡廉的成果，有效地解决腐败问题。急则治标，缓则治本。治标与治本、惩治与预防二者的地位和作用，取决于不同历史条件下反腐倡廉所面临的形势。在新的形势下，正确处理惩治和预防腐败的关系，就是要在坚决惩治腐败的同时，进一步加大预防腐败工作力度，推动反腐倡廉建设深入开展。

七、如何理解拓展从源头上防治腐败工作领域的要求？

在政治领域防治腐败，必须抓住正确行使权力这个关键，规范领导干部从政行为，加强对权力运行的制约和监督。一是要建立健全决策权、执行权、监督权既相互制约又相互协调的权力结构，把对权力的科学配置与对领导干部的有效监督结合起来，把事前监督与事中监督结合起来，把党内监督和党外监督结合起来，建立多层次、全方位的有效监督机制。二是要发展民主。党内民主是党的生命，要坚持和完善民主集中制，以保障党员民主权利为基础，以完善党的代表大会制度和党的委员会制度为重点，从改革体制、机制入手，建立健全充分反映党员和党组织意愿的党内民主制度，保障党员充分行使知情权、参与权、选择权、监督权。三是要严肃党的纪律特别是政治纪律。这是深化反腐倡廉工作的重要保证。政治纪律加强了，有利于中央政令的畅通，有利于科学发展观的贯彻落实，也有利于防止不正之风和腐败现象的发生。

在经济领域防治腐败，必须抓住防止谋取非法利益这个重点，禁止领导干部违反规定插手市场交易活动，发挥市场配置资源的基础性作用。中国特色社会主义事业的总体布局，最根本的是坚持以经济建设为中心，不断解放和发展社会生产力。发展是解决我国社会一切矛盾和问题的根本办法。社会主义市场经济体制的逐步完善，为防治腐败创造了有利条件。我们要坚持用发展的思路和改革的办法，建立健全正确的利益导向机制，逐步减少经济领域违纪案件的发生。发挥市场在资源配置中的基础性作用，规范市场秩序，推进行政审批制度、财政税收体制、投资体制和金融体制等改革，逐步减少权力寻租的机会。完善领导干部廉洁从政行为规范，防止利益冲突，认真解决少数领导干部官商勾结、投资入股、期权化等问题。认真做好治理商业贿赂专项工作，坚决纠正不正当交易行为，着力查处商业贿赂案件，积极探索防治商业贿赂的长效机制。

在文化领域防治腐败，必须抓住思想道德教育这个基础，通过建设社会主义核心价值体系，来加强面向全社会的廉政文化建设。反腐败是严重的政治斗争，也是文化和道德观念的较量。我们要牢牢把握先进文化的前进方向，加强社会主义思想道德建设，树立和实践社会主义荣辱观，大力推进廉政文化建设，筑牢拒腐防变的思想道德防线。加强党员干部廉政教育，引导广大党员干部自觉抵制拜金主义、享乐主义、极端个人主义等消极腐朽思想文化的侵蚀，树立正确的权力观、利益观、道德观、群众观，做到为民、务实、清廉。加强面向全体公民的廉洁教育，促使全体公民树立法律意识和廉洁意识，营造以廉为荣、以贪为耻的社会氛围。

在社会领域防治腐败，必须抓住维护群众利益这个根本，解决人民群众最关心、最直接、最现实的利益问题，建立健全利益协调、诉求表达、权益保障的长效机制。人民是创造历史的根本动力，要始终把最广大人民的根本利益作为全部工作的出发点和落脚点，更加注重维护人民群众的根本利益，更加注重依靠人民群众支持和参与，切实维护公平和正义，促进社会主义和谐社会建设。坚决反对和纠正各种损害群众利益的不正之风，着重解决关系群众切身利益的突出问题，严肃查处发生在群众身边、影响恶劣的案件，注意解决苗头性、倾向性问题。通过继续深化教育体制、医疗体制、安全生产管理体制等改革，来让人民群众共享改革发展成果。拓宽群众参与党风廉政建设的渠道，继续推行政务公开、厂务公开、村务公开，发展基层民主。重视专家学者的意见和建议，发挥社团、行业组织和中介机构在协调利益、反映诉求、化解矛盾等方面的作用。加强信访举报受理工作，重视检举线索，依法保护举报人。认真落实关于加强农村基层党员廉政建设的意见，为建设社会主义新农村提供有力保证。

总之，从源头上预防和治理腐败是一项社会系统工程，涉及政治、经济、文化、社会各个领域，其中权力是关键，利益是核心，道德是基础，群众是根本。我们要围绕党的先进性建设开展反腐倡廉工作，既要把握四个领域防治腐败的重点，又要妥善处理相互之间的关系，统筹兼顾，整体推进，逐步实现建设社会主义廉洁政治的目标。

八、为什么要正确认识反腐倡廉形势？当前反腐倡廉的形势如何？

科学判断反腐倡廉形势不仅是重要的工作评估问题，还是重大的政治问题，也是深入开展反腐败斗争的基础和前提。正确认识形势，有利于确定正确的路线、方针、政策和工作部署，有利于统一认识、统一思想，增强广大干部群众的信心。反腐败是复杂的政治斗争，如果大家的认识反差很大，就难以形成反腐败斗争的合力。只有对形势的认识正确了，才能理解我们党为什么作出这样的而不是那样的决策和部署，才能同心协力地深入开展反腐败斗争。总的来看，当前反腐倡廉的形势，可以概括为三点：

（1）反腐倡廉工作力度加大，成效明显。一是党风廉政建设和反腐败斗争取得新的明显成效，特别是在查办大案要案、深挖腐败分子、加强制度建设、强化对领导干部的监督、治理商业贿赂、纠正损害群众利益的不正之风等方面取得重要进展。二是随着社会主义市场经济体制不断完善，民主法治建设不断深入，预防腐败力度不断加大，群众对党员干部的举报逐年下降。三是人民群众对反腐倡廉工作的成效是认可的。据国家统计局最后对15个省（区、市）进行的民意调查，群众对反腐败工作的满意度、认可度逐年上升。四是国际社会对我国的反腐倡廉也给予了积极评价。近几年，透明国际组织公布的清廉指数，我国得分大幅度增长。

（2）消极腐败现象比较严重，反腐倡廉形势依然严峻。一是党员干部严重违法案件影响恶劣，极少数高级干部严重违纪违法案件时有发生，党政"一把手"的违纪违法问题比较突出。官商勾结、权钱交易的手段更加隐蔽，涉案金额大，案情复杂。有的利用职权为不法商人搞贷款、搞地皮、搞工程项目等谋取非法利益；有的以委托理财的名义获取非法利益；有的不法商人低价向领导干部卖房子，或采取借用、不过户等方式向领导干部及其亲属提供住房、汽车等；有的道德败坏，生活腐败堕落。二是一些领导干部作风不正。主要表现在形式主义、官僚主义、享乐主义和弄虚作假、奢侈浪费等问题上。有的违背科学发展，搞瞎指挥，造成重大损失；有的搞上有政策，下有对策，有令不行，有禁不止；有的弄虚作假，欺上瞒下，报喜不报忧，掩盖矛盾和问题；有的作风霸道，独断专行；有的高高在上，漠视群众疾苦；有的铺张浪费，违反规定搞豪华楼堂馆所，等等。这些问题虽然发生在少数领导干部身上，但严重败坏了党风政风。三是损害群众利益的问题依然比较突出。据国家统计局的最新调查，群众反映强烈的问题排在前几位的是看病贵、食品药品安全、征用土地中侵害农民利益、上学贵、打官司难等。四是反腐倡廉工作还有很大差距，存在一些薄弱环节。比如，有效防腐败的措施和办法还不够多，一些法规制度没有得到很好落实；纪律检查机关对新情况、新问题深入调查研究不够，工作机制和工作能力还不能完全适应反腐败斗争的需要。

（3）要增强信心，坚信我们党有能力把腐败现象遏制到最低程度。从这些年的实践来看，党中央反腐败的态度是坚决的，路子是正确的，党员干部的主流是好的，反腐倡廉的形势是越来越好，我们党完全有能力解决腐败问题。

我们党反腐倡廉的路子是正确的，党员干部队伍的主流是好的，反腐败斗争面临着许多有利条件。

总之，我们要按照中央的要求，既要树立忧患意识，居安思危，增强紧迫感，又要坚定信念，充满信心，树立长期作战的思想。有党中央坚强有力的领导，有这些年来积累的成功经验，有一支奋发有为的党员干部队伍，有广大人民群众的支持和参与，就一定能够把腐败现象遏制到最低限度。

九、如何理解在坚决惩治腐败的同时，更加注重治本，更加注重预防，更加注重制度建设？

"在坚决惩治腐败的同时，更加注重治本，更加注重预防，更加注重制度建设"是党针对当前我国反腐倡廉建设面临的新形势、新任务提出的新要求，旨在强调从根本上加强反腐倡廉建设，从源头上解决腐败问题，是对"标本兼治、综合治理、惩防并举、注重预防"十六字方针的进一步丰富和发展，反映了我们党对反腐倡廉规律性认识的进一步深化，是当前和今后一个时期加强反腐倡廉建设的基本要求。在这个基本要求中，坚决惩治腐败是"三个更加注重"的前提。"三个更加注重"，既有各自的内涵，又有必然的联系。贯彻落实这个基本要求，实质是坚持反腐倡廉方针，前提是坚决惩治腐败，要义是更加注重预防和治本，关键是更加注重制度建设。

贯彻反腐倡廉基本要求的实质是坚持反腐倡廉方针。反腐倡廉建设基本要求与反腐倡廉方针相比,尽管其表述形式有较大差别,外延有扩大,但"一个坚决"、"三个更加注重"进一步明确了反腐倡廉建设的工作目标和基本着力点,突出强调治标与治本、惩治与预防之间相辅相成、相互促进的辩证关系,充分体现了注重预防腐败的战略思想,其内涵和精神实质是与反腐倡廉方针完全一致的,是对十六字方针的进一步深化和具体化。因此,贯彻反腐倡廉基本要求的实质,就是要坚持标本兼治、综合治理、惩防并举、注重预防的方针,牢牢把握反腐倡廉建设正确的发展方向。在新的历史条件下,深刻理解和全面贯彻反腐倡廉的基本要求,关键在于把握两点:一是要把治标与治本、惩治与预防始终贯穿于反腐倡廉的全过程,做到两手抓、两手都要硬;二是要进一步加大预防腐败的工作力度,在有效预防腐败上取得新突破、积累新经验。只有做到、做好这两点,才能保证反腐倡廉建设始终沿着正确的方向健康发展、稳步推进。

贯彻反腐倡廉的基本要求必须坚决惩治腐败。坚决惩治腐败是加强反腐倡廉建设的前提和基础,也是当前形势下深入推进党风廉政建设和反腐败斗争的必然要求。

贯彻反腐倡廉的基本要求必须进一步加大预防腐败的工作力度。扬汤止沸不如釜底抽薪,注重预防才能从根本上遏制腐败。

贯彻反腐倡廉基本要求必须坚持以改革创新的精神加强制度建设。制度更具有根本性、全局性、稳定性和长期性。我们一定要按照依法治国、依法执政的要求,坚持以改革统揽防治腐败各项工作,将制度建设贯穿于反腐倡廉工作的各个方面和各个环节,积极推进制度创新,努力形成用制度管权、按制度办事、靠制度管人的体制机制,不断提高反腐倡廉的法制化水平。

在新形势下贯彻落实"三个更加注重"的要求,就是要继续坚持标本兼治、综合治理、惩防并举、注重预防的方针,完善惩治和预防腐败体系,拓展从源头上防治腐败的工作领域,形成全方位的防治腐败的战略屏障。我们要按照这个反腐倡廉建设的总体思路,努力实践,开拓创新,推动各项工作深入开展。

十、如何理解加强以完善惩治和预防腐败体系为重点的反腐倡廉建设?

加强以完善惩治和预防腐败体系为重点的反腐倡廉建设,可以从以下几个方面加以理解:

(1)从反腐倡廉工作到反腐倡廉建设,虽有两字之差,但意义深远,既是对反腐倡廉理论的重大创新,又是对反腐倡廉工作要求的重要提升。这意味着开展反腐倡廉不仅仅是一项一般意义上的业务工作，而是与党和国家大局密切相联的重大政治任务，是党的建设和社会主义建设事业的重要组成部分，这进一步表明我们党将从全局的视角和战略的高度把反腐倡廉作为一项经常化的建设工程，有目的、有规划、有步骤地向前推进，预示着反腐倡廉将实现由浅入深、由惩入防、从"破"到"立"、从全线突破到整体推进的重大转变，对反腐倡廉工作本身提出了新的更高要求。因此，必须从更高的角度、更深的广度来理解和推进反腐倡廉事业，建设性地开展工作。

（2）要把反腐倡廉建设放在更加突出的位置。党的十七大报告，提出了五大建设任务，把反腐倡廉建设与党的思想建设、组织建设、作风建设、制度建设并列提出，表明党中央把反腐倡廉的重要性提到了新的高度，进一步体现出我们党狠抓自身建设，坚持党要管党、从严治党，提高党的拒腐防变和抵御风险能力的坚定信心和坚强决心。一个执政党在执政过程中虽然把经济搞上去了，但如果自身腐败问题严重而又是无力克服，导致社会风气败坏，最终也会丧失民心，带来灾难性的后果。因此，越是改革开放，越是发展社会主义市场经济，越要大力加强反腐倡廉建设。在新的发展阶段，我们党要继续全面建成小康社会、发展中国特色社会主义，推动我国社会主义经济建设、政治建设、文化建设、社会建设全面健康发展，就必须把反腐倡廉建设摆在更加重要的位置，全面推进党的建设新的伟大工程，使党的领导更加坚强，党的执政能力不断提高，党的执政地位进一步巩固，为社会主义经济建设、政治建设、文化建设、社会建设提供坚强有力的政治保证。

（3）反腐倡廉建设的重点任务是抓好惩治和预防腐败体系建设。建立健全教育、制度、监督并重的惩治和预防腐败体系，是党中央从完成经济社会发展的重大任务和巩固党的执政地位的全局出发，为做好新形势下反腐倡廉工作作出的重大战略决策，对于推进反腐倡廉建设具有重大意义。抓好惩治和预防腐败体系建设是当前和今后一个时期开展反腐倡廉建设的重点任务和中心工作，必然坚持以改革和创新的精神，坚定不移地加以推进。建立健全惩治和预防腐败体系是一项复杂而艰巨的系统工程。要坚持党的领导，认真执行党风廉政建设责任制，完善领导体制和工作机制，形成全党动手一起抓的局面；要与完善社会主义市场经济体制的进程相适应，立足当前、着眼长远，贯穿于现代化建设各个方面；要紧紧抓住关键领域和关键环节，整体规划、分步实施，使教育、制度、监督、改革、惩治工作整体推进。通过长期不懈的努力，建立比较完善的拒腐防变教育长效机制、反腐倡廉制度体系、权力运行监控机制。

十一、加强反腐倡廉教育的重点是什么？

（1）加强对领导干部的理想信念教育、权力观教育和党纪国法教育。通过采取有力的措施，督促领导干部深入学习马列主义、毛泽东思想、邓小平理论和"三个代表"重要思想，深入学习科学发展观，深刻认识社会主义初级阶段的基本国情，始终坚持党的基本路线，坚定不移地走中国特色社会主义道路。坚持正确的政治方向、政治立场、政治观点，不断提高政治鉴别力和政治敏锐性，严守政治纪律；督促领导干部认真遵守党章和其他党内法规，模范遵守宪法和法律法规。坚持全心全意为人民服务的宗旨，牢记权力是人民赋予的，决不能用来谋取私利。要有针对性地开展岗位廉政教育，把廉政要求融入岗位制度建设之中，把廉政教育和岗位教育结合起来，针对不同岗位特别是领导岗位的工作特点，开展岗位廉政培训，切实发挥教育的预防作用。我们要把反腐倡廉教育贯穿于领导干部的培养、选拔、管理、使用等各个方面，特别要加强新任职领导干部的廉政教育和培训。

（2）针对党员干部思想和作风方面存在的突出问题，在全党深入开展党风党纪教育，坚持优良传统，弘扬新风正气，抵制歪风邪气，切实做到为民、务实、清廉。我们要深入开展示范教育，树立一批勤廉兼优的先进典型；深化警示教育，深刻剖析违纪法案件发生的原因，总结教训。我们还要改进教育方法，采用党员干部易于接受、乐于参加、丰富多彩的教育形式，使教育活动生动活泼，富有吸引力和感染力。

（3）面向全社会开展廉政文化建设，把思想教育、纪律教育与社会公德、职业道德、家庭美德教育和法制教育结合起来，推动廉政文化进社区、家庭、学校、企业和农村，增强全社会反腐倡廉意识。

十二、如何认识新形势下加强领导干部廉洁自律工作的意义？其工作重点是什么？

领导干部廉洁自律工作，是指通过建立起一套与社会主义市场经济发展要求相适应的领导干部廉洁从政行为准则和道德规范体系，强化对领导干部的教育和监督，引导领导干部筑牢思想道德防线，自觉贯彻落实廉洁从政的规定和纪律要求，真正做到正确行使党和人民赋予的权力，清正廉洁、克己奉公。这项工作是党中央确立的反腐败工作格局中的一个重要组成部分，对于防止党员干部腐化堕落、违法犯罪，提高领导干部的拒腐防变能力，从整体上推进党风廉政建设和反腐败斗争；对于全面加强领导干部作风建设，紧密联系党群、干群关系，提高党的执政能力，巩固党的执政基础；对于保证党的路线、方针、政策的贯彻落实，实现党的各项任务和目标，推动科学发展，促进社会和谐，都具有十分重要的意义。

中央纪委向党的十七大报告中提出的领导干部廉洁自律工作的重点，反映了当前领导干部廉洁自律方面的新情况与新问题。认真落实领导干部廉洁自律重点工作，对于解决当前领导干部廉洁从政方面存在的突出问题具有重要意义，必须准确理解，全面把握。

第一，认真贯彻中央纪委《关于严格禁止利用职务上的便利谋取不正当利益的若干规定》和最高人民法院、最高人民检察院《关于办理受贿刑事案件适用法律若干问题的意见》，严格禁止党员干部利用职务上的便利为本人和特定关系人谋取不正当或非法利益。

第二，严格执行领导干部配偶、子女个人经商办企业的有关规定。

第三，决不允许对领导干部的亲属搞特殊照顾，决不允许为他们谋取不正当利益提供任何方便。

第四，规范领导干部离职和退休后的从业行为。

第五，针对新情况与新问题，修订党员领导干部廉洁从政准则。

十三、如何理解加强监督、关口前移是有效预防腐败的关键？

反腐败斗争的实践告诉我们，不受监督的权力容易导致腐败。如何健全和完善监督制度，如何切实加强对领导机关、领导干部特别是"一把手"的监督，如何建立领导干部的权力行使到哪里、领导活动延伸到哪里，党组织的监督就实行到哪里的监督机制，是有效预防腐败的重大课题。

监督关口前移的实质，是要加强对党员领导干部可能不正当权力的监督。可以从三个角度来理解监督关口前移的含义：一是从约束错误行为的角度来看，监督的基本环节包括错误行为的发生、发展和查处等三个阶段，监督关口前移是指对错误行为的发生和发展过程的监督；二是从权力运行的角度来看，监督的基本环节包括权力授予、权力行使和权力行使结果等三个阶段，监督关口前移是指对权力授予与权力行使过程的监督，即对干部任前与任后过程的监督；三是从具体事权运行的角度来看，监督的基本环节包括具体审批事项的确定、运行和办理结果等三个阶段，监督关口前移是指对具体审批事项的立项与办理过程的监督。因此，监督关口前移是对错误行为的发生和发展过程的监督，是对干部任前与任后过程的监督，是对具体审批事项的立项与办理过程的监督。

监督关口往前移的关键是要通过深化改革，逐步建立健全一套有效约束权力滥用的制度。当前，应着力从以下四个方面着手：一是在领导干部从政道德方面，建立健全对领导干部廉洁从政行为的监督制度。二是在干部选择任用方面，建立健全对领导干部任前与任后过程的监督制度。三是在行政审批等方面，建立健全对领导干部在立项与办理事项过程中先例行政审批权的监督制度。四是健全有效监督的机制，包括完善党的代表大会制度，实行党的代表大会任期制，选择一些县（市、区）试行党的代表大会常任制等。

十四、强化监督的总体要求是什么？

为适应新形势、新任务的要求，必须从体制、机制、制度上深化改革，逐步建立一整套真正管用的监督管理制度和机制，积极探索新形势下有效开展监督的途径和方法。在强化监督上下功夫，认真分析各类违纪违法案件发生的特点和规律，总结带共性和规律性的东西，找出监督方面存在的薄弱环节，重点完善能够实现有效监督的体制机制。着重抓好以下三方面的工作：

（1）按照权力制约的特点和决策、执行、监督相协调的要求，权力的科学配置与对干部的有效监督结合起来。重点加强对领导干部特别是主要领导干部的监督，加强对人财物的管理使用、关键岗位的监督。凡属重大决策、重要干部任免、重大项目安排和大额度资金使用等重要问题，必须经集体讨论作出决定。同时，建立健全决策权、执行权、监督权既相互制约又相互协调的权力结构，形成结构合理、配置科学、程序严密、制约有效的权力运行机制，保证人民赋予的权力真正用来为人民谋利益。

（2）充分发挥各监督主体的作用，把党内监督与党外监督结合起来。深入贯彻落实党内监督条例和党员权利保障条例，鼓励党员讲真话、讲实话、讲心里话，使党员更好地了解和参与党内事务。同时，支持和保证人大监督、政府专门机关监督、司法监督、政协民主监督和包括舆论监督在内的社会监督，扩大公民有序的政治参与，拓宽监督渠道，进一步完善政务、厂务、村务公开制度，对涉及群众切身利益的有关政策和工作要增加透明度，使人民群众的监督做到经常化、制度化。切实保障宪法赋予公民的批评、建议、控告、检举等权利，认真受理、及时核查群众举报反映的各种问题，以保护群众参与监督的积极性。通过全党和全社会的共同努力，使党内监督与国家专门机关监督、民主党派监督、群众监督、舆论监督等监督形式紧密结合，形成监督的整体合力，对权力运行进行全方位监督。

（3）努力建立全方位监督机制，把事前监督、事中监督、事后监督结合起来。建立健全诫勉谈话制度，扩大领导干部经济责任审计的范围，建立健全审计结果的处置机制，使监督的关口前移，既防患于未然，又及早发现和解决发生的腐败问题。

十五、村官如何切实遵守述职述廉有关规定？

党员领导干部述职述廉，属于党内监督十项制度之一。2005年12月19日，中央纪委、中央组织部发布了《关于党员领导干部述职述廉暂行规定》。按照规定,述职述廉制度适用于中央各部门的领导班子成员、全国人大常委、国务院、全国政协工作部门的党组(党委)成员,最高人民法院、最高人民检察院党组成员,地方各级党委、纪委及党委工作部门的领导班子成员,人大常委会、政府、政协、人民法院、人民检察院及政府工作部门的党组(党委)成员,县级以上党委、政府派出机关、直属机构、办事机构、直属事业单位和工会、共青团、妇联等人民团体的领导班子中的党员干部,相当于上述级别的党组(党委)的领导班子成员。

述职述廉的主要内容应是:学习贯彻邓小平理论、"三个代表"重要思想、科学发展观和党的路线方针政策情况,执行民主集中制情况,履行岗位职责和党风廉政建设责任情况,遵守廉洁从政规定情况,存在的突出问题和改正措施、其他需要说明的情况。

述职述廉分别在届中和换届前一年结合领导班子民主生活会进行。为了使述职述廉取得应有的效果,在述职述廉前,党委(党组)要广泛征求干部群众对领导班子成员的意见,并由主要负责人如实反馈给本人。对领导班子主要负责人的意见,由上一级纪律检查机关和组织(人事)部门反馈。领导干部本人也要通过谈心等形式,充分听取意见。此外,党委(党组)于本地区、本单位的述职述廉工作结束后一个月内,将述职述廉工作总结报上一级党委(党组),并分别抄送上一级纪律检查机关和组织(人事)部门。纪律检查机关和组织(人事)部门要加强对下一级领导班子开展述职述廉工作的督促指导,派人参加述职述廉会议,了解有关情况,述职述廉后,结合当年的年度考核组织民主评议或民主测评。如发现领导干部在述职述廉中隐瞒、回避重要问题,以及对存在的突出问题不认真改正的,根据党委(党组)意见,对其进行诫勉谈话,情节严重的给予组织处理。

十六、村官的廉政行为规范是什么?

在党员行为规范系列中,从一般的政治行为规范中专门划出廉政类或说从政类规范,主要是为了突出当前领导干部比较容易发生、又为人民群众所普遍关注的廉洁从政问题,以加强对领导干部从政行为的规范,推动党风廉政建设和反腐败斗争。廉政规范的核心内容是廉洁奉公、忠于职守。党章载明:中国共产党党员必须全心全意为人民服务,永远是劳动人民的普通一员;党的干部是党的事业的骨干,人民的公仆。党章还特别规定了干部基本条件之一,就是"正确行使人民赋予的权力,依法办事,清正廉洁,勤政为民,以身作则,艰苦朴素,密切联系群众,坚持党的群众路线,自觉地接受党和群众的批评和监督,加强道德修养,做到自重、自省、自警、自励,反对官僚主义,反对任何滥用职权、谋求私利的不正之风"。这是规范党的干部从政行为最基本的党法根据。

1997年3月,中共中央颁发《中国共产党党员领导干部廉洁从政若干准则(试行)》,这是迄今为止我们党在廉政方面最为重要的规范文件。它以党章作为根据,把党章的要求具体化,并将义务性的规范要求和禁止性的规范要求密切联系起来,因而具有很强的现实指导意义和易于施行、检验的特点。例如,作为义务要求,准则正式规定:"要廉洁奉公,忠于职守",同时又明令禁止利用职权和职务上的影响谋取不正当利益。整个文件中的规范有六个"要"和三十个"不准"。详细内容将在以下问题中专门回答。

作为现行有效的廉政规范文件,比较重要的还有《中共中央、国务院关于党政机关厉行节约制止奢侈浪费行为的若干规定》,以及中纪委对违反上述规定行为的党纪处理办法。此外,《党政领导干部选拔任用工作条例》中有一部分内容涉及遵守组织人事纪律、按照干部选拔任用制度办事,也属廉政规范范畴之内。

十七、《廉政准则》为什么要禁止党员领导干部私自从事营利活动?

禁止党员领导干部私自从事营利活动,不准"个人经商、办企业,违反规定在经济实体中兼职或者兼职取酬和从事有偿中介活动,违反规定买卖股票,个人在国(境)外注册公司或者投资入股",其目的在于防止经济生活中的商品交换原则侵入党的政治生活和国家机关的政务活动,在于防范和禁止党员领导干部背离党的全心全意为人民服务的宗旨,利用个人职权或者职务和地位形成的便利条件,私自从事营利等各种与党的要求相背离的活动。

党员领导干部,无论是在党政机关,还是在国有企业等单位,都拥有与其职位相对应的职权,他们中的一些人员经商、办企业,违反规定在经济实体中兼职或者兼职取酬和从事有偿中介活动,违反规定买卖股票,个人在国(境)外注册公司或投资入股,危害极大。一是滋生腐败。他们可以利用自己的职权或者职务和地位形成的便利条件,谋取不正当的利益,以权谋私、化公为私、损公肥私,一些人甚至为了个人或者小团体利益,或与不法分子、不法外商相互勾结,侵占国有资产及其收益,或以种种手段转移、侵吞国有资产。二是借助权力进入市场,造成官商不分、政企不分,妨碍了社会主义市场经济公平竞争机制的建立和正常发展,干扰了市场秩序。三是妨碍党员领导干部全身心地做好自己的本职工作,影响党员领导干部秉公办事、秉公执法,干扰了党政机关的正常工作秩序。四是易于在干部队伍中助长拜金主义、个人主义和享乐主义,影响党员干部队伍的纯洁性和先进性。因此,禁止党员领导干部私自从事营利活动,有利于保持党的先锋队性质,巩固党的执政地位,保证社会主义市场经济的顺利发展。

十八、《廉政准则》对禁止党员领导干部假公济私、化公为私作了哪些规定？

《廉政准则》对禁止党员领导干部假公济私、化公为私作了五个方面的规定。

（一）禁止用公款报销或者用本单位的信用卡支付应由个人负担的费用

用公款报销或者用本单位的信用卡支付应由个人负担的费用，是严重侵犯国家、集体财产的错误行为。党员领导干部无论是在本单位、下属单位、还是其他单位，都不得用公款报销应由个人负担的费用，不得用本单位的信用卡支付应由个人负担的费用。如果用信用卡支付合法的公务费用，则不在此限之列。

（二）禁止借用公款逾期不还

在财经纪律允许的范围之内公款是可以借用的，但必须按时归还，借用公款无论数量多少，用途如何，以何种方式借用，只要逾期不还，其行为的性质都是对公共利益的严重侵犯，都是一种错误行为。

（三）禁止公费出国（境）旅游或者变相出国（境）旅游

公费出国（境）旅游或者变相出国（境）旅游，不仅挥霍了国家的大量外汇，而且严重损害了党和政府的形象，在群众中造成了极为恶劣的影响。因此，对于党员领导干部公费出国出境，党中央、国务院有一系列规定，要求党员领导干部公务出国（境），必须是为执行自己主管公务所必需的，不得以任何理由进行非主管公务的、与职级身份不相称的出访，禁止一般性考察和没有明确目的及实质内容的出国（境）活动。严禁借考察、学习、培训、研讨、招商、参展等名义用公款变相出国（境）旅游。不得接受外商资助或境外中资企业邀请出访，也不得授意外方邀请出访。出访中不得以任何理由绕道旅游或任意延长境外停留时间。地方党政机关的领导干部一般不得单独组团出国（境）进行立法、司法、财税等领域的考察和交流。党政机关的省（部）级领导干部，未经党中央或国务院批准，不得在国（境）外主持和参加经贸洽谈会、展销会、招商会等经贸活动，不得出国（境）进行股票发行的推介活动，不得参加企业事业单位组团出国（境）。

（四）禁止用公款参与高消费娱乐活动或获取各种形式的俱乐部会员资格

改革开放以来，人们的物质文化生活水平有了极大的提高，但就目前党员领导干部的工资收入而言，是难以参与高消费娱乐活动或者获取各种形式的俱乐部会员资格的。党员领导干部利用职权或者自己职务与地位等所形成的便利条件，用公款参与高消费娱乐活动或获取各种形式的俱乐部会员资格，严重侵犯了国家的财务管理制度，侵犯了国家的正常经济管理秩序及党和国家机关的正常工作秩序，浪费了国家的资财。提出禁止用公款参与高消费娱乐活动或获取各种形式的俱乐部会员资格，正是旨在严格防范和制止党员领导干部违反国家财务开支的有关规定，防止国家和集体财产受到侵犯，倡导艰苦奋斗的优良传统和作风。

（五）禁止以个人名义存储公款

公款私存，在我国金融的法律、法规中是明确被禁止的。它造成国家和单位资金的流失，诱发和滋生各种消极腐败现象，扰乱了金融秩序，危害极大。本项规定旨在要求党员领导干部从自身做起，进而教育带动他人，以做到最终防范和制止以个人名义存储公款这种违法违纪现象。

十九、《廉政准则》对党员领导干部艰苦奋斗、勤俭节约提出了什么要求？

《廉政准则》第六条规定，"党员领导干部要艰苦奋斗，勤俭节约，禁止讲排场、比阔气、挥霍公款、铺张浪费"，并提出了以下五条具体要求。

（一）不准在国内公务活动中接受超过规定标准的接待

国家机关工作人员在国内进行的与履行职务有关的一切活动，包括上级到下级检查指导工作、调查研究，地区和部门之间的公务往来、考察、学习等公务活动，应执行中共中央办公厅、国务院办公厅《关于党政机关工作人员在国内公务活动中住宿不准超过当地接待标准的通知》的精神，各地区、各部门根据该通知要求来制定公务活动中的具体接待标准。接待要在指定的宾馆、招待所，参照当地会议标准安排食宿。对确因工作需要陪餐的，要控制人数，减少次数，不准上名贵菜肴，更不准上当地不出产的名贵菜肴和酒水。按照有关规定交纳食宿费用，接待部门要按规定收取。

（二）不准违反规定用公款装修、购买住房

领导干部住房方面的规定主要有：《中共中央、国务院关于高级干部生活待遇的若干规定》、《关于贯彻执行（中共中央、国务院关于高级干部生活待遇的若干规定）中的几个具体问题的处理意见》、《中共中央办公厅、国务院办公厅关于新任部长、副部长以上干部生活待遇的几项暂行规定》、《国务院关于严格控制城镇住宅标准的规定》、《国家计委、城乡建设环境保护部关于贯彻执行（国务院关于严格控制城镇住宅标准的规定）的若干意见》、《国务院机关事务管理局关于中央国家机关部级干部宿舍修缮标准的规定》、《国务院办公厅关于制止低价出售公有住房问题的通知》、《中共中央纪委关于清理党政干部违纪违法建私房和用公款超标准装修住房的报告》，此外，还有中央纪委历次全会重申和提出党政机关县（处）级以上领导干部廉洁自律的各项规定，以及各省、自治区、直辖市根据中央规定制定的办法等。

（三）不准擅自用公款包租或者占用客房供个人使用

党员领导干部用公款包租或占用客房供个人使用必须具备三个条件：一是按规定组织上应该分配住房而暂时解决不了的；二是必须经组织按一定的程序批准；三是必须是暂时包租或者占用，不得无时间限制。除此之外，党员领导干部不得利用职权或者职务上的影响包租或者占用客房供个人使用，否则属于违纪。

（四）不准违反规定配备、使用小汽车

党政机关配备、使用小汽车的规定主要有：中共中央、国务院《关于近期做几件群众关心的事的决定》，中共中央办公厅、国务院办公厅发布的《关于中央党政机关汽车配备和使用管理问题的规定》、《关于党政机关汽车配备和使用管理的规定》，中央纪委三次全会提出的"不准违反规定购买和更换进口豪华小汽车，不准利用职权向企业、下属单位换车、借车和摊派款项买车；不准用贷款、集资款和专项资金购买供领导干部使用的小汽车；县（市）党政领导机关和单位，凡拖欠职工工资的不准购买小汽车"，中纪委五次全会提出的"不准在企业非政策性亏损、拖欠职工工资期间购买小汽车；不准购买进口豪华小汽车"，中央纪委办公厅、监察部办公厅《关于禁止对普通轿车进行豪华装修的通知》规定的"党政机关领导干部的工作用车及国有企业、事业单位领导干部的工作用车一律不得进行豪华装修，即购车时不得要求售车单位高于原车配置设计进行装修，也不得借修车之机进行高于原车配置的装修，如增改天窗、电动门窗；调换真皮座椅；增设车载冰箱、电视、CD音响，以及其他与汽车行驶性能无关的设备"，以及各省、自治区、直辖市制定的具体规定。

1997年5月25日，中共中央、国务院《关于党政机关厉行节约制止奢侈浪费行为的若干规定》提出："党政机关领导干部在任同一职务期间配备的小汽车，五年之内不准更换。使用五年以上，能够使用的要继续使用；按照国家汽车报废更新的有关规定，经交通管理部门鉴定如已达到报废更新标准，可申请更换。有关主管部门要从严审批。领导干部变动工作岗位，能在现有车辆中配备小汽车的，不准配备新车。"

（五）不准擅自用公款配备、使用通信工具

用公款配备、使用通信工具应符合三个条件：一是财力许可。财政状况困难的地方和经济状况困难的单位，公款配备、使用通信工具必须严格限制；条件较好的，也应本着节俭的原则，严格按照各地制定的公款配备、使用通信工具的规定配备。二是工作特殊需要。比如维持交通、保障安全、查办案件、从事商务活动等。三是经组织批准。

对用公款配备、使用通信工具，1997年5月25日，中共中央、国务院《关于党政机关厉行节约制止奢侈浪费行为的若干规定》作出了严格的规定，即

"党政机关要严格按规定安装住宅电话,住宅电话费实行对个人规定限额、超额自负的制度。党政机关工作人员除工作特殊需要并经部门主管领导批准外,不准配备移动电话;不准占用企业事业单位和其他单位的移动电话"。同时规定"对违反规定的一律收缴,并责令补交公款支付的一切费用"。

二十、为什么规定不准在领导干部管辖的业务范围内个人从事可能与公共利益发生冲突的经商办企业活动?

2000年1月14日,中共中央纪委四次全体会议发表公报,重申领导干部要严格执行不准利用职权和职务上的影响为配偶、子女谋取非法利益的规定,并进一步明确宣布:"省(部)、地(厅)级领导干部的配偶、子女,不准在该领导干部管辖的地区和业务范围内的外商独资企业或中外合资企业担任由外方委派、聘任的高级职务。凡有不符合此项规定的领导干部,必须如实地向党组织报告并予以纠正。拒不纠正的,该领导干部应当辞去现领导职务,或者给予其组织处理。"随后中纪委还发出了解释文件和具体规定。

按照解释文件及具体规定,个人从事经商、办企业是指:个人经办或与他人合办私营经济组织;个人受聘担任私营经济组织的高级职务;个人进行有偿社会中介活动;个人在国(境)外注册公司后回国(境)从事经营活动。

法规规定"不准在该领导干部管辖的业务范围内从事与公共利益发生冲突的经商办企业活动"。例如,主管行业的部门和行政机构的领导干部,党委、政府领导班子成员中分管上述部门和行政机构的领导干部,其配偶、子女不准在该领导干部管辖的业务范围内,从事与该领导干部管辖的行政业务相同的经商办企业活动;不准与该领导干部管辖的部门、行政机构、行业内的机关、社会团体、国有企业、事业单位直接发生商品、劳务、经济担保等经济关系,等等。此后,又明确地规定省(自治区、直辖市)、地(市)两级党委、政府主要领导干部配偶、子女在该领导干部任职地区个人从事经商办企业活动:①不准从事房地产开发、经营及相关代理、评估、咨询等有偿中介活动;②不准从事广告代理、发布等经营活动;③不准开办律师事务所,受聘担任律师的,不准在领导干部管辖地区代理诉讼;④不准从事营业性歌厅、舞厅、夜总会等娱乐业、洗浴按摩等行业的经营活动;⑤不准从事其他可能与公共利益发生冲突的经商办企业活动。

二十一、什么是党风与党风廉政建设责任制?实行党风廉政建设责任制要坚持哪些基本原则?

党风,就是一个政党和它的党员在政治上、思想上、组织上、工作上、生活上的作风。党风体现着一个政党的性质和宗旨,是一个政党及其党员的党性和世界观的外在表现。党风建设,是指用无产阶级的世界观和方法论在党组织和党员中,培育良好作风和纠正不正之风的实践活动。党风建设的基本内容包括两个方面,一是继承和发扬党的优良传统和作风,二是反对和纠正党内的不正之风。

党风廉政建设责任制,是关于各级领导班子和领导干部在党风廉政建设和反腐败工作中应负责任和对失职行为实施追究的制度规定及操作性规定,是保证各级领导班子和领导干部对党风廉政建设和反腐败斗争切实负起领导责任的、具有全局性的党风廉政制度。

实行党风廉政建设责任制,要坚持以下原则:①从严治党,从严治政;②立足教育,着眼防范;③集体领导与个人分工负责相结合;④谁主管,谁负责;⑤一级抓一级,层层抓落实。

二十二、四大纪律,八项要求,八个坚持、八个反对的具体内容是什么?

1. 四大纪律

即要求领导干部要严格遵守党的政治纪律、组织纪律、经济工作纪律和群众工作纪律。

2. 八项要求

(1) 要同党中央保持高度一致,不阳奉阴违、自行其是;

(2) 要遵守民主集中制,不独断专行、软弱放任;

(3) 要依法行使权力,不滥用职权、玩忽职守;

(4) 要廉洁奉公,不接受任何影响公正执行公务的利益;

(5) 要管好配偶、子女和身边工作人员,不允许他们利用本人的影响谋取私利;

(6) 要公道正派用人,不任人唯亲、营私舞弊;

(7) 要艰苦奋斗,不奢侈浪费、贪图享受;

(8) 要务实为民,不弄虚作假、与民争利。

3. 八个坚持、八个反对

(1) 坚持解放思想,实事求是,反对因循守旧,不思进取;

(2) 坚持理论联系实际,反对照抄照办,本本主义;

(3) 坚持密切联系群众,反对形式主义、官僚主义;

(4) 坚持民主集中制原则,反对独断专行,软弱涣散;

(5) 坚持党的纪律,反对自由主义;

(6) 坚持清正廉洁,反对以权谋私;

（7）坚持艰苦奋斗，反对享乐主义；

（8）坚持任人唯贤，反对用人上的不正之风。

二十三、领导干部讲廉洁的基本要求是什么？《中国共产党党员领导干部廉洁从政若干准则》对党员领导干部廉洁从政行为作了哪六个方面的行为规范？

1. 领导干部讲廉洁的基本要求

（1）经受住执政的考验，不以权谋私；

（2）经受住市场经济的考验，不贪不占；

（3）经受住改革开放的考验，生活不腐化；

（4）过好人情关，做到"三个管好"，即管好配偶子女，管好身边工作人员，管好自己分管的地区、部门和单位的党风廉政工作。

2. 六个方面的行为规范

（1）禁止利用职权和职务上的影响谋取不正当利益；

（2）禁止私自从事营利活动；

（3）禁止假公济私、化公为私；

（4）禁止借选拔干部之机谋私利；

（5）禁止利用职权和职务上的影响为亲友及身边工作人员谋取利益；

（6）禁止讲排场、比阔气、挥霍公款、铺张浪费。

二十四、如何理解发展党内民主是防治腐败的有力武器？

党章明确规定，必须坚持民主集中制，发扬党内民主，发挥各级党组织和广大党员的积极性和创造性。党内民主是党的生命，是保持党的生机和活力的关键，也是搞好党风廉政建设和反腐败工作的根本途径。发展民主既是实行监督的基本条件，又是推动监督的重要动力。历史经验证明，民主是腐败的天敌。只有把党内民主与人民民主结合起来，让广大党员充分行使党内民主权利，让人民群众真正当家做主，才能形成反腐败的天罗地网，使腐败行为及时受到惩处。

改变权力过分集中的现象，是保证民主监督的前提。权力越集中，民主越难行，人民当家做主、少数服从多数的原则越难以落实，腐败行为也就越难以得到有效防治。现在，一些人之所以能够违纪违法，一些腐败大案、要案之所以能够形成，很重要的一个原因就是没有坚持好民主集中制，特别是没有充分发扬党内民主。

党章确立了民主集中制这一党的根本组织制度和领导制度，明确了一系列正确处理党内关系的基本准则，规定了党员的基本权利和义务，为发展党内民主指明了方向。党的十六大和十六届四中全会提出了发展党内民主的一系列重大举措。发展党内民主，首先就要把这些规定措施贯彻好、落实好，要认真贯彻党员权利保障条例，把督促党员履行义务与保障党员行使权利统一起来，既教育督促党员按照党章规定履行应尽的义务，始终坚持党性原则，敢于发表不同意见，勇于揭露和纠正工作中的缺点、错误，坚决同消极腐败现象作斗争。此外，积极拓展党员参与党内事务的渠道，保障党员行使党章赋予的各项权利，严肃查处侵犯党员权利、压制党内民主的行为，为讲真话、讲实话的同志提供支持和保护，充分调动广大党员和推进党内民主建设的积极性和主动性。要把弘扬民主作风与健全民主机制统一起来，既要求领导干部发扬民主作风，广泛听取意见，正确对待批评，虚怀若谷，从善如流，使党内生活更加生动活泼；又要积极探索发展党内民主的有效途径和形式，制定和落实党内民主的具体措施，推行党务公开，改革和完善党内选举办法，健全党内议事和决策程序，推动党内生活制度化、规范化。要把扩大党内民主与维护党的集中统一起来，既积极营造党内不同意见平等讨论的环境，使各级党组织和党员的意愿得到充分表达，防止个人独断专行；又要加强民主基础上的集中，统一思想认识，保持步调一致，防止出现软弱涣散、好人主义和无人问责的问题，切实把全党的意志、智慧、力量凝聚起来。

党员是党内生活和事务的主体。党员民主权利的实现程度是党内民主发展程度的标志。只有切实保障党员的各项民主权利，党员的积极性、主动性和创造性才能得到充分发挥。我们党作为执政党，只有充分实现党内民主，发挥带头示范作用，才能促进整个国家的社会主义政治文明建设。

二十五、如何建立惩治和预防腐败体系？

以"三个代表"重要思想为指导，我们必须坚持惩防并举、注重预防，建立健全教育、制度、监督并重的惩治和预防腐败体系。十六届三中全会强调："注重思想道德教育，加强廉政法制建设，完善监督制约机制，建立健全与社会主义市场经济体制相适应的教育、制度、监督并重的惩治和预防腐败体系。"面对腐败现象在一些领域依然易发多发的态势，在坚决惩治腐败的同时，必须有效预防腐败。要立足教育，抓住树立正确的权力观这个关键，增强教育的针对性和有效性，筑牢反腐倡廉的思想道德防线。要健全制度，形成用制度规范从政行为、按制度办事、靠制度管人的机制，不断提高反腐倡廉制度化、法治化水平。要强化监督，综合运用党内监督、国家专门机关监督、群众监督和舆论监督等多种形式，有效防止权力失控、决策失误和行为失范，使党员干部不犯错误或少犯错误。把教育、制度、监督贯穿于反腐倡廉的各个环节，发挥惩防结合、综合治理的整体效能。

二十六、如何拓宽从源头上防治腐败的领域,推进"四项改革",完善"四项制度",深化"三公开"?

大力推进行政审批制度、财政管理体制、投资体制和干部人事制度的四项改革。

(1)认真贯彻实施《中华人民共和国行政许可法》,深入推进行政审批制度改革,继续取消和调整一批行政审批项目,对取消的审批事项加强后续监管,对保留的项目严格审核和论证,进一步加强对行政审批制度改革工作的指导和协调。

(2)健全公共财政体制,深化部门预算改革,进一步扩大国库集中收付制度改革试点,逐步将所有政府性资金实行国库集中支付;严格执行"收支两条线"规定,逐步将政府非税收入全部纳入"收支两条线"管理,加大对"小金库"的清理和查处力度。

(3)推进投资体制改革,建立与社会主义市场经济相适应的新型投资体制,确立企业在投资活动中的主体地位,规范政府投资行为,加强和改进对投资活动的管理和监督。

(4)深入贯彻《党政领导干部选拔任用工作条例》,建立健全干部选拔任用和管理监督机制;规范和全面推行党的地方委员会全体会议无记名投票表决下一级党委、政府领导班子正职拟任人选和推荐人选制度,逐步推行党委、常委会讨论重要人事任免无记名投票表决制;推行和完善公开选拔、竞争上岗制度;实行领导干部辞职制度,逐步推行党政领导职务任期制,加大调整不称职、不胜任现职干部的力度。继续深化和推进经济责任审计工作。

此外,完善"四项制度":严格执行建设工程招标投标、经营性土地使用权出让、产权交易和政府采购等四项制度。

深化"三改革":推进政务、厂务和村务公开工作。

二十七、村官如何树立清正廉洁的良好形象?

首先,要自觉奉献。农村工作头绪多、任务重,广大村官的工作十分辛苦,为农村经济发展、社会稳定作出了很大的贡献。但受客观条件制约,有些地方的村官经济待遇不高,有些村干部还是"义务干部",劳酬不符的现象仍然存在。这些问题只能随经济的不断发展而逐步解决。村官还要继续发扬无私奉献精神,把群众利益放在首位,当成大事,先公后私,先人后己,想群众所想,办群众所需。各级党组织要努力为村官创造良好的工作和生活条件。

其次,办事要公道。群众看干部,很重要的一点就是看干部能不能出于公心、公平待人、公道处事。如果村官能够秉公处事,办事就会十分简单和顺利,群众也服气;如果私心作怪,优亲厚友,公事和亲情纠缠在一起,不仅办不好事情,群众也不买账。因此,处理任何事情,都必须公正、公道、公平,一视同仁,一把尺子,一个标准。否则,早晚会失去群众基础,成为孤家寡人。

最后,双手要干净。群众评价干部,既看是不是干事,还看是不是干净。公生明、廉生威,威则有信,信则众服。干部只有自己干净了,在群众心里才会有威信,群众才会跟你心贴心。当前,随着农村经济的发展壮大,村级经济组织越来越多,经济实力越来越强,村里的经济活动也越来越频繁,村干部要经常跟钱打交道,稍微放松警惕,就有可能出问题、犯错误。村官要带头遵守廉洁纪律,事事处处严以自律,不为自己捞好处,不向公家乱伸手。同时要管好家人,不搞特殊化。

二十八、村官如何对待生活作风问题?

生活作风怎么样,反映了一个人的世界观、人生观、价值观。有些干部出问题,就是从吃喝玩乐、灯红酒绿、纸醉金迷开始,发展到索贿受贿,贪赃枉法,最终走向犯罪的。这些教训告诉我们,生活作风不是个人的生活小事,不是"小节"。干部生活作风如何,形象怎样,会对周围的群众、对社会风气产生很大的影响。群众看干部,看的就是这些小事。不注意小节,就会失大节;不注意小事,就可能坏大事;不注意生活作风,就会失去民心,甚至影响到基层政权的巩固。

干部端正生活作风,要在加强自身修养上下功夫。境界高了,防线牢了,脑子里多一根自律的弦,就能管得住"小节",做到不该吃的不张口,不该拿的不伸手。同时,党组织要加强对干部的教育、管理和监督。严是爱,松是害,对干部生活作风方面出现的"蛛丝马迹",要早发现、早提醒、早打预防针,不能怕伤感情,怕得罪人,睁一只眼闭一只眼。每个干部都要有接受批评、接受监督的诚意和胸怀,做到闻过则喜,知错就改,有过必纠,防微杜渐。

二十九、党章为什么规定"中国共产党党员永远是劳动人民的普通一员"?

党章规定:"中国共产党党员永远是劳动人民的普通一员,除了法律和政策规定范围内的个人利益和工作职权以外,所有共产党员都不得谋求任何私利和特权。"这是由中国共产党的性质和党所处的执政地位所决定的。第一,中国共产党有坚定的共产主义的理想和信念,有共产主义的世界观、人生观,有高尚的道德情操。第二,中国共产党是中国各族人民利益的忠实代表,党除了工人阶级和最广大人民群众的利益，没有自己特殊的利益。它要求每一个党员必须坚持党和人民的利益高于一切，以全心全意为人民服务为根本宗旨，以人民的利益为出发点和落脚点，吃苦在前，享受在后，克己奉公。第三，共产党员是先进分子但不是高人一等，必须永远置身于劳动人民之中，同劳动人民打成一片，与劳动人民同呼吸、共命运，永远保持劳动人民的本色。决不能谋取职权以外的任何特权，决不能谋取政策和制度规定范围之外的任何私利。第四，中国共产党是执政党，党的这种地位和权力，即使党员能够更好地为人民谋利益，同时也增加了脱离群众，成为特殊公民的危险。在改革开放和建立社会主义市场经济新的历史条件下，每一个共产党员尤其是党的领导干部将经受更加严峻的考验。因此，强调共产党员永远是劳动人民的普通一员，具有重要的现实意义。

三十、党章为什么规定党的领导干部"要正确行使人民赋予的权力"？

1982年9月，党的十二大制定的党章，第一次以专门的一章对有关党的干部问题作出规定。其中，对于党的各级领导干部，除要求模范地履行党员的各项义务之外，还规定必须具备的基本条件之一，就是"正确运用自己的职权，遵守并维护党和国家的制度，同任何滥用职权、谋取私利的行为做斗争"。此后，党的十四大、十五大、十六大、十七大、十八大对原有的党章进行了修改，在党的干部基本条款中，以更加严格和更为明确的语言表述，作出以下具体规定：正确行使人民赋予的权力，依法办事，清正廉洁，勤政为民，以身作则，艰苦朴素，密切联系群众，坚持党的群众路线，自觉地接受党和群众的批评与监督、加强道德修养，做到自重、自省、自警、自励，反对官僚主义，反对任何滥用职权、谋求私利的不正之风。这些修改显然是加强了政治性、思想性，明确地强调干部手中的职权是"人民赋予的权力"，因而必须对人民负责，为人民服务。同时又加强了实践性和可操作性，提出"清正廉洁，勤政为民"，"自觉地接受党和群众的批评和监督"，等等。

为什么强调要正确行使人民赋予的权力？这是针对我们党所处的执政地位，相当多的党员干部手中掌握着行政权力、执法权力，以及各种财权、物权、用人之权等，尤其在改革开放和发展社会主义市场经济的条件下，事实上已有相当多的干部，不是尊重人民所给予的信任及权力，而是忘乎所以，滥用职权，贪污腐化，敲诈勒索，大搞权钱交易，权权交易，给党和国家造成严重损失，在人民中引起很大不满。在执政条件下，共产党员要坚持全心全意为人民服务的宗旨，坚持廉洁奉公，必须正确认识和对待我们手中的权力。我们的干部必须时刻记住，自己手中掌握的权力是人民赋予的，只能用来为人民谋利益，决不能用来为个人或小团体捞取好处，不能损害人民的利益。

村官素质修养提升必读

党章明确规定，正确行使人民赋予的权力，这对各级干部来说，不但是一种有力的警示，也是一种行为准则，具有最高党法的约束力。触犯这项规定，理所当然地要受到纪律惩处。

三十一、共产党员带头廉洁从政有什么意义？

共产党员带头廉洁从政是党的建设的一个重要方面，对于党的自身存在和发展，对于党提出的新世纪战略目标的顺利实现，有着十分重大的意义。

第一，共产党员带头廉洁从政才能维护党的性质，巩固党的执政地位。党的性质不仅体现在党的纲领、章程、路线、方针、政策上，而且也体现在全体党员的实际行动中。只有每一个党员，特别是党的领导干部带头廉洁从政，正确地对待和运用手中的权力，忠实地、全心全意地为人民服务，才能使党始终作为先锋队的这一政治特性，才能够赢得人民群众的信任和支持，使党的领导更加坚强有力。

第二，共产党员带头廉洁从政，有利于国家的长治久安。党员干部的廉政勤政，关系着民心的向背和社会风气的好坏，这是保持国家长治久安的重要因素。如果社会风气坏了，社会也就无安定可言了。邓小平指出，端正党风是端正社会风气的关键。共产党员带头廉洁从政，才能形成好的党风政风，直接影响整个社会和民族的道德风尚建设，将对社会风气产生强烈的辐射、示范和导向作用，从而带动社会风气的好转，凝聚党心民心，促进国家的长治久安。

第三，共产党员带头廉洁从政，有利于改革开放和现代化建设的顺利进行。反对腐败是贯彻执行党的基本路线的必然要求，是集中力量把经济建设搞上去的重要保证。党员干部廉洁奉公，将调动和保护人民群众的积极性和创造性，促进生产力的发展，防止消极腐败行为对经济建设造成损失，防止权力进入市场，维护市场秩序，为社会主义市场经济的发展创造良好的经济、政治和社会环境。

三十二、党的历史上对共产党员廉洁从政有什么规定？

中国共产党一成立，就把革除腐败视为革命的任务之一。1926年8月，由于一些投机腐败分子混入党内，中共中央扩大会议通过了《关于坚决清洗腐化分子的通告》，要求各级党部坚决清洗党内贪污腐化分子。这是党的历史上的第一个反腐败文件。

苏维埃政府成立以后，由于政府中的绝大部分人员来自小生产者，他们中的少数还没有完全树立无产阶级思想，特别是有少数坏人混进革命队伍，因此苏维埃政权建立后不久，在一些人中就出现了腐败现象，有的还比较严重。为此，苏区党组织发动了声势浩大的反贪污、反浪费斗争，并在党和政府的文件、决议、指示和会议上对党员廉洁从政提出了严格的要求。1931年2月《中央给赣东北特委的指示信》中指出：苏维埃政府中的腐化现象也是很严重的问题。党必须提高党员遵守纪律的自觉性。党员在政府中的行动与工作，要比一般非党员来得更艰苦勤劳，才更能作为一般群众的表率。同年11月，中央苏区第一次党代会通过《党的建设问题决议案》指出，在各级政府机关中，多半党员担负着重要的工作，为保障这些同志真正成为群众中的模范者，防止一切腐化、官僚化和贪污等现象的产生，党必须执行严格的纪律。1933年12月，中央执行委员会发布《关于惩治贪污浪费行为的训令》，对苏维埃机关、国营企业及公共团体的工作人员贪污及浪费行为，作出了严肃惩罚的规定。

抗日战争时期，为建立清廉政治，党的六届六中全会报告指出：共产党员在政府工作中应该是十分廉洁、公私分明、甘于付出、不求回报的模范。各苏区政府按照中央的要求，开展了反对贪污浪费的斗争，制定了施政纲要和惩治贪污的具体规定。1941年5月，《陕甘宁边区施政纲领》明确提出：厉行廉洁政治，严惩公务人员之贪污行为，禁止任何公务人员假公济私之行为。对党和政府内的腐化堕落分子要毫不留情地予以严惩。

抗日战争胜利后，中央要求继续发扬艰苦奋斗的作风，严禁铺张浪费。1948年1月，华北财经办事处发出《关于反贪污浪费的指示》，规定机关首长必须以身作则，拒绝一切不应得的享受，否则便不能与贪污现象进行斗争。同年4月，为防止占领城市后发生违法乱纪和腐败现象，毛泽东向前线发出电报，要求严禁破坏任何公私生产资料和浪费生活资料，禁止大吃大喝，注意节约。12月，中央又对公共财产的管理和使用作出了规定。

新中国成立后，在国民经济恢复和社会主义改造时期，党制定了大量的廉洁从政的规定。1949年9月的《共同纲领》规定：中华人民共和国的一切国家机关，必须厉行廉洁的、朴素的、为人民服务的革命工作作风，严惩贪污，禁止浪费，反对脱离人民群众的官僚主义作风。1951年12月，中央发出了《关于实行精兵简政、增产节约、反对贪污、反对浪费、反对官僚主义的决定》，随后又颁布了《关于处理贪污、浪费及克服官僚主义错误的若干规定》、《关于追缴贪污分子赃款赃物的规定》和《惩治贪污条例》。

在社会主义全面建设时期，党的八大、八届二中全会和《中共中央关于一九五七年开展增产节约运动的指示》都要求，坚决纠正一部分工作人员待遇过高、生活特殊、铺张浪费的现象。1960年，中央先后发出了《关于反对官僚主义的指示》、《关于在农村中开展"三反"运动的指示》。1962年3月，作出了《关于厉行节约的紧急规定》和《关于对内报告工作的规定》。

党的十一届三中全会以来，党员廉洁从政的规定随着改革开放的深入而不断地向系统化、规范化的方向发展。中央相继制定了《关于党内政治生活的若干准则》、《关于高级干部生活待遇的若干规定》、《关于新任副部长、副省长以上干部生活待遇的几项暂行规定》，以及对党员干部经商办企业、出国出境、兼职、公款旅游、乘车、住房、接受礼品、违反社会主义道德等方面作出了具体规定。

三十三、党的现行廉政规范文件有哪些？

加强党风廉政建设，关键是领导干部要以身作则，廉洁从政，率先垂范。1993年10月5日，中共中央、国务院颁布《关于反腐败斗争近期抓好几项工作的决定》，明确对党政机关县（处）级以上领导干部作出五项廉洁规定，即：

（1）不准经商办企业；不准从事有偿的中介活动；不准利用职权为配偶、子女和其他亲友经商办企业提供任何优惠条件。

（2）不准在各类经济实体中兼职（包括名誉职务）；个别经批准兼职的，不得领取任何报酬；不准到下属单位和其他企业、事业单位报销应由个人支付的各种费用。

（3）不准买卖股票。

（4）不准在公务活动中接受礼金和各种有价证券；不准接受下属单位和其他企业、事业单位赠送的信用卡，也不准把单位用公款办理的信用卡归个人使用。

（5）不准用公款获取各种形式的俱乐部会员资格，也不准用公款参与高消费的娱乐活动。

截至2007年6月，现行有效廉政规范文件主要有：

《关于党政机关县（处）级以上领导干部收入申报的规定》（中共中央办公厅、国务院办公厅1995年4月30日印发）；

《关于党和国家机关工作人员在国内交往中收受的礼品实行登记制度的规定》（中共中央办公厅、国务院办公厅1995年4月30日）；

《关于领导干部报告个人重大事项的规定》（经中共中央、国务院批准，中共中央办公厅、国务院办公厅1997年1月31日）；

《中国共产党党员领导干部廉洁从政若干准则（试行）》（中共中央1997年3月28日）；

《中共中央、国务院关于党政机关厉行节约制止奢侈浪费行为的若干规定》（1997年5月25日）；

《〈中国共产党党员领导干部廉洁从政若干准则（试行）〉实施办法》（中共中央纪委1997年9月3日）；

《〈中国共产党党员领导干部廉洁从政若干准则（试行）〉的补充规定》（中

共中央纪委1998年3月）；

《关于实行党风廉政建设责任制的规定》（中共中央、国务院1998年11月21日）；

《关于中央国家机关和部门制定的司（局）级以上领导干部配偶、子女个人经商办企业的具体规定适用于地方级以上领导干部的通知》（中共中央纪委2000年8月22日）；

《关于严格禁止利用职务上的便利谋取不正当利益的若干规定》（中共中央纪委2007年5月29日）。

此外，作为国家法律、法令的还有《中华人民共和国行政监察法》、《国家公务员暂行条例》、《国务院关于在对外公务活动中赠送和接受礼品的规定》等，其中有关内容自然也属于廉政规范文件的范畴。

三十四、为什么要颁布《中国共产党党员领导干部廉洁从政若干准则（试行）》？

颁布《廉政准则》是改革开放新形势下加强党员干部队伍建设的客观需要，也是加强党风廉政建设，深入开展反腐败斗争的必然要求。改革开放以来，我国社会主义现代化建设取得了巨大成就，但是随着改革开放的深入，社会主义市场经济的逐步建立，我国的社会、经济生活愈加复杂化，党的建设出现了许多新情况、新问题。党员领导干部参与经济、社会生活的机会都大大增多，发生权钱交易的可能性也随之增大。近年来，少数党员干部包括一些领导干部，共产主义世界观、人生观、价值观发生动摇，经受不住权力、金钱、美色的考验，在复杂的社会现象面前迷失了方向，分不清是非，甚至以权谋私、贪污受贿、腐化堕落。特别是在一段时期中，党员领导干部违法违纪案件不断增多，职级层次不断上升。因此，在改革开放的条件下，必须对党员领导干部严格要求、严格管理、严格监督，必须建立党员领导干部廉洁从政行为的具体标准。通过建立全面系统的廉政行为规范，明确告诉我们的干部，哪些事情可以做，哪些事情不能做，哪些事情应该做，哪些事情不应该做，使他们在纷繁复杂的社会生活、经济生活中明辨是非，经受考验。通过建立全面系统的廉政行为规范，政府把20世纪80年代以来，经党中央批准、中央纪委先后制定并下发的党政机关县处级以上领导干部廉洁自律的各项规定系统化、规范化，并形成一个长期适用的、具有较强权威性、稳定性的党内法规，以利于对党员干部进行经常性的教育、管理和监督，筑起拒腐防变的思想道德防线和党内法纪防线。

三十五、为什么要作出《关于领导干部报告个人重大事项的规定》？

1997年1月31日，党中央、国务院批准下发《关于领导干部报告个人重大事项的规定》。这个规定第一条就指出:"为加强对领导干部的管理和监督,促进党风廉政建设和领导干部思想作风建设,制定本规定"。这是党在新的历史条件下,更加严格地规范干部行为的新举措。它不同于我们党历史上建立的一般工作报告制度,要报告的内容并不属于工作范围,而是属于个人生活领域,但又关系党的宗旨、形象及干部正确行使手中权力的原则性问题。规定的鲜明特点是强烈的现实针对性,要求应报告的事项集中于人民群众普遍关注的、领导干部易发生的以权谋私的几个方面。规定所列举的事项共有六项:

(1) 本人、配偶、共同生活的子女营建、买卖、出租私房和参加集资建房的情况;

(2) 本人参与操办的本人及近亲属婚丧喜庆事宜的办理情况(不含仅在近亲属范围内办理的上述事宜);

(3) 本人、子女与外国人通婚,以及配偶、子女出国(境)定居的情况;

(4) 本人因私出国(境)和在国(境)外活动的情况;

(5) 配偶、子女受到执法执纪机关查处或涉嫌犯罪的情况;

(6) 配偶、子女经营个体、私营工商业,或承包、租赁国有、集体工商企业的情况,受聘于三资企业担任企业主管人员或受聘于外国企业驻华、港澳台企业驻境内代办机构担任主管人员的情况。

此外,本人认为应当向组织报告的其他重大事项,也可以向组织报告。

按照规定,领导干部报告应以书面形式,并不得超过事发后一个月的时间,如不能按期报告则必须及时补报,说明原因。不按照规定报告或不如实报告,则将由所在组织视情节轻重,给予批评教育、限期改正、责令作出检查、在一定范围内通报批评等处理。

关于领导干部报告个人重大事项,中纪委、中组部还就一些问题作过专门答复,例如,规定中的"近亲属"是指夫妻、父母、子女、同胞兄弟姐妹。又如规定所称的"共同生活的子女"是指与领导干部同一户籍的子女或居住以领导干部名义分配、购买、营建的住房的子女。这些说明无疑也属于行为规范的内容之列。

三十六、十八大关于反腐倡廉有什么新的目标?

十八大报告关于反腐倡廉的新要求、新目标是在十七大基础上的推陈出新,这些变化是在世情、国情、党情继续发生深刻变化,党面临四大考验、四大危险的新形势下及时提出的,反映出党治国理政方略更加成熟,更加充满自信。

首先,对腐败危害认识的进一步深化。十八大不仅明确提出腐败会对党造成致命伤害,而且还提出腐败治理不好会导致亡党亡国。这些都体现出党把反腐败

第五章　村官廉洁从政素质修养

放在整个特色社会主义事业大局中加以考虑，更充分地认识到腐败的严重性和危害性。

其次，回答了中国反腐倡廉举什么旗、走什么路。十八大报告指出，要坚持走中国特色反腐倡廉道路。坚持党要管党、从严治党，通过加强党的思想建设、组织建设、作风建设、反腐倡廉建设、制度建设，增强自我净化、自我完善、自我革新、自我提高的能力，坚信我们执政党有自我净化的能力。中国特有的反腐倡廉道路丰富了中国特色社会主义内涵。腐败是阻碍社会发展的毒瘤，如何治理腐败是普世难题，因此反腐倡廉坚持中国特色道路的同时也强调加强反腐败国际合作。报告中提出了宏观的反腐倡廉措施，既有制度方面的要求，也有借鉴国外反腐经验的要求，特别是要善于吸收人类文明史上的反腐倡廉的有益做法。

再次，明确提出了反腐倡廉建设的新目标。十八大提出了坚持标本兼治、综合治理、惩防并举、注重预防的方针，全面推进惩治和预防腐败体系建设，做到干部清正、政府清廉、政治清明，从而目标明确。

最后，进一步彰显党和政府反腐倡廉的决心。十八大报告指出，各级领导干部特别是高级干部必须自觉遵守廉政准则，严格执行领导干部重大事项报告制度，既严于律己，又要加强对亲属和身边工作人员的教育和约束，绝不允许搞特权。不管涉及什么人，不论权力大小、职位高低，只要触犯党纪国法，都要严惩不贷。任何人都不能凌驾于组织之上，对违反纪律的行为必须认真处理，切实做到纪律面前人人平等、遵守纪律、没有特权、执行纪律。反腐倡廉必须常抓不懈，拒腐防变必须警钟长鸣。这些都说明全党上下对严惩腐败达到高度认同，体现了中央反腐的坚强决心。

三十七、十八大报告在反腐倡廉方面有哪些新观点、新举措、新要求？

十八大报告在党风廉政建设和反腐败工作部署方面，有三个"第一次"：一是第一次把反腐倡廉建设放在了党的五大建设的第四位。我们过去的表述是，党的思想建设、组织建设、作风建设、制度建设和反腐倡廉建设；这次十八大报告是这样表述的，思想建设、组织建设、作风建设、反腐倡廉建设和制度建设。二是第一次在党代会的报告中提出了建设廉洁政治的目标，要求做到干部清正、政府清廉、政治清明。三是第一次在党代会报告中把党的纪律建设作为一个专门的问题来阐述、进行要求。这些都进一步表明，中国共产党高度重视党风廉政建设和反腐败工作。

具体来讲，十八大主要从三个方面对党风廉政建设和反腐败工作进行了部署：

（1）必须始终保持党同人民群众的血肉联系。我们党一直认为，一个政府、一个政权，其前途和命运最终取决于人心向背。始终保持党同人民群众的血肉联系、始终代表最广大人民的根本利益，是我们党最大的政治优势。党的十八大报告特别强调，以人为本、执政为民，是检验党一切执政活动的最高标准。这就要求我们，必须从人民高兴不高兴、满意不满意、答应不答应来考虑开展工作。

从具体措施来讲，十八大提出了以下几项措施：①在全党深入开展以为民、务实、清廉为主要内容的党的群众路线教育实践活动，着力解决人民群众反映强烈的突出问题，提高做好新形势下群众工作的能力；②求真务实，开拓创新，多干让人民满意的好事、实事，坚决制止搞劳民伤财的政绩工程和华而不实的形象工程；③坚持勤俭节约，改进文风会风，坚决克服形式主义、官僚主义；④加大对党的作风方面突出问题的整治力度，特别是要着力整治庸懒散奢等不良风气，以优良的党风凝聚党心民心，带动政风民风。

（2）必须坚定不移地反对腐败。近年来，党内发生了一些严重违纪违法案件，性质恶劣，影响极坏。对此，我们党有清醒的认识。十八大报告特别强调，反对腐败、建设廉洁政治，是党一贯坚持的鲜明政治立场，是人民关注的重大政治问题。这个问题解决不好，就会对党造成致命的伤害，甚至亡党亡国。

报告还指出，要坚持中国特色反腐倡廉道路，坚持标本兼治、综合治理、惩防并举、注重预防方针，全面推进惩治和预防腐败体系建设。从具体措施上来讲，有以下几点：①坚决惩治腐败，要严肃查处大案要案，着力解决发生在群众身边的腐败问题，始终保持惩治腐败高压态势。不管涉及什么人，不论权力大小、职位高低，只要触犯党纪国法，都要严惩不贷。②有效预防腐败，加强反腐倡廉教育和廉政文化建设，加强领导干部的管理，要求各级领导干部特别是高级领导干部必须遵守廉政准则，教育、约束亲属和身边工作人员，决不允许搞特权。加强党内监督、民主监督、法律监督和舆论监督，加强对领导干部特别是主要领导干部行使权力的监督。③深化改革，建立健全权力运行制约和权力监督体系，从源头上防治腐败。④必须严明党的纪律。十八大报告指出，党面临的形势越复杂，肩负的任务越艰巨，就越要加强党的纪律建设，越要维护党的集中统一。从具体措施上来说，有三项：①各级党组织和广大党员、干部特别是主要领导干部一定要自觉遵守党章，自觉按照党的组织原则和党内政治生活准则办事，任何人都不能凌驾于组织之上；②要坚持维护中央权威，在思想上、政治上、行动上同党中央保持高度一致，决不允许上有政策、下有对策，决不允许有令不行、有禁不止；③严格执行和维护党的纪律，保证中央政令畅通，确保党和国家作出的各项战略决策部署得到贯彻落实。

三十八、党的十八大报告中关于反腐倡廉的基本内容是什么？

党的十八大报告指出，反对腐败、建设廉洁政治，是党一贯坚持的鲜明政治立场，是人民关注的重大政治问题。这个问题解决不好，就会对党造成致命伤害，甚至亡党亡国。要坚持中国特色反腐倡廉道路，全面推进惩治和预防腐败体系建设，做到干部清正、政府清廉、政治清明。

反腐倡廉，一直被认为是我党治国理政的生命线。干部清正、政府清廉、政治清明被写入党的代表大会报告，这反映了党推进反腐倡廉建设的坚定决心，对于提高党的建设科学化水平，凝聚党心、民心，具有重要的指导意义。各级纪检监察组织必须紧扣中央提出的"三清"反腐倡廉总体目标，高举中国特色社会主义伟大旗帜，以邓小平理论、"三个代表"重要思想、科学发展观为指导，认真学习好、领会好、贯彻好党的十八大精神，强抓机遇，振奋精神，咬定目标，乘势而上，为推进经济和社会的科学发展提供坚强有力的纪律保证。

（一）在强化学习中贯彻落实十八大精神，开创反腐倡廉建设新局面

思想是行动的导航仪，学习十八大精神，关键在于统一思想、坚定信仰、准确定位、开拓创新。要以学来明要求，通过学习十八大精神，进一步坚定党的领导、牢固宗旨意识，尤其是严明政治纪律，自觉在政治上、思想上、行动上与党中央保持高度一致，切实以负责的态度、务实的工作履行好职责，真正做一名优秀的党的忠诚卫士。要以学来正差距，通过学习十八大精神，深入查找个人在思想上、认识上存在的误区和不足，认真查找个人精神状态、工作热情、工作方法上存在的突出问题，正视与其他单位的工作差距，切实以十八大精神为指引，在思想上正本清源、在精神上更加振奋、在工作上超前谋划，以实实在在的工作业绩体现学习效果。要以学来促创新，通过学习十八大精神，进一步解放思想、提高境界、拓展思路，谋求反腐倡廉建设和反腐败工作的创新突破，以超常的举措实现纵深发展，不断开创反腐倡廉建设的新局面。

（二）在保障发展中贯彻落实十八大精神，营造风清气正的发展环境

要把推进科学发展作为学习十八大精神的首要任务，围绕党的十八大作出的重大战略定位，加强对加快转变经济发展方式、"两化"互动和统筹城乡发展、加强和创新社会管理、文化体制改革等重大决策部署落实情况的监督检查，深入开展民生工程实施、连片扶贫开发、扶贫移民资金管理使用的专项检查，确保经济社会又好又快发展。要进一步完善以行政权力规范和公开透明运行为主要内容的电子政务和电子监察系统，健全行政效能社会监督体系，加强绩效管理监察，加大经济发展软环境整治力度，为推进经济和社会的跨越提升提供风清气正、优质高效的发展环境。

村官素质修养提升必读

(三) 在维护民利中贯彻落实十八大精神,巩固和谐稳定的社会局面

要把实现好和维护好最广大人民群众的根本利益作为贯彻落实十八大精神的出发点和落脚点,进一步密切党同人民群众的血肉联系,做到民有所呼、我有所应,民有所盼、我有所为,筑牢幸福大树的根基。围绕建设民生政府的要求,督促落实发展社会事业的各项政策措施,确保发展成果惠及广大人民群众,重点解决征地拆迁、强农惠农、保障性住房、食品药品安全、环境保护、安全生产,以及教育、医疗、就业、养老等方面群众反映强烈的问题,坚决纠正中介机构、行业协会等方面存在的各类乱收费问题。深入推进农村、城市社区、国有企业党风廉政建设,积极探索加强非公有制经济组织和新社会组织党风廉政建设的有效途径,切实解决发生在群众身边的腐败问题,最大限度增加和谐因素,最大限度减少不和谐因素,形成既充满活力又和谐稳定的良好局面。

(四) 在从严治党中贯彻落实十八大精神,切实维护党的先进性和纯洁性

在腐败易发多发期,我们必须保持强力治腐态势。要把预防腐败和惩治腐败、维护党的先进性和纯洁性作为贯彻落实十八大精神的鲜明导向,下大力气解决党性、党风、党纪方面的突出问题,始终保持党的机体健康。认真落实《廉政准则》,严格执行各项规定,切实解决领导干部廉洁自律方面存在的突出问题。要加大违纪违法案件的查办力度,健全腐败案件及时发现和查处机制,积极推行县级部门纪检组织和乡镇纪委协作办案机制,加强案件监督管理和审理工作,坚决遏制腐败现象易发多发的势头。要健全反映党员干部问题的甄别机制,加强典型案件的深入剖析,落实好案件通报制度,加强反面警示教育,努力实现良好的政治效果、社会效果和法纪效果。

(五) 在改革创新中贯彻落实十八大精神,全面提升反腐倡廉科学化水平

创新是工作实现突破和超常发展的关键所在,反腐倡廉工作绝不能因其特殊性而始终保持严肃性和稳定性,必须顺应时代发展要求,做到与时俱进、改革创新。要把反腐倡廉理念思路、方式方法、制度机制的创新贯穿于贯彻落实十八大精神的全过程,推动纪检监察工作与时俱进,以反腐倡廉创新发展的实效检验贯彻落实十八大精神的成效。要加快完善具有地方特色的惩防体系基本框架,不断创新完善惩治和预防腐败的制度机制。要拓展"制度+科技"的防治腐败模式,加快电子政务大厅建设,完善各级公共资源交易中心建设,全面启动乡镇便民服务中心效能监察网络建设。健全反腐倡廉网络舆情收集、研判、处置机制,加快推进信息化平台建设,以信息化建设的跨越发展来提升反腐倡廉科学化水平。要扎实抓好党风廉政建设的社会评价工作,积极探索社会领域防治腐败的措施方法,推动党委、政府抓党风廉政建设与抓经济社会发展"一岗双责"的落实。要加强各地、各单位反腐倡廉创新工作的总结提升、集成整合和推广应用,努力形成一批叫得响、推得开的创新成果。

三十九、如何深刻理解和正确把握十八大关于反腐倡廉的新思路、新理论？

（一）反腐力度进一步加大

十八大报告中有关反腐倡廉的论述，表明党中央对反腐倡廉工作极端重要性的认识提到了新的高度。进一步体现出我们党抓自身建设，坚持党要管党、从严治党，提高党的拒腐防变和抵御风险能力的坚定信心和坚强决心。强调反腐倡廉的重要性，必将促使全党更加重视反腐倡廉建设，必将有利于进一步落实、强化党风廉政建设和反腐败斗争的领导体制与工作机制，形成全党、全社会高度重视并积极参与党风廉政建设和反腐败斗争的大环境，十八大之后中国反腐败的力度会加强，不会削弱。

（二）反腐倡廉的理论创新

十八大报告，将过去"反腐倡廉工作"变为"反腐倡廉建设"，虽然只有两字之差，但意义深远，从理论层面更具科学性、全面性、长远性和稳定性，更加符合反腐败斗争长期性、艰巨性、复杂性和极端重要性的特点，意味着我们党将把反腐倡廉作为一项经常化的建设性工作不断推进。更加明确地界定了反腐倡廉建设与经济建设、政治建设、文化建设、社会建设、党的建设之间的辩证关系，为其制度化、法制化奠定了理论基础，为进一步探索实践中的新方式、新措施指明了方向。

（三）反腐更加注重治本，更加注重预防，更加注重制度建设

十八大报告中强调，要在坚决惩治腐败的同时，更加注重治本，更加注重预防，更加注重制度建设，拓展从源头上防治腐败工作领域。这是对标本兼治、综合治理、惩防并举、注重预防方针的丰富和发展；进一步明确了惩治预防工作的辩证关系；进一步提示了反腐倡廉的根本目的是最大限度地遏制和防止腐败；进一步强调了党风廉政建设和反腐败斗争必须坚持治标与治本两手抓、两手都要硬的基本方针和原则；进一步指明了从体制、机制、制度及思想意识等源头上消除腐败隐患和漏洞，从根本上治理和防止腐败的基本工作思路，表明了反腐败斗争进入了惩防并举、更加注重预防的新阶段。

（四）反腐更加注重民生

十八大的一个显著特点，是更加体现了关注民生、以人为本的精神，是我们党一贯以来强调保持同人民群众血肉联系的深刻体现。党的十七大以来，我们党反复强调"权为民所用、情为民所系、利为民所谋"，对侵害群众利益的不正之风和腐败问题越来越重视，通过切实加强党风、政风建设，坚决纠正损害群众利

村官素质修养提升必读

益的不正之风。可以这样说,围绕群众利益反腐败的工作态势,构成了十七大以来反腐倡廉的一道特有的风景线。

四十、如何深入贯彻落实十八大精神,推进反腐倡廉建设新发展?

(一)进一步增强履行职责的历史使命感和政治责任感

要以十八大精神为指引,充分认识纪检监察机关在坚持和发展建设中国特色社会主义的伟大进程中所肩负的重大历史使命和政治责任,认清反腐败斗争的长期性、艰苦性、复杂性,既要树立忧患意识,增强紧迫感,又要坚定信念,充满信心,树立长期作战的思想,把反腐倡廉建设放在更加突出的位置。要结合实际,充分发挥纪检监察两项职能作用,深入推进纪检监察机关的思想建设、组织建设、能力建设、作风建设和制度建设,全面履行职责,扎实开展工作。要加强领导班子干部队伍建设,不断提高工作能力和水平,以过硬的素质、优良的作风、奋发有为的精神状态履行好党和人民赋予的神圣职责。

(二)加强对贯彻落实十八大精神的监督检查

纪检监察机关要切实履行监督职责,严肃党的纪律,加强对贯彻落实十八大精神的监督检查,确保十八大各项重大决策部署得以贯彻执行。要围绕加强和改善宏观调控、增强自主创新能力、提高质量和效益、健全就业和社会保障制度、建设社会主义新农村等重大政策和改革措施开展监督检查,及时发现并坚决纠正违背科学发展观的做法,坚决维护中央方针政策的统一性、权威性和有效性;围绕维护党的纪律开展监督检查,督促党的各级组织和党员干部认真执行党的纪律特别是政治纪律,自觉同党中央保持高度一致;围绕加强党员干部作风开展监督检查,引导党员干部发扬求真务实的精神和作风,坚决克服形式主义、官僚主义和弄虚作假的行为;围绕解决人民群众最关心、最直接、最现实的利益问题加强监督检查,认真解决民生问题,严肃查处损害群众利益的违纪违法行为。

(三)全面推进反腐倡廉建设新发展

要按照十八大报告的部署,坚持标本兼治、综合治理、惩防并举、注重预防的方针,加强以保持党同人民群众血肉联系为重点的作风建设,加强以完善惩治和预防腐败体系为重点的反腐倡廉建设,在坚决惩治腐败的同时,更加注重治本,更加注重预防,更加注重制度建设,努力拓展从源头上防治腐败的工作领域,全面推进反腐倡廉建设新发展。要深入开展理想信息和廉洁从政教育,筑牢党员干部思想道德防线;要全面加强领导干部和领导机关作风建设,促进领导干部作风进一步转变;要坚持以人为本、关注民生,切实解决损害群众合法利益的突出问题;要着力推进改革创新,不断强化制度建设;要以加强对领导干部特别是主要领导干部的监督为重点,加强对权力运行的制约和监督,使党员干部不犯或少犯错误；要坚持从严治党，保持查办案件工作力度，严肃查办发生在领导机关和领导干部中滥用职权、贪污贿赂、腐化堕落、失职渎职等案件，严格依纪依法办案，增强突破案件的能力，提高办案质量和执纪执法水平。

四十一、如何保证从中央到地方各级政府，进一步提高透明度、防治腐败？如何进一步落实问责制？

腐败是对权力的滥用，防治腐败就是要制约和监督权力。因此，为防治腐败，提高透明度应从以下三方面入手：一是合理配置权力，其中最重要的是理清政府与市场的关系，减少政府对微观经济的干预，减少政府审批；二是在政策制定、执行过程中始终公开透明，让权力在阳光下运行；三是加强监督，包括党内监督、法律监督、舆论监督等。这里特别强调群众监督和舆论监督。群众监督就是让群众了解政策制定、执行过程，在整个过程中群众始终参与。舆论监督，现在特别受重视的就是新媒体、网络对权力运行的监督。

十八大报告特别强调了一个问题，就是建立行政问责制度。各级纪检监察机关设有专门的问责机构。这些年来，通过行政问责处理了一批领导干部。下一步，我们应不断完善问责程序和办法，来保证和促进官员高效、廉洁地行使权力。

四十二、关于当前反腐败工作形势是怎样的？

正确判断反腐败斗争形势是一个十分重要的问题。我们必须看到，党员干部队伍的主流是好的，腐败分子只是极少数。正是因为党的各级组织发挥战斗堡垒作用，广大党员发挥先锋模范作用，凝聚了全国各族人民的力量，我国才取得了改革开放和现代化建设的巨大成就。同时也必须看到，腐败现象易发多发的土壤和条件在一些领域依然存在，反腐败斗争的形势还比较严峻。有些地方和部门违反纪律的问题比较严重，重大违纪违法案件一再发生，损害群众利益的不正之风屡禁不止，形式主义、官僚主义作风，弄虚作假、铺张浪费现象仍然突出。党风廉政建设和反腐败工作存在一些薄弱环节，纪检监察工作还需要进一步加强和改进。对此，我们务必保持清醒的头脑，采取更加有效的措施加以解决。

四十三、腐败现象易发多发的原因有哪些？

腐败现象是一个具有复杂深刻的社会历史根源、古今中外都存在的世界性难题。当前，我国社会存在腐败现象的原因，主要有以下五个方面：

（1）我国仍处于并长期处于社会主义初级阶段，处于经济体制深刻变革、社会结构深刻变动、利益格局深刻调整、思想观念深刻变化和各种社会矛盾凸显的历史时期,各方面体制还不完善,有着不少缺陷和漏洞,存在着滋生腐败现象的土壤和条件。从世界各国发展历程看,西方发达国家建立和完善市场经济体制大都经历了上百年甚至更长时间,而我国用短短几十年跨越了其他国家上百年的发展历程,各方面体制、制度必然要经历一个不断健全完善的过程。即使市场经济体制比较健全的西方发达国家,也都为不断发生的腐败问题和政治丑闻所困扰,尤其是资本主义国家民主竞选所耗费的巨额政治经费其实质就是一种披着合法化外衣的腐败现象。

(2) 在全方位对外开放的条件下,资本主义腐朽思想文化影响乘机而入,同我国历史上遗留下来的封建残余思想影响相结合,侵蚀着党员干部的思想,一些党员干部宗旨意识淡薄,拜金主义、享乐主义、极端主义思想滋长。

(3) 随着工业化、信息化、城镇化、市场化、国际化深入发展,多元利益主体在我国市场上的竞争日趋激烈,不法分子通过商业贿赂攫取非法利益,拉拢腐蚀公职人员。

(4) 干部队伍构成发生很大变化,有些党员干部理想信念发生动摇,不少中青年干部缺少严格党内生活锻炼和重大政治风浪的考验,容易受腐败病毒感染。一些领导干部没有树立马克思主义的世界观、人生观、价值观和正确的权力观、地位观、利益观,有的心态浮躁、贪图虚名,一门心思用在谋求更高的职位上;有的在收入和待遇上盲目攀比,感到自己的付出与回报不成比例,因而产生心理失衡,走上以权谋私、权钱交易的违法犯罪道路;有的甚至利欲熏心、私欲膨胀,公然索贿受贿,侵吞公共财产和国家、集体资金;等等。

(5) 反腐倡廉建设中仍然存在薄弱环节,一些地方和单位管理失之于软,失之于宽,教育不够扎实,制度不够健全,监督不够得力,预防不够有效,好人主义盛行,应该及时提醒的没有及时提醒,应该坚持制止的没有坚决制止,应该严厉惩处的没有严厉惩处,有的甚至包庇腐败和犯罪。就纪检监察工作来讲,还存在一些薄弱环节,在思想观念、工作机制、工作方式等方面与新形势、新任务的要求还不完全适应,从源头上防治腐败的措施和办法还不够多,等等。

四十四、为什么必须充分认识反腐败斗争的长期性、复杂性、艰巨性?

我国现阶段的反腐败斗争是在错综复杂的国内外环境中开展的。几年来,反腐败斗争力度持续加大,不断取得明显成效,但是消极腐败现象仍然比较严重,反腐倡廉形势仍然严峻,反腐败斗争仍然呈现有利条件与不利因素并存、成效明显与问题突出并存的总体态势。这就要求我们一定要认真把握十八大精神,充分认识反腐败斗争的长期性、复杂性、艰巨性。

第五章 村官廉洁从政素质修养

从总体上看，社会主义市场经济体制初步建立，同时一些领域体制、机制、制度还不完善，客观上存在腐败现象滋生的空间和漏洞；社会主义民主政治建设不断推进，同时形成完善的法治环境和有效的监督机制尚需一个过程；社会主义精神文明建设不断得到加强，同时拜金主义、享乐主义和极端个人主义等腐朽思想，以及封建主义残余思想对党员干部的影响不可低估；党的执政能力建设和先进性建设取得重要进展，同时仍有一些基层组织存在管理不严、软弱涣散的问题。在成效和问题并存的表现上，一方面改革开放以来，在党中央坚强有力的领导下，党风廉政建设和反腐败斗争力度持续加大，党风廉政建设和反腐败工作在继承中发展、在改革中创新，并取得新的明显成效，特别是在查办大案要案、深挖腐败分子、加强制度建设、强化对领导干部的监督、治理商业贿赂、纠正损害群众利益的不正之风等方面取得重要进展。另一方面，消极腐败现象仍然比较严重，违纪违法案件在一些地方和部门仍呈易发、多发态势，党员干部违纪违法问题仍然突出，损害群众利益的不正之风还比较严重，反腐倡廉形势仍然严峻。因此，我们一定要充分认识反腐败斗争的长期性、复杂性、艰巨性。

（1）腐败是一种社会的历史现象，解决腐败问题是一个渐进的历史过程。腐败作为一种社会历史现象，古今中外都存在。解决腐败问题是当今世界各国政府面临的一个共同课题。发达国家过去有腐败问题，现在也有腐败问题，并且也经历过腐败高发的历史阶段。另外，由于体制、机制、制度的完善是一个历史过程，要短时间内改变这个局面也不现实。从西方发达国家的历史看，他们建立和完善市场经济体制一般都经历了上百年甚至更长的时间。

（2）反腐败斗争仍然面临着错综复杂的国内、国际环境。反腐败斗争是一项系统工程，产生腐败的原因是多方面的。体制机制、思想观念、历史文化、社会习俗等都会对反腐败斗争产生影响。当前，我国正处在经济体制深刻变革、社会结构深刻变动、利益格局深刻调整、思想观念深刻变化的关键时期。这种空前的社会变革，给我国发展带来了巨大的活力，也带来这样那样的矛盾和问题。有些矛盾和问题也是反腐倡廉工作面临的新情况、新问题。我们还要看到，党所处的历史方位和党员干部队伍状况发生了重大变化。在长期执政、改革开放和发展社会主义市场经济的条件下，如何治理好一个有着几千万党员、几百万个基层组织的大党，是一项繁重而艰巨的任务，这也向反腐倡廉工作提出了新的更高要求。

（3）从当前国际环境上看，尽管和平、发展、合作仍是当今时代的潮流，但西方敌对势力一刻也没有停止对我国实施西化、分化的政治战略，并正在加紧进行范围更加广泛、手段日益多样、形式更加隐蔽的渗透和破坏活动。他们搞渗透和破坏的手段之一，就是利用腐败问题大做文章，夸大其词，蛊惑人心。近年来,敌对势力更是变本加厉地对我国的反腐败斗争蓄意诋毁,雇用写手撰写反华文章,研发网络穿透工具,在我国境内互联网,造谣惑众,攻击共产党员解决不了自身的腐败问题,等等。他们的目的就是妄图动摇干部群众对我们党领导的反腐败斗争的信心,动摇对社会主义制度和共产党领导的信心。对此,我们要保持清醒的头脑,时刻警惕敌对势力的政治图谋。

总之,全党同志一定要充分认识反腐败斗争的长期性、艰巨性、复杂性。既要树立忧患意识,居安思危,增强紧迫感,又要坚定信念,充满信心,树立长期作战的思想。实践证明,党中央对反腐败的认识是清醒的,旗帜是鲜明的,态度是坚决的,措施是有力的。党的干部队伍的主流是好的,腐败分子只是极少数。我们有党中央的坚强领导,有这些年来积累的成功经验,有广大人民群众的支持和参与。只要认真贯彻党中央确定的战略部署,将反腐倡廉贯穿于改革开放和现代化建设的全过程,坚持不懈地抓下去,就一定能把腐败现象遏制到最低程度。

四十五、如何推进反腐败斗争的有利条件,坚定反腐倡廉建设的信心?

首先,我们有党中央的坚强领导。我们党是全心全意为人民服务的马克思主义政党,党的性质和宗旨决定了我们党同各种消极腐败现象是水火不容的。党中央历来高度重视党风廉政建设和反腐败工作,国务院每年都召开廉政工作会议,对政府系统反腐倡廉工作作出部署;中央还专门设立中央党建工作领导小组和中央反腐败协调小组、中央巡视工作领导小组直接指导和协调反腐倡廉工作。这些都为我们推进反腐败斗争提供了重要政治和领导保证。

其次,我们有社会主义制度的独特政治优势。腐败现象从本质上讲是私有观念和剥削制度的产物。我国实行的社会主义制度作为区别于历史上任何剥削制度的崭新社会制度,从根本上为消除腐败奠定了制度基础。特别是经过改革开放30多年的发展,我国综合国力极大增强,中国特色社会主义法律体系已经形成,为深入推进党风廉政建设和反腐败斗争提供了坚实的物质基础和法制保障。社会主义制度有着巨大的优越性,我们完全有能力依靠自己的力量解决自身存在的腐败问题。

再次,我们有一支优秀的党员干部队伍。长期以来,广大党员干部牢记宗旨、恪尽职守、默默无闻、无私奉献,为改革开放和社会主义现代化建设做出了重要贡献。最近几年,我们国家大事多、难事多、急事多,我们之所以能在众多风险和挑战面前取得经济和社会发展的巨大成就,靠的就是广大党员干部的先锋模范作用和表率带头作用,这是我们党员干部队伍建设和反腐倡廉建设取得显著成效的最有力证明。不承认这一点,就难以解释我们今天取得的举世瞩目成就。

可以说，我们党员干部队伍的主流是好的，是值得党和人民信赖和依靠的，腐败分子只是极少数。近年来，每年受到党纪处分的党员约11万人，只占党员总数的14‰，其中因贪污贿赂类问题受到处分的仅占党员总数的0.3%。

最后，我们有人民群众的大力支持和积极参与。人民群众是我们党的力量源泉和胜利之本，是推进反腐败斗争的重要力量。随着人民群众参与反腐倡廉渠道的不断拓宽和揭露腐败问题能力的不断提高，人民群众在反腐倡廉建设中的积极作用将得到更加充分的发挥。我们有长期以来反腐倡廉建设实践积累的宝贵经验。改革开放以来，我们党在实践中探索形成了符合我国国情的反腐倡廉指导思想、基本原则、工作方针、工作格局、领导体制和工作机制，以及法规制度体系，走出了一条中国特色反腐倡廉道路，为深入推进党风廉政建设和反腐败工作奠定了坚实基础。

第六章 村官法律政策素质修养

一、什么是法律？社会为什么需要法律？

法律，简单地说，就是国家按照统治阶级的利益和意志制定或认可，并由国家强制力保证其实施的行为规范的总和。它涵盖的范围很广泛，其中包括宪法、法令、行政法规、条例、规章、判例、习惯法等各种成文法和不成文法。法律是以言简意赅的法律条文的形式明确地告诉人们，什么可以做，什么不可以做，哪些行为是合法的，哪些行为是违法的，违法者将会受到怎样的制裁等，从而达到扭转不良的社会风气、净化大众的心灵、净化社会环境的社会性效益。

法律是维护社会秩序的重要工具。法律从属于社会秩序，而社会秩序是法律存在和发生的前提。概括地说，社会秩序可以分为既定的社会秩序和理想的社会秩序两类。法律作为一种工具，对既定社会秩序来说，它是对秩序的描述、强化和发现，对理想社会秩序来说，则是一种创建。国家部门在立法时必须考虑立法的目的，同时也要考虑到立法对既有社会秩序的影响。

法律属于上层建筑的范畴，它决定于经济基础，又服务于经济基础。制定法律的目的在于维护有利于统治阶级的社会关系与社会秩序，它历来是统治阶级实现其统治目的的一项重要工具。所以，法律是阶级社会中的一种特有的社会现象，它随着阶级和阶级斗争的产生发展而产生发展，也将随着阶级和阶级斗争的消灭而自行消亡。

我们为什么需要法律？因为有人为了自己的自由和人权常常做出一些破坏社会秩序，危害他人的行为。社会秩序要求人们按照秩序的规则去行使自己的天赋人权，法律就是要强制人们按照这种规则去行使权利。法律存在于群体生活之中，也是为了维护群体生活的秩序而诞生的，因此法律又是维护社会秩序的一种工具。

法律是维护社会秩序的工具，它服务于社会，而不是凌驾于社会秩序之上的绝对的东西，法律是为人们的自由而服务的，不可凌驾于人的自由之上。法律是人们实现自由和人权的一个工具和路径，却并非唯一的工具和路径。我们的社会生活固然需要法律，但不能将法律神圣化，更不能教条化。

法律是被强化的秩序，然而法律并不是秩序的全部内涵。我们在谈法制和法治时，有一个前提就是要明确我们意欲创建或维护一个什么样的社会秩序，需要对人的行为进行什么样的限制。

二、法律与道德的关系是什么？

所谓道德，就是生活于一定物质条件下的人们以善与恶、光荣与耻辱、公与私等标准来评价人们的言行，并依靠人们的内心信念、传统习惯和社会舆论维持的规范、原则和意识的总称。

法律与道德的关系是法学理论的一个永恒的话题。法律与道德既有内在的必然联系，又存在明显的区别。了解这个问题，有益于我们进一步理解法律的概念，同时也有益于我们制定良好的、真正符合民心和民意的法律。

（一）法律与道德的相同之处

（1）法律与道德是建立在同一经济基础之上的，并随着经济基础的发展变化而发展变化。在经济体制有了变化、生产力有了很大发展，而经济基础基本不变的情况下，法律和道德也会发生变化。

（2）法律与道德都是人们的社会行为规范。

（3）法律与道德的目标是一致的。二者追求的都是人际关系和谐，社会秩序安定，生产力发展和人们生活幸福。

（4）法律与道德的内容是互相渗透的。在社会上占统治地位的道德要求通常在法律中明文规定。

（二）法律与道德的区别

（1）二者的体系结构不同。法律是国家意志的集中体现，有着比较严密的逻辑体系，具有不同的位阶和效力。尽管道德有共产主义道德、社会主义道德、社会公德、职业道德、家庭美德之分，但是它不像法律那样具有严谨的结构体系。

（2）二者产生的社会条件不同。道德是与人类社会同步形成的，而法律是在私有制、阶级和国家出现之后才出现的。

（3）二者推行的力量不同。法律主要是靠广大干部群众自觉守法来推行，但也离不开国家强制力的推行；而道德则主要是依靠人们内心的道德信念和修养来维护。

（4）二者制裁的方式不同。违法犯罪的后果在法律条文中有明确规定，属于一种"硬约束"；不道德行为的后果，只能是自我谴责和舆论压力，属于一种"软约束"。

(5) 二者的表现形式不同。无论是成文法还是判例法都是以文字的形式表现出来的,而道德的内容更隐晦一些,主要存在于人们的道德意识中,表现在人们的言行上。

法律与道德不能相互替代,不可混为一谈,二者不可偏废,所以在一定社会中单一的法治模式或单一的德治模式都是有缺陷的。同时,法律与道德又是互有联系的,二者在功能上是互补的,都是调控社会的重要手段。

三、法律有哪些特征及分类?

(一)法律是一种行为规范系统

法律作为一种重要的行为规范系统,具有如下两个特征:

(1)法律具有严格的结构和层次。在逻辑上,每个法律规范都是由假定、处理、制裁这三部分组成的;不同法律规范之间有着紧密的联系,不同法律部门和法律制度共同构成了一个紧密联系的整体。法律具有法定的创制方法和表现形式,不同等级的规范文件之间存在着严格的效力从属关系。

(2)法律具有规范性和普遍性。法律的规范性即指法律规范是一种一般的、抽象的行为规则,它不是不针对具体事或具体人,而是为人们规定出一种行为模式或行为方案,在条件相同的情况下可以反复适用。法律的普遍性即指法律规范在国家权力所及的范围内具有普遍的约束力,对社会全体成员都是有效的,必须人人遵守。

(二)法律是上升为国家意志和统治阶级意志的体现,它是由国家制定或认可的行为规范系统

国家制定法律规范有两种基本形式,即制定或认可。制定,就是指由国家机关在某职权范围内按照法定的程序创制规范性法律文件的活动,通常是指成文法创制的过程。认可,就是指国家承认某些社会上已有的行为规则具有法律效力。

国家认可的法律主要包括判例法、习惯法,以及其他不成文法。无论是国家制定还是认可的法律规范都具有法律效力,它们共同组成了一个国家统一的法律体系。

无论是制定还是认可的法律,都与国家权力有着密不可分的联系,体现了法律所具有的国家意志的属性。可以说,这是其他社会规范所不具有的特征。

(三)法律是由国家强制力保证其实施并具有普遍约束力的行为规范系统

法律由国家强制力保证其实施,所谓的国家强制力,主要包括军队、警察、法庭、监狱等国家暴力机关。这些机关的执法活动保障法律得以实施。

(四)法律是以规定人们的权利义务作为主要调整手段的行为规范系统

法律与公民的权利义务是不可分割的,它把一定生产方式要求的行为自由规

定为法律权利，把与这些法律权利相对应的社会责任规定为法律义务，从而使一定社会形态中人们的相互关系转化为法律意义上的权利义务关系，详细规定人们在一定情况下可以做什么，必须做什么，禁止做什么，这些权利和义务均通过国家强制力来保证其实现，统治阶级借此来确认、保护、发展对自己有利的社会关系与社会秩序。法律所规定的权利与义务，其实不仅是指公民、社会组织，以及国家的权利和义务，同时也包括国家机关及其公职人员的职权和职责。

国家强制力使法律具有了对全社会的普遍约束力，这种约束力不只是面向敌对阶级的，而且在本阶级内部也存在。可以说，如果法律失去了国家强制力，就无异于一纸空文。

四、什么是法律后果？

法律后果通常是指法律对具有法律意义的行为赋予某种结果。大体上可以将其分为肯定性法律后果和否定性法律后果两大类。

（1）肯定性法律后果，即指行为人按照法律规范的行为模式的要求而行为，从而导致的一种积极的结果，国家承认这类行为合法有效，并予以保护和奖励。假设一个人在遇到暴力威胁他人生命的犯罪行为时出手相救，不慎伤了凶手，或者要了凶手的性命，在法律上是肯定这种行为的，这属于正当防卫而不属于防卫过当，见义勇为者不负刑事责任。

（2）否定性法律后果，即指行为人违反法律规范的行为模式的规定而行为，从而导致的一种消极的结果，国家不承认这类行为合法，视为无效，甚至要受到法律的制裁。例如，凶手故意杀人后就要受到法律的惩罚。

如果我们将法律后果单纯的归结为制裁，那么法律规范就显得过于片面化了，会在无形中忽视肯定性法律的后果，同时也排除了宣布无效等非奖非惩的中性法律后果。

五、法律与党的政策是什么关系？存在着哪些区别？

我国社会主义法律与共产党的政策之间的关系表现为：党的政策是制定和实施我国社会主义法律的基本依据；社会主义法律是党的政策的规范化、具体化、定型化，同时也是贯彻党的政策的重要措施。社会主义法律与共产党的政策是相互作用、相辅相成的，它们共同为建设有中国特色社会主义这一伟大事业而服务。这两者不能比高低、分大小，它们各有自己具备的、不可相互替代的职能和作用。因此，我们必须坚决反对把政策与法律对立起来、割裂开来的错误观点。法律和政策都是治理国家不可或缺的工具。我们既要重视政策的作用，也要重视法律的作用；既要坚决执行政策，也要认真执行法律。

尽管社会主义法律和党的政策紧密联系、相辅相成，但它们毕竟是两种不同的社会规范，有着各自鲜明的特点和作用，不能相互代替。

具体来说，社会主义法律和党的政策有以下五点区别：

（1）法律是由国家制定或认可的，具有国家意志的属性；政策是由党组织制定的，不具有国家意志的属性；

（2）法律是由国家强制力来保证实施的，而且具有普遍的约束力；党的政策是通过思想工作、说服教育、党员的模范带头作用、党的保证来实现的，党的某些政策并不是对每个公民都具有约束力。

（3）法律是以宪法、法律、法规等一些规范性文件形式来表现的；政策在没有被制定或认可为法律规范之前，一般是由决定、决议、纲领、宣言、纪要、通知等形式表现的。

（4）法律规定的内容比较具体、明确、详尽，它既告知人们可以做什么、应该做什么、禁止做什么，又规定了违法者应当承担什么责任；政策一般都是原则性、概括性较强的内容。

（5）法律比较稳定，一旦制定就不会轻易改变；政策比较灵活，变化较快。

六、我国的立法体系是怎样的？

所谓立法体系，指的是对立法权限的划分。根据我国《宪法》和《中华人民共和国立法法》（以下简称《立法法》）的相关规定，我国的立法体系如下：

（1）全国人民代表大会和全国人民代表大会常务委员会行使国家立法权。全国人民代表大会制定和修改刑事、民事、国家机构的及其他的基本法律，凡是应当由全国人民代表大会制定的法律以外的其他法律，均由全国人民代表大会常务委员会制定和修改。在全国人民代表大会闭会期间，全国人民代表大会常务委员会对全国人民代表大会制定的法律进行部分补充和修改，但是不得与该法律的基本原则相抵触。

（2）国务院根据宪法和法律，制定行政法规。

（3）省、自治区、直辖市的人民代表大会及其常务委员会根据本行政区域的具体情况和实际需要，在不同的宪法、法律、行政法规相抵触的前提下，可以制定地方性法规。

（4）较大的市的人民代表大会及其常务委员会根据本市的具体情况和实际需要，在不同的宪法、法律、行政法规与本省、自治区的地方性法规相抵触的前提下，可以制定自己的地方性法规，报省、自治区的人民代表大会常务委员会批准后即可施行。

（5）民族自治地方的人民代表大会有权依照当地民族的政治、经济、文化的特点，制定地方的自治条例和单行条例。制定好的自治区的自治条例和单行条例，报全国人民代表大会常务委员会批准后生效。自治州、自治县的自治条例和单行条例，报省、自治区、直辖市的人民代表大会常务委员会批准后生效。

（6）国务院各部、委员会、中国人民银行、审计署和具有行政管理职能的直属机构，可以根据法律和国务院的行政法规、决定、命令，在本部门的权限范围内制定规章规定。部门规章规定的事项应属于执行法律或者国务院的行政法规、决定、命令的事项。

（7）省、自治区、直辖市和较大的市的人民政府，可以根据法律、行政法规，以及本省、自治区、直辖市的地方性法规，制定规章。地方政府的规章可以就下列事项作出规定：为执行法律、行政法规、地方性法规的规定需要制定规章的事项；属于本行政区域的具体行政管理事项。

（8）中央军事委员会根据宪法和法律，制定军事法规。中央军事委员会各总部、军兵种、军区，可以根据法律和中央军事委员会的军事法规、决定、命令，在其权限范围内，制定军事规章。军事法规、军事规章均在武装力量内部实施。

七、立法解释、司法解释和行政解释的含义是什么？

立法解释，即指国家立法机关对于法律的解释。在我国，立法解释主要是指全国人大常委会解释宪法和法律的活动，是关于法律的规定需要进一步明确具体含义，以及法律制定后出现了新的情况，需要明确适用法律依据所作的解释。

司法解释，即指国家最高司法机关对于法律的解释。在我国，司法解释是指最高人民法院和最高人民检察院在审判和检察工作中对法律的具体应用问题所作的解释。

行政解释，即指国家行政机关对于法律的解释。在我国，行政解释是指国务院及其所属各部门对法律所作的解释。这里面可以分为两种情况：一是对于不属于审判和检察工作中的其他法律应该如何具体应用法律所作的解释；二是国务院及其各部门在行使各自的职权时，对自己制定的规范性法律文件所作的解释。

在我国的司法实践中，最高人民法院一方面强烈反对地方法院私自制定司法解释，然而另一方面，又允许地方法院在经济犯罪、财产犯罪的立案起点和判决标准等方面，根据不同地区的经济和社会发展的实际情况进行变通。

八、什么是法律面前人人平等？

中华人民共和国公民在法律面前人人平等，这是我国的根本大法——宪法确定的基本原则。这一原则的基本精神就是禁止基于公民的种族、肤色、性别、语言、宗教、政治信仰、国籍、社会出身、财产、出生或其他身份等原因享有特权或者遭到歧视，禁止将这些因素作为法律区别对待公民的分类标准。

法律面前人人平等这一重要的宪法精神，是由我国人民当家做主的国家本质所决定的，也是我国社会主义法治的民主性与人民性的必然要求。

法律面前人人平等包括如下三方面含义：

（1）我国公民的法律地位一律平等。我国宪法第三十三条明确规定："中华人民共和国公民在法律面前一律平等。任何公民享有宪法和法律规定的权利，同时必须履行宪法和法律规定的义务。"也就是说，中华人民共和国公民，不分高低、贵贱、贫富、民族、信仰、性别、职业等，一律平等享有宪法和法律规定的各项权利，也都必须平等履行宪法和法律规定的各种义务。

（2）任何组织和个人都没有超越宪法和法律的特权。我国的宪法和法律是人民利益的集中体现，它反映了人民大众的意志。服从宪法和法律，就等于服从于人民的意志，维护人民的利益。

（3）任何组织和个人的违法行为都必须依法予以追究。我国宪法第五条明确规定："一切国家机关和武装力量、各政党和各社会团体、各企业事业组织都必须遵守宪法和法律。一切违反宪法和法律的行为，必须予以追究。"毫无疑问，任何违法者不能凌驾于宪法和法律之上，任何违法行为都必须受到追究，使其得到应有的惩罚是法律尊严的重要体现，同时也是法律权威的重要保障。

将上述三个方面结合起来，就是对法律面前人人平等原则的完整理解。

九、为什么必须做到法律面前人人平等？

法律面前人人平等，鲜明而直观地体现出了我国法治的公平正义性。在我国，坚持公民在社会主义法律面前人人平等，有着重要的意义。社会主义法律充分显示出了社会主义政治制度的优越性，有利于提高广大人民群众的思想政治觉悟，树立国家主人翁的责任感。社会主义法律鲜明地反对法外特权，防止特权思想和特权作风侵蚀干部队伍。社会主义法律鲜明地反对法外歧视，有益于坚持"以事实为依据，以法律为准绳"的司法原则，防止发生冤假错案。社会主义法律要求人人都严格依法办事，既充分享有公民应当享有的法定权利，又切实履行公民应当履行的法定义务，有利于维护法律的权威，健全社会主义法治。

所谓法律面前人人平等，指的是在实施法律时，要体现公民在司法、执法、守法上的平等，当然这并不意味着公民在立法上也一律平等。这其中有两个原因：首先，因为在我国那些因种种原因被剥夺了政治权利的人，没有参与法律制定的权利；其次，因为社会主义法律是我国广大人民共同意志的表现，我们在制定法律时，必须明确要保护什么、反对什么、什么是合法的、什么是非法的，这些都是从广大人民的共同利益出发的,不反映少数敌对分子的利益和意志。也就是说,我们在此所讲的法律面前一律平等并不是指任何人都享有平等的立法权。因此,在生活中我们不能将"法律面前人人平等"这一原则绝对化。

法律面前人人平等,是我国一贯追求的目标。党的十七大报告强调:"要坚持科学立法、民主立法,完善中国特色社会主义法律体系。加强宪法和法律实施,坚持公民在法律面前一律平等,维护社会公平正义,维护社会主义法治的统一、尊严、权威。"因此,广大党员干部必须树立正确的行政法治观念,遵守法律,凡是法律没有授权的行为都不可以做,凡是法律规定的事情都要认真做好。无论什么人,无论做什么事,都不得在法律约束的范围之外寻求特权和特殊利益。

任何个人和组织,一旦享有超越宪法和法律所赋予的特权,就是对社会主义法治权威和尊严的挑战与破坏,就是从根本上背离了法律面前人人平等的原则,一律需要彻底清除。

十、怎样树立和维护法律的权威?

任何社会都必须树立有效的法律权威,如果没有法律的权威,那么稳定的社会秩序就无从谈起。概括起来,我国社会主义法律的权威性主要表现在如下几方面:

(1)社会主义法律体现了全体人民的意志,它实现了党的主张与人民意志的高度统一。

(2)法律具有规范性和确定性,未经法定程序不得修改或者废止任何一项法律规定。

(3)法律具有普遍性,在它的有效时间内,对全体社会成员均具有普遍的约束力。

(4)法律具有国家强制性。法律以国家权力为后盾,并且由国家强制力来保证实施,任何个人或组织一旦违犯法律,都要承担相应的法律责任。

以上这四项特征,就决定了我国社会主义法律具有崇高的权威性。

那么,我们应当如何树立和维护法律的权威呢?基本要求如下:

(1)维护法律的权威,必须首先确立法律是人们生活的基本行为准则的观念。在一个法治社会中,法律无处不在,它对人们的社会生活起着最基本的,也是最有力的规范和约束作用。

(2)维护法律权威,必须先要维护宪法权威。中华人民共和国宪法作为我国的根本大法,它具有最大的权威性及最高的法律效力。全国各族人民、一切国家机关、武装力量、各政党、各社会团体、各企业事业组织,都必须以宪法的规定为最根本的活动准则,同时还负有维护宪法尊严和保证宪法实施的职责。

(3) 维护法律权威,就必须努力维护社会主义法治的统一与尊严。特别是社会主义法治的统一是法律具有权威性的重要标志。我国的社会主义法律体系,是一个有机的、统一的整体,任何法律、法规和规章都不得与宪法发生抵触。

(4) 维护法律权威,还必须努力树立执法部门的公信力。法律的权威不仅表现为在立法中体现了人民的意志,得到了人民的拥护,而且还体现在执法中的严格公正,得到人民的信任。因此,执法人员实现司法公正,提高执法部门的公信力,同样是维护法律权威的一项重要措施。

整个社会和全体公民都必须树立良好的法律意识,自觉尊重法律并严格服从法律规定,自觉地以法律为指导和规范自身社会活动的基本行为准则。

十一、怎样严格依法办事?

严格依法办事是依法治国的基本要求。严格依法办事就是要做到有法必依、执法必严、违法必究。严格依法办事对于一切国家机关,特别是专门履行执法、司法职责的政法机关而言,具体体现在以下几个方面:

(1) 职权由法定。职权法定原则规定,执法机关的权力必须是由具体而明确的法律条文所授予的,执法机关必须严格依据法律规定,并在其权限内履行职责。没有法定授权的执法就是越权,就是对法律权威的侵害。

(2) 有权必有责。行使法定权力的机关必须对行使权力的过程和结果承担相应的法律责任。相对于社会来说,政法机关的权力本身就是一种必须履行的职责,既然肩负着法定职责却不履行、不尽职、不作为,这就是一种失职渎职的行为。

(3) 用权受监督。依法治国的前提是依法治权,因此政法机关的权力不可滥用,必须严格按照法定权限和程序行使,整个行使过程必须要受到严格的制约和监督。

(4) 违法受追究。违法必究原则是社会主义法治的基本要求。为了维护我国社会主义法律的权威,就必须对违法者建立起一套完善而严厉的追究机制。只有违法行为都依法受到追究和惩罚,执法部门才能给整个社会树立起依法办事的良好示范。

十二、怎样提高法律素养?

全社会都要努力提高法律素养,这是贯彻实施依法治国方略的前提和基础。农村基层干部特别是村官,都要具备较高的法律素养,对其自身的要求有如下两方面:

(1) 村官必须熟练掌握相关的法律知识。每一个村官都要做到学法、知法、懂法，认真学习法律知识，打牢法律基本功，大力提高村官队伍的法律素养，这是开展社会主义法治理念教育的基本任务。

(2) 村官必须切实增强法治观念。这是实现严格执法、正确履行职责的思想基础。对于一个村官而言，只有发自内心地尊重法律，自觉地遵守法律，他才会更加自觉地严格执行法律，维护法律的权威。经过多年来大力度的法治宣传教育，人们的法律意识已普遍得到了提高，以往那种公然蔑视法律的现象比较少见了。但是，我们也看到，少数村官的法治观念依然不强，有的甚至对法律最起码的尊重也没有。村官一定要充分认识自己增强法治观念的重要性，努力培养自己尊重和信仰法律的思想意识，尽快做到学法、懂法，自觉依法办事。

贯彻依法治国方针，以及建设社会主义市场经济体制，关键在于要使广大人民群众和村官的法律素养得到普遍提高。只有使各级村官确立了正确的法律意识，掌握了必要的法律知识，通晓了法律的用法和途径，提高了自身的法律素养，才能真正做到依法决策、依法行政、依法管理。

十三、什么是法律责任？其特点和种类有哪些？

所谓法律责任，就是指人们对自己的违法行为所应承担的、带有强制性的法律后果。法律责任是一种带有强制性的法律措施，必须由有立法权的机关，根据其职权依照法定程序制定的有关法律、行政法规、地方性法规、部委规章或地方政府规章中来加以明文规定，否则没有相关法律，也就不能构成法律责任。

法律责任的特点有如下四点：

(1) 法律责任与违法具有密不可分的联系，违法行为是承担法律责任的根据。

(2) 法律责任是由法律条文规定的。法律责任的大小、范围、期限和性质，都在法律中明确规定。

(3) 法律责任的认定和追究，必须由专门的国家机关按照一定的法定程序来进行，其他组织和个人没有此项权力。

(4) 法律责任的承担以国家强制力来保证。

法律责任可以分为以下四类：

(1) 违宪责任。违宪责任就是指由于违宪行为而必须承担的法律责任。可以说，违宪责任是法律责任中最为特殊的一种，它的特殊性主要表现在政治上的、领导上的责任。它的责任主体、追究方式和责任的实现形式也是比较特殊的。

(2) 刑事责任。刑事责任就是指由于刑事犯罪行为而承担的法律责任。在所有法律责任中刑事责任是性质最严重、制裁最严厉的一种。刑事责任主要是人身责任，刑事责任主体主要是公民，也可以是法人。

（3）民事责任。民事责任就是指由于民事违法行为而承担的法律责任。在司法实践中民事责任主要表现为一种财产上的责任。承担民事责任的主体主要是公民或法人。

（4）行政责任。行政责任就是指由于行政违法行为而承担的法律责任。行政责任的主体较之以上两种责任主体要广泛一些，除了国家机关和国家公务人员之外，还可以是普通公民或其他组织、团体。

关于法律责任的认定，是将违法构成的要件作为归责基础。换而言之，在法律上，看一个人或组织是否应当承担法律责任，必须从它的行为主观和客观等方面进行全面分析和考虑。如果不存在违法行为，就谈不上追究法律责任。

十四、法律责任的构成要件有哪些？

法律责任的构成要件即指构成法律责任必须具备的各种条件或必须符合的标准，法律责任的构成是国家机关要求行为人承担法律责任时进行分析和判断的标准。根据违法行为的一般特点，我们可以将法律责任的构成要件概括为五个方面：主体、过错、违法行为、损害事实和因果关系。

（1）主体。法律责任主体，即指违法主体或者承担法律责任的主体。准确地说，责任主体不完全等同于违法主体。

（2）过错。过错是指承担法律责任的主观故意或者过失。

（3）违法行为。违法行为即指违反法律所规定的义务、超越权利的界限行使权利和侵权行为的总称。违法行为包括犯罪行为和一般违法行为两种。

（4）损害事实。损害事实是指受到的损失和伤害的事实，包括对人身、财产、精神（或者三方面兼有的）的损失和伤害。

（5）因果关系。因果关系是指行为与损害之间的因果关系，在自然界和人类社会中的各种因果关系中，它是一种特殊的形式。

因果关系就是指违法行为与损害事实二者之间存在的必然联系，也就是说，某一损害事实是由行为人的某一行为直接引起的，二者之间存在着直接的因果关系。造成损害直接原因的行为要承担责任，作为间接原因的行为只有在法律有相关规定的情况下才需要承担法律责任。

十五、什么是法律制裁？其特点和种类有哪些？

法律制裁就是指国家专门机关对违法者依其所应当承担的法律责任而实施的强制性惩罚措施。法律制裁的目的在于保护公民依法享有的权利，惩罚违法行为，恢复被损害和践踏的法律秩序。法律制裁和法律责任之间有着密切的联系。二者都是基于违法、侵权、违约而产生的，其内在关系是法律责任、法律制裁的前提，法律制裁是法律责任的后果。

法律制裁有下面几个主要特点：

（1）法律制裁是由国家专门机关依法实施的；

（2）法律制裁是一种惩罚性的强制措施；

（3）法律制裁必须以违法行为和法律责任为前提；

（4）法律制裁是一种"要式"的法律行为，也就是实施惩罚的国家机关必须遵守严格的程序，并制作相应的法律文书。

根据违法行为的性质，我们可以将法律制裁分为以下几类：

（1）刑事制裁，是指人民法院对犯罪分子实施的刑罚。刑事制裁也被称为"刑罚"，它是人民法院对犯罪行为实施的惩罚措施。刑罚包括主刑和附加刑，是最严厉的一种法律制裁方式。

（2）民事制裁，是指人民法院对违反民事法律的当事人实施的惩罚措施。民事违法的情况复杂而多样，因而民事制裁的方式也是多种多样的，其中包括：停止侵害、排除妨碍、消除危险；返还财产；恢复原状等。

（3）行政制裁，是指国家行政机关对违反行政法律规范的人进行的制裁。行政制裁主要包括行政处罚、行政处分、劳动教养三种。

（4）违宪制裁，是指依据宪法的特殊规定对违宪行为实施的强制措施。制裁的具体措施有：撤销与宪法相抵触的法律、行政法规、地方性法规，以及罢免国家机关的领导成员等。在我国，行使违宪制裁的是监督宪法实施的国家机关。例如，全国人大常委会就有权对与宪法相抵触的行政法规、地方性法规予以撤销。

十六、社会主义法治要求与法治国家的基本内容是什么？

我国社会主义法治的基本要求是十六个字：有法可依，有法必依，执法必严，违法必究。

（1）有法可依，这是社会主义法治的前提和基础。这是指国家有着比较完备的法律，国家在政治、经济、文化、社会生活等各个方面，应该并需要法律进行调整的，在相应的法律中都有规定。

（2）有法必依，这是社会主义法治的中心环节。这是指一切国家机关、党派团体、社会组织，以及任何个人，都必须严格遵守法律，依法办事。

（3）执法必严，这是社会主义法治的关键。这是指执法和司法机关及其工作人员，都必须严格地按照法律规定实施法律，坚决维护法律的权威和尊严。

（4）违法必究，这是社会主义法治的保障。这是指任何公民只要是违反了法律，就必须要受到追究，给予相应的惩罚，法律面前人人平等。

社会主义法治国家的基本内容是：社会主义法治国家必须把党的领导、发扬人民民主、严格依法办事，将此三者有机结合、和谐统一。具体来说，包括以下三项基本内容：

（1）社会主义法治国家具有比较完备的法律体系。

（2）社会主义法治国家具有健全的民主制度、完善的行政制度、公正的司法制度，以及有效的监督制度，还有着高素质的国家机关工作人员和崇尚法治意识的人民群众。

（3）社会主义法律具有崇高的权威和尊严。

十七、法制与法治的关系是什么？

（一）法制与法治的联系

（1）法制是法治的基础和前提条件。也就是说，一个国家或地区要实行法治，必须先要具有完备的法制。

（2）法治是法制的立足点和归宿，法制的发展前途是最终实现法治。

（二）法制与法治的区别

（1）法制的产生和发展与所有国家都有着直接的联系，任何国家都存在法制；而法治的产生和发展却不与所有国家直接相联，只有民主制国家才存在法治。

（2）一个国家实行法制的主要标志，是该国从立法、执法、司法、守法到法律监督等各方面、各环节，都有比较完备的法律和制度；而一个国家实行法治的主要标志，是该国的任何机关、团体、个人，包括国家最高领导人在内，一律严格遵守法律，坚决依法办事。

（3）法制的基本要求是各项工作都实现法律化、制度化，做到有法可依，有法必依，执法必严，违法必究；法治的基本要求是各机关、团体、个人都严格依法办事，法律在各种社会调整措施中具有至上性、权威性、强制性，不以当权者的意志为转移。

（4）法制是法律制度的简称，它属于制度的范畴，而且无处不在，是一种实际存在的东西；法治是法律统治的简称，它是一种治国的原则与方法，比较抽象，是相对于人治而言的，是对实际存在的法制的完善和改造。

总之，我们既要重视法制建设，又要努力推进法治进程，站在法治的高度来完善我国目前的立法工作。推行法治就必须遵循法律至上、法律面前人人平等、尊重和保障人权、以权利为本位、政治权力相互制衡、司法独立等原则。

十八、社会主义法律适用有什么特点？其原则及要求是什么？

社会主义法律适用具有以下几个特点：

（1）法律适用的主体主要是国家机关及其工作人员，还包括国家授权的单位；

（2）法律适用的主体必须在法定的权限内依法行使国家权力；

（3）这些国家机关及其工作人员必须严格依照法律规定的程序进行，认真履行法定手续；

（4）这些国家机关及其工作人员在自己的职权范围之内按照法定程序适用法律规范时，其他国家机关和公民不得予以干涉和妨碍。

我国社会主义法律适用时应遵循以下五个原则：

（1）以事实为根据、以法律为准绳的原则。

（2）公民在适用法律上一律平等的原则。

（3）司法机关依法独立行使职权的原则。所谓司法机关独立行使职权，就是指国家的司法权只能由国家司法机关统一行使，司法机关在独立行使职权时，不受其他行政机关、社会团体及个人的干涉。毋庸置疑，这一点对于发挥司法机关职能，维护法治统一，正确使用法律，防止特权现象和实现司法公正，无不具有重要的意义。

（4）专门机关工作与群众路线相结合的原则。

（5）实事求是、有错必纠和国家赔偿的原则。

概括起来，我国社会主义法律适用的基本要求只有十个字：正确、合法、及时、合理、公正。

正确，是指要做到事实清楚，证据确凿，定性准确，处理得当。合法，是指要合乎国家法律的规定，严格依照法定权限、法定程序办事。及时，是指法律适用的每一个环节都要严格符合法律所规定的时间要求，提高办案效率。合理和公正，是指要符合社会主义道德的要求，符合广大人民群众的公平正义的观念，符合适用法的根本目的。

十九、如何寻求和申请法律援助？

法律援助，是我们国家设立的法律援助机构组织法律服务人员，为经济困难或者特殊案件的当事人给予减免收费，提供法律帮助的一项法律制度。

公民在以下几种情况下，可以要求法律援助：

（1）刑事案件；

（2）请求给付赡养费、抚育费、抚养费的法律事项；

（3）除责任事故外，因公受伤害请求赔偿的法律事项；

（4）盲、聋、哑和其他残疾人，未成年人，老年人追索侵权赔偿的法律事项；

（5）请求国家赔偿的诉讼案件；

（6）请求发给抚恤金、救济金的法律事项；

（7）其他确实需要法律援助的法律事项。

在这里，重点介绍一下刑事诉讼的被告人在哪几种情况下，可以要求获得法律援助：

（1）在公诉案件中，被告人因为自身经济困难或者其他原因没有委托辩护人的，人民法院可以为该被告人指定辩护律师。

（2）被告人为盲、聋、哑和未成年人的，如果没有指定辩护人，法院可以为其指定辩护律师。当其他残疾人和老年人为被告人时，因经济困难无力聘请律师的，法院应当为其指定辩护律师。

（3）被告人可能被判处死刑而没有委托辩护人的，法院应当为其指定辩护律师。

是否应当为当事人提供法律援助，通常是由法律援助机构经过实质审查而决定的。当然，当事人也可以直接提出申请，假如确实有经济困难，有充分的理由减免律师服务费用，那么完全可以向法律援助机构提出申请。

法律援助的管辖分为以下三种情况：

（1）非指定辩护的刑事诉讼案件及其他诉讼案件的法律援助，可由申请人向有管辖权的法院所在地的法律援助机构提出申请；

（2）其他非诉讼法律事务，可由申请人向居住地，或者工作所在地的法律援助机构提出申请；

（3）法律咨询、代书等法律援助申请和紧急情况的法律援助申请均不受上述管辖限制。

法律援助申请必须以书面形式提出，同时还要提交下列材料：

（1）身份证、户籍证明或暂住证；

（2）有关单位出具的申请人及其家庭成员经济状况的证明；

（3）申请援助事项的基本材料和主要材料；

（4）法律援助机构认为需要提供的其他材料。

当申请人是未成年人或无行为能力人时，应当由其监护人代为提出申请，代申请人还应当一并提交有代理资格的证明。

二十、什么是宪法？其特征有哪些？

什么是宪法？宪法是集中表现各种政治力量的对比关系，规定国家制度和社会制度的基本原则,规定公民的基本权利和义务,规定国家机构的组织和活动原则的国家根本法。民主和人权是宪法的最基本的价值取向。列宁曾明确指出:"什么是宪法?宪法就是一张写着人民权利的纸。"在我国的宪法修正案中也郑重提出了"国家尊重和保障人权",从而将"人权"二字引入宪法,可以肯定,这一举措将具有极为深远的影响。

宪法作为一个国家法律体系的基础和核心,其最主要的特征可以归纳为如下三个方面:

(1) 从规定的内容上看,宪法所规定的是国家制度和社会制度最基本的原则,国家机构的组织及其动作的原则,公民的基本权利和义务等;

(2) 从法律地位或法律效力上看,宪法具有最高的法律地位或法律效力。概括起来,宪法的法律效力的最高性主要表现为以下几个方面:

①宪法是制定普通法律的依据和基础;

②普通法律不得与宪法相抵触;

③宪法是一切组织和个人的根本活动准则。

(3) 从制定和修改的程序上看,宪法的制定和修改都要区别于普通法律的制定和修改程序。

宪法的作用是宪法立法对实际政治运行及社会生活发生的实际效用。与普通法律相比,宪法的作用具有根本性、决定性、指导性和相对稳定性的特点。

二十一、为什么说宪法是国家的根本大法?

因为宪法作为国家的根本法与普通法律有着明显的区别,其主要区别体现在如下三个方面:

(1) 宪法在规定的内容上与普通法律不同。普通法律作为部门法,仅仅调整国家生活中某一方面的社会关系,而宪法作为国家的根本大法,它规定的是国家政治生活及社会生活中最根本、最重要的一些问题。我国现行的《宪法》在序言中就明确宣布:"本宪法以法律的形式确认了中国各族人民奋斗的成果,规定了国家的根本制度和根本任务,是国家的根本法。"

(2) 宪法在法律效力上与普通法律不同。由于宪法是国家的根本法,因此它所具有的不是一般的法律效力,而是最高的法律效力。

(3) 宪法在制定和修改的程序上与普通法律不同。宪法作为国家的根本法,具有最高的法律效力,所以为体现宪法的严肃性,也为保持宪法的稳定性、连续性,对于宪法的制定和修改多数国家都规定了不同于普通立法的特别程序。

二十二、宪法的原则及作用是什么?

宪法的基本原则是指在制定宪法时所依据的基本理论,在规定国家制度及社会制度时所遵循的根本标准，它贯穿在宪法的全部内容之中，也体现着宪法的基本精神，突出反映了宪法的本质属性。具体来说，宪法的基本原则有以下三点：

（1）人民主权原则。人民主权原则的核心是指，国家主权这一最高权力是来源于人民的，而且也永远属于人民，人民有权参与各项国家事务的管理。

（2）人权原则。所谓人权就是作为一个自然人所应该享有的一系列权利。

（3）法治原则。法治原则是指，法律是国家和公民的最高活动准则，任何国家机关、政党、团体、公民，包括国家领导人在内都必须严格遵守法律，在法律规定的范围内活动。国家机关的任何权力都必须有法律的依据，国家对公民权利的任何限制也都必须源于法律，真正做到法律面前人人平等。

宪法在国家经济发展、社会保障、文化建设、对外交往等诸多方面都发挥着重要的作用。但是我们必须明确一点，就是宪法所有现实作用的存在和发挥都是通过确认与构建民主政治秩序来达成的。

宪法对国家生活及社会生活的作用主要表现在以下几个方面：

1. 保障民主

（1）宪法保障民主的作用表现在宪法确认民主革命的成果，它是民主制度的法律化、具体化。

（2）宪法保障民主的作用还表现在对整个民主权利运行过程的规范与保障。

（3）宪法保障民主的作用还表现在它通过规范政治秩序和社会秩序，以及运用国家强制力量来制裁不法行为和反民主行为，从而保障公民行使民主权利不受非法干扰，保障国家民主政权的巩固。

2. 保障人权

保障人权，这是人民享有国家主权、国家的一切权力属于人民的具体表现和必然要求。宪法保障人权的作用是通过以下两种方式表现和实现的：

（1）宪法将人权法律化、规范化。

（2）宪法通过规范民主机制和权力行使，制裁各种侵权行为，并保障人权不受侵犯。

3. 保障法治

法治是近代民主的应有之义，同时也是近代民主政治的有效保障，法治与民主并生并存，同步发展。宪法保障法治的作用主要表现在以下三方面：

（1）宪法为法律体系的构建提供立法原则，同时对立法的权限、程序也做出了明确的规定，这就为国家法律制度的建立及法律秩序的形成提供了依据和基础。

（2）宪法为法制体系的统一完善提供了标准、原则和方向。

（3）宪法通过对违宪审查、宪政监督、宪法解释等制度的规定，起着约束权力滥用、制裁违宪违法、强化社会法治意识、督促校正法治进程的作用，以此来保障国家法治秩序的现实确立和有效存在。

4. 保障经济制度

宪法保障民主、保障人权、保障法治，最终都可以归结为对民主政治本身的保障，然而民主政治不是凭空存在的，它离不开特定的经济基础和经济支持。如果没有这个最根本的条件，那么任何民主政治都不可能存在和发展。因此，宪法的作用不只是要保障民主制度本身，而是还要保障其赖以生存的经济制度，二者相加才是宪法保障民主政治作用的全部。

二十三、宪法的主要内容有哪些？

宪法作为国家的根本法，它在国家的整个法律体系中具有最高地位和最高的法律效力。一般来说，宪法的内容主要包括以下七个方面：

（1）序言。绝大多数国家的宪法，其序言的内容都是有关宪法本身的规定。例如，制定宪法的宗旨、目的、依据和制定宪法的经过等。

（2）国家的基本政治制度。国家的基本政治制度通常是宪法的主要内容之一，其中包括国家的性质、国家政权的组织形式、国家的结构形式和选举制度等。

（3）国家的基本经济文化制度。具体内容包括经济制度、教育、科学及其他文化制度等。

（4）公民的基本权利和义务。

（5）国家机构。国家机构是宪法内容的重要构成部分。

（6）宪法保障。它是指维护宪法尊严，保证宪法实施的措施和制度。

（7）其他规定。除了上述几项基本内容以外，世界上大多数国家的宪法都在最后另有一些附则条款。

宪法的修改都有严格的程序，以保证宪法的稳定性。对于宪法，世界上绝大多数国家都规定了比普通法律更为严格的修改程序，同时也规定了监督宪法实施的机关和违宪审查制度等。

二十四、什么是宪法监督？其内容有哪些？

所谓宪法监督，就是指为了保证宪法的有效实施而建立的监督制度。为了维护宪法的绝对权威，我们必须严格遵守以下几项规定：

（1）宪法的修改通过必须在全国人民代表大会上，以全体代表三分之二以上的赞成数通过；

（2）为了保证宪法的有效实施，规定只有全国人民代表大会可以行使监督

宪法实施的职权和宪法的解释权,除此之外,其他任何机关的解释均无效,从组织上保证了宪法的实施;

(3) 明确规定地方各级人民代表大会及地方各级国家权力机关,在本行政区内切实保证宪法的实施,从而使宪法在全国范围内得到贯彻实行;

(4) 制定普通法律,加强国家法制建设,以保证宪法的具体化,并使其真正贯彻落实到国家生活的方方面面。

同时,宪法监督制度还规定国家机关、武装力量、各政党、各社会团体、各企事业单位及全民都必须自觉地遵守宪法,任何组织、任何个人都不得享有超越宪法和法律的特权。特别是中国共产党的领导,对于保证宪法的实施更是具有不可替代的决定性意义。

监督宪法实施的主要内容有如下三项:

(1) 审查法律法规和其他规范性文件的合宪性;

(2) 审查国家机关及其工作人员行为的合宪性;

(3) 审查各政党、团体、企事业单位和全体公民行为的合宪性。

应该说,宪法监督制度对于树立宪法的权威,维护国家法制的统一,保障民主、法治和人权,维护国家政治与社会的稳定,都发挥出了重要的作用。我国必须从当前的具体国情出发,建立并完善宪法监督制度。

二十五、什么是公民?公民和人民有何区别?

公民是指取得某国国籍,并根据该国法律规定享有权利、承担义务的人。人民是指以劳动群众为主体的社会基本成员。人民一词是相对于敌人而言的。人民的涵盖面很广,推动历史向前发展的那些社会阶级、阶层、社会集团、个人,都在人民的范畴之内。在不同的国家,甚至在各个国家的不同历史时期,人民也有着不同的内容。当前在我国,工人、农民、知识分子和其他一切拥护社会主义、一切拥护祖国统一的社会力量、一切爱国者都包括在人民的范围之内。人民是我国人民民主专政的主体。此外,人民有时也泛指以劳动者为主体的社会基本成员。

公民和人民虽只有一字之差,但在我国,它们是两个不同的概念。二者的区别主要在于:

(1) 两个概念的性质不同。公民是与外国人(包括无国籍人)相对应的一个法律概念,而人民则是与敌人相对应的政治概念。

(2) 两个概念的范围不同。公民的范围比人民的范围更广泛一些,公民中除了包括人民以外,还包括人民的敌人。在我国现阶段,人民就是指全体社会主义劳动者,拥护社会主义的爱国者,以及拥护祖国统一的爱国者。

(3) 两个概念的后果不同。公民中的人民，享有宪法和法律中所规定的一切公民权利，并且要履行全部义务；公民中的敌人，则不能享有宪法和法律中规定的全部公民权利，也不可履行公民的某些义务。

(4) 一般来说，公民所表达的是个体概念，而人民所表达的通常是群体概念。

在现实生活中，有些人往往分不清公民和人民的概念，经常将二者混为一谈，该用公民的场合用了人民，而该用人民的场合又用了公民，闹出了不少笑话。因此，在此有必要提醒村官一定要注意场合，慎重用词。

二十六、宪法保护公民的人身自由有哪些？

人身自由又称为"身体自由"，即公民的人身不受非法侵犯的自由，这是公民参加政治生活和社会生活的基础。任何组织和个人均不得非法剥夺、限制公民的人身自由，公检法机关在行使国家赋予自身的权力时，也必须严格依据法律规定的程序进行。

人身自由的内容包括：

(1) 人身自由不受侵犯是指，公民享有人身不受任何非法搜查、拘禁、逮捕、剥夺、限制的权利。

(2) 人格尊严不受侵犯是指，与人身有密切联系的名誉、姓名、肖像等不容侵犯的权利。人格尊严不受侵犯具体体现为公民享有姓名权、肖像权、名誉权、荣誉权和隐私权等。禁止侮辱、诽谤、诬告陷害他人。

(3) 公民住宅不受侵犯：是指公民居住、生活的场所不受非法侵入和搜查。

(4) 通信自由：是指公民通过书信、电话、电信和其他通信手段，根据自己的意愿进行通信，不受他人干涉的自由。通信自由具体指公民的通信秘密受法律保护，属私生活秘密和表现行为的自由，包括他人不得扣押、隐匿、毁弃公民的通信，他人不得私阅或窃听公民通信、通话的内容。

二十七、全国人民代表大会的职权是什么？

全国人民代表大会是我国的最高国家权力机关。在大会闭会期间，全国人民代表大会常务委员会作为全国人民代表大会的常设机关，将行使国家权力，对全国人民代表大会负责并向其报告工作。全国人大代表来自各行各业，由各省、自治区、直辖市、军队选出的代表组成。全国人大代表每届的任期为五年，每年举行一次会议，由全国人民代表大会常务委员会召集。常务委员会由委员长、副委员长、秘书长、委员组成。我国法律规定，在全国人民代表大会会议期间，一个代表团或由30名以上的代表联名，有权以书面的形式提出对国务院或国务院各部、各委员会,以及最高人民法院、最高人民检察院的质询案。

全国人民代表大会的主要职权是:修改宪法;监督宪法的实施;制定并修改有关刑事、民事、国家机构及其他的基本法律;选举和罢免国家主席、副主席;根据国家主席提名决定国务院总理人选,根据总理提名决定副总理、国务委员、各部部长、各委员会主任、审计长、秘书长的人选,并且有权罢免国务院总理及国务院其他组成人员的职务;选举和罢免中央军事委员会主席,选举和罢免中央军事委员会其他组成人员;选举和罢免最高人民法院院长、最高人民检察院检察长;审查和批准国民经济、社会发展计划及计划执行情况的报告;审查和批准国家的预算及预算执行情况的报告;改变或撤销全国人大常委会作出的不适当决定;批准省、自治区、直辖市的建制;决定特别行政区的设立及其制度;决定战争与和平的问题;行使应当由最高国家权力机关行使的其他职权。

二十八、人民代表大会的代表是怎样选举产生的?

关于人民代表大会代表的产生,我国《选举法》明确规定,县级以下人民代表大会的代表由选民直接选举产生;县级以上人民代表大会的代表由下一级人民代表大会选出;全国人民代表大会的代表,由省、自治区、直辖市的人民代表大会选举产生;人民解放军单独进行选举。根据《选举法》的有关规定,全国人大代表的选举一律采取无记名投票的方式;代表选举一律为差额选举,而且规定代表候选人的名额应多于应选代表名额的五分之一到二分之一。各政党、各人民团体可以联合推荐候选人,也可以单独推荐候选人,还可以由10名以上代表联名推荐候选人。县级以上的人民代表大会在选举上一级人大代表时,代表候选人不限于该级人大的代表。也就是说,国家领导人虽然不是省级人大代表,却可以被省级人民代表大会选为全国人大代表。各省、自治区、直辖市应当选出的全国人民代表大会代表的名额,由全国人民代表大会常务委员会分配决定。其分配原则是农村每一代表所代表的人口数为城市每一代表所代表的人口数的4倍。全国少数民族应当选出的全国人民代表大会代表的名额,由全国人民代表大会常务委员会根据各少数民族的人口数量和分布等情况,将名额分配给各省、自治区、直辖市的人民代表大会选出,人口特别少的民族,至少应有1名代表。为了切实提高我国妇女参政议政的地位,《选举法》还特别规定,在全国人民代表大会代表中应当有适当数量的妇女代表,并且要逐步提高妇女代表的比例。同时,还规定应当有适当名额的归侨代表。

二十九、人民代表大会的代表享有哪些权利?

宪法和法律赋予人大代表的权利主要表现在如下这些方面:

(1) 出席本级人民代表大会会议的权利;
(2) 审议的权利;
(3) 提出议案的权利;
(4) 选举的权利;
(5) 提出质询及询问的权利;
(6) 提出罢免案的权利;
(7) 提出组织关于特定问题调查委员会的权利;
(8) 参加表决的权利;
(9) 提出建议、批评、意见的权利。

另外,《代表法》还规定,人大代表可以提出约见本级和下级有关国家机关的负责人,有依照法律规定的程序提议临时召集本级人民代表大会会议的权力。县级以上各级人民代表大会的代表可以应邀列席本级人民代表大会常务委员会会议;全国、省、自治区、直辖市、自治州、设区的市的人大代表可列席原选举单位的人民代表大会会议,可应邀列席原选举单位的人民代表大会常务委员会会议以及本级人民代表大会各专门委员会会议等。同时,《代表法》对代表执行职务应享受的保障也作了明确的规定,其中包括司法保障、物质保障以及其他方面的保障。

我国的全国人民代表大会是代表着全国13亿人民权利与利益的国家机关。所以说,每一位人大代表,都代表着人民的利益,代表着人民的权利,无论何地何级,面对公众赋予你的权力,都应该积极履职,行使好对政府、官员施政的监督权利。

三十、休息权是宪法权利吗?公民的基本权利有哪些?

公民享有的休息权是宪法所保护的。所谓公民的基本权利是指,宪法赋予的、表明其在权利主体的权利体系中具有重要地位的权利。公民的基本权利体现出了权利的根本性、基础性、决定性,在整个权利体系中处于核心的地位,表明了宪法赋予公民的地位,同时也反映着国家权力与公民权利的相互关系。

从基本权利的内容看,我国宪法采取列举式的方式设定了公民所具有的基本权利,其具体范围包括:
(1) 平等权;
(2) 政治权利,包括选举权与被选举权,言论、出版、集会、游行、结社、示威自由;
(3) 宗教信仰自由;
(4) 人身自由,包括人身自由不受侵犯,人格尊严不受侵犯,公民住宅不受侵犯，通信自由；

(5) 社会经济权利，包括公民财产权，劳动权，休息权，社会保障权；

(6) 文化教育权利，包括受教育权，科学研究自由，文艺创作自由，其他文化活动自由；

(7) 监督权与请求权；

(8) 特定主体权利，包括妇女权利的保护，儿童权利的保护，老年人权利的保护，残疾人权利保护，华侨、归侨和侨眷权利保护。

我国《宪法》规定的公民享有的各项基本权利，基本上反映了世界各国公民权利发展的普遍性要求，它体现了公民在宪政体制中获得的最根本的权利地位。

三十一、什么是选举权和被选举权？18 周岁以上就有选举权吗？

选举权是指选民享有选举国家代表机关代表（如各级人民代表大会）或其他公职人员（如各级政府首长）的权利。被选举权是指公民有被选为国家代表机关代表或其他公职人员的权利。选举权是一项具体的权利，可以为公民带来一定的利益，具体包括选择权、投票权、表决权、监督权和罢免权。

我国《宪法》规定，中华人民共和国年满18周岁的公民，不分民族、种族、性别、职业、宗教信仰、家庭出身、教育程度、财产状况、居住期限，都享有选举权和被选举权。但法律同时还规定，被剥夺政治权利的人没有选举权和被选举权。

通过上述可知，公民只要具有中国国籍、享有政治权利、符合法定年龄，这三个基本条件，并且履行了相应的法律手续，就可以享有选举权与被选举权。可见，我国的选举权和被选举权是一种广泛的政治权利。

三十二、什么是言论自由、出版自由、结社自由、集会自由、游行自由、示威自由？自由可以不受任何限制吗？

言论自由是指公民通过各种语言形式，比如口头、书面、著作、音乐等，宣传自己思想和观点的自由。宪法赋予公民的政治言论自由权，是公民参与国家管理的有效形式，具体包括思想表达与传达自由，言论机关的自由，了解权和反论权自由。言论自由在公民的政治权利体系中处于核心地位，这是民主政治的基础，具有政治监督的作用。不过言论自由也有一定的限制，这就是公民在行使自己的权利和自由时，不可损害国家、社会、集体的利益，不可损害他人的合法权利和自由。公民在行使言论自由这项权利时，一旦损害国家利益、集体利益，侵害他人合法权利就是违法的，造成严重后果的就要受到法律的制裁。

出版自由是指公民可以通过公开发行的出版物,包括报纸、期刊、图书、音像制品、电子出版物等自由地表达自己对国家社会事务、经济文化事务的见解和看法。

结社自由是指公民为了一定的宗旨而依照法律规定的程序来组织某种社会团体的自由。这里所说的社会团体既包括以营利为目的的,也包括不以营利为目的的,既包括政治性的,也包括非政治性的。不过,公民必须依照法律规定确立社会团体,必须遵守法律、法规和国家的有关政策,不得反对《宪法》的基本原则,更不能损害国家、社会、集体的利益及他人的合法权益,同时还要接受登记管理机关的法律监督。

集会是指聚集于露天公共场所,发表意见,表达意愿的活动。游行是指在公共道路、露天公共场所列队进行,表达共同意愿的活动。示威是指在露天公共场所或公共道路上以集会、游行、静坐等方式,表达要求、抗议、寻求支持、声援等共同意愿的活动。可以说,集会、游行、示威自由是公民言论自由的延伸和具体化,也是公民表现意愿的强烈形式和手段。集会、游行、示威这三项自由的相互联系,就构成了现代民主政治的基本要求,这是对一切权利属于人民这一宪法原则的具体体现。

公民在行使集会、游行、示威自由权时,必须遵守《中华人民共和国集会游行示威法》及其实施条例的规定,提前向主管机关申请,有序地行使此项权利,特别是不得损害公共财物,不得侵害他人身体,更不得携带管制器械和爆炸物。

三十三、党的民主集中制的基本原则是什么?

根据《中国共产党章程》第10条的规定,中国共产党是根据自己的纲领和章程,按照民主集中制原则组织起来的统一整体。

党的民主集中制的基本原则是什么呢?具体来说有如下几项:

(1)党员个人服从党的组织,少数服从多数,下级组织服从上级组织,全党各个组织和全体党员服从党的全国代表大会和中央委员会。

(2)党的各级领导机关,除了它们派出的代表机关及在非党组织中的党组以外,其他都由选举产生。

(3)党的最高领导机关是党的全国代表大会和它所产生的中央委员会。党的地方各级领导机关是党的地方各级代表大会和它们所产生的委员会。党的各级委员会向同级的代表大会负责并向其报告工作。

(4)党的上级组织要经常听取下级组织及党员群众的意见,要及时解决他们提出的各种问题。党的下级组织要向上级组织请示并报告工作,也要独立负责地解决好自己职责范围内的问题。党的上下级组织之间要互通情报、互相支持、互相监督。党的各级组织要按照相关规定实行党务公开，从而使党员对党内事务了解更多、参与更多。

（5）党的各级委员会实行集体领导与个人分工负责相结合的制度。一切重大问题都要由党的委员会集体讨论，严格遵循集体领导、民主集中、个别酝酿、会议决定的原则，取得共识，做出决定，然后，委员会成员要根据集体的决定和分工，切实履行好自己的职责。

（6）中国共产党禁止任何形式的个人崇拜。我们要保证党的领导人的活动处于党和人民的监督之下，防止滋生不正之风，同时也要维护一切代表党和人民利益的领导人的威信。

民主集中制是一种科学、合理、有效率的组织制度，它是中国共产党完成自己历史使命的根本组织保证。毫无疑问，只有实行民主集中制，才能把党的各级组织与全体党员组成一个统一的整体，才能使党成为一支组织严密、行动一致的有强大战斗力的队伍，真正成为领导社会主义事业的核心力量。

三十四、如何认识当前我国的法治化程度？

实事求是地评价我国当前的法治化程度、事关建设社会主义法治国家的关键，同时也是建设社会主义法治国家的基础。客观地说，我国尚处于法治化进程的初级阶段，尽管法治建设已取得了一定的成绩，但是存在的问题依然不少。

我国的法治建设正在逐步得到完善，这为推进法治化进程奠定了坚实的基础。

新中国成立以来，特别是在改革开放以后，我国不断出台以宪法为核心的国家级法律法规。享有立法权的地方人大和其他部门也结合自身实际，不断制定推出具有地区及行业特色的法制规章。这使我们在经济生活、政治生活、文化生活和社会生活等各个方面都基本做到了有法可依，以宪法为核心的具有中国特色社会主义法律体系的框架已经形成，这为我国建立中国特色社会主义法律体系奠定了坚实的基础。但是，我国法治理念的宣传指导受到各种思想的干扰，在一定程度上影响了法治化建设的进程。

我国社会主义法治建设在获得成就的时候，我们要看到存在的一些问题，其中既有观念上的问题，也有实践中的问题。归纳起来主要表现在：

（1）一些人受西方法治思想的影响，在所谓的现代法治理念之下，极力吹捧西方的三权分立体制，在有意无意中以西方的法治模式来评价我国的法治状况，以此来设计我们的法治建设方向。

（2）一些执法者受左派的残余思想影响，管理的意识、斗争的意识相对比较强，而保障人权的意识以及和谐的意识相对比较弱。

（3）有少数人受市场经济利益法则的影响，往往把执法权力和自身利益挂钩，认为追求自身利益比追求公平正义更重要，从而导致行动上出现了违法行为。

（4）有一些人受封建人治思想的影响，仍然把行政官与司法官混为一体，或者超越职权违法干预司法部门依法独立办案，抑或特权思想严重。

正是发现了我国法治建设中的上述情况，党的十八大报告明确了中国的法治进程，即从法律体系到法治体系。十七大报告提出，要全面落实依法治国基本方略，而十八大报告则要求"全面推进依法治国"，这是从宏观到微观的变化。在中国特色社会主义法律体系形成后，需要构筑中国特色社会主义法治体系。从法律体系再到法治体系是目前中国法治进程的一大特点。当法治体系构筑起来之时，就是全面推进依法治国局面形成之时，全面建成小康社会目标中的法治目标就会实现。

完善社会主义法治，不仅体现在立法上，更重要的是体现在党的依法执政能力、政府的依法行政能力、全民的法治意识、其他团体及其工作人员依法办事能力的提升上。

三十五、如何理解依法治国的内涵？

所谓依法治国，就是指广大人民群众在党的领导下，依照宪法和法律规定，通过各种途径及形式管理国家事务，管理经济、文化事业，管理社会事务，保证国家各项工作都依法进行，逐步实现社会民主的制度化、法律化，使各种制度和法律不因领导人的改变而改变，不因领导人看法和注意力的改变而改变。

对于依法治国的基本含义，我们可以从以下四个方面来理解：

第一，依法治国的主体是人民。这就强调了人民群众在治理国家中的作用。在当代中国，可以将人民群众这个主体分为三个层次：第一层次，即最高层次的人民；第二层次是由人民选出，受人民监督的国家权力机关，即各级人民代表大会；第三层次是由人民代表大会选举产生或者任命的国家行政机关、军事机关、检察机关、审判机关等国家机构。

第二，依法治国的依据是宪法和法律。在治理国家的各种手段及措施中，宪法和法律无疑具有重要的地位和作用。因此，我们要在法律制度层面，使国家的政治、经济、文化、社会生活的各个方面，在民主与专政的各个环节，都应当有科学、完善、合理的法律规定，真正做到有法可依、有法必依、执法必严、违法必究。同时，全国的每一个公民、一切国家机关、武装力量、各政党、各社会团体、各企事业组织的活动，都必须以宪法及法律为准则和依据，不得受任何个人意志的干涉、阻碍、破坏。我们还要在法律观念层面，加大社会主义法治宣传教育的力度，使普遍守法的观念深入人心，使依法办事成为不可动摇的原则。此外，我们要在法律秩序层面，正确运用政治、经济、法律等手段，妥善处理各种人民内部矛盾，特别是要处理好涉及群众切身利益的矛盾。

第三，依法治国的范围。依法治国就是要依法管理国家事务，管理经济、文化事业，管理社会事务，从而保证国家的各项工作都依法进行。

第四，依法治国的领导力量是中国共产党。人民群众是依法治国的主体，要在中国共产党的领导下来实施法律赋予的权利。这是因为中国共产党是人民利益的忠实代表，也是中国特色社会主义事业的领导核心。中国共产党和人民群众的这种关系，以及中国共产党在国家中的领导地位的形成并不是偶然的，而是在长期的革命斗争中逐渐形成的，是中国人民在革命斗争中的历史选择。因此，中国共产党有资格，更有能力领导中国人民依法治国，人民群众也愿意在中国共产党的领导下依法治国，推进国家的法治化进程。

我国人民在共产党的领导下，通过全国人民代表大会及地方各级人民代表大会进行依法治国。全国人民代表大会有权代表人民的意志决定全国的一切重大问题。各级国家机关在各级人民代表大会的统一领导下，分工负责，协调一致地工作。此外，全国人民代表大会对国家机构的设置、职责权限的规定，也体现着人民的意志。

三十六、依法治国的意义是什么？

关于依法治国的意义，我们可以从以下四个方面来加以理解：

（1）依法治国是我党领导人民治理国家的基本方略。为了保证我党治理国家权力的行使符合最广大人民的利益，最根本的办法就是通过制定并实施体现人民意志和利益、符合社会发展规律的法律，保证这种法律具有极大的权威，以此来确保人民政权真正做到为人民服务，为公众利益服务，为最广大人民谋福利。因此可以说，政权机构制定良好的法律，严格依法办事，就是按照人民的利益和意志办事，就是从根本上体现和保证了人民当家做主。

（2）依法治国是我国发展社会主义市场经济的客观需要。市场经济是一种以交换为基础的经济形式，它除了依赖经济规律来运作，还要依赖法律手段来维系，从客观上来说，这就必然要求法律的规范、引导、制约、保障和服务。可见，法治是社会主义市场经济的内在要求，而不是人治。

（3）依法治国是社会主义文明进步的重要标志。一个现代化的社会必然是一个法制相当完备的社会，所以依法治国也是现代化建设的内在要求。纵观世界各国现代化发展的经验，我们不难看到，现代化应该是高度的物质文明与精神文明的完美统一。如果离开了法治建设，那样的现代化就是片面的、不完整的、没有可靠保证的现代化。

（4）依法治国是国家长治久安的重要保证。只有坚定不移地实行依法治国，才能保证国家的长治久安。毋庸置疑，依法治国，建立社会主义民主与法治国家，是中国共产党带领全国各族人民实现民族伟大复兴的基本国策和根本保障。

社会主义民主是自有人类社会以来最高类型的民主，要使这种优越的民主真正成为现实，就一定要靠法治来保障。可以想象，在国家和社会生活中，公民具有的各种权利、权力的民主配置，以及民主程序和民主方法等，如果没有完备而良好的、具有极大权威的法律给予全面确认和切实保障，这是根本靠不住的。

三十七、依法治国的基本原则是什么？

依法治国，必须坚持的基本原则主要如下：

（1）法律面前人人平等原则。法律面前人人平等，是我国宪法明确规定的社会主义法治的基本原则。

（2）树立和维护法律权威原则。所谓法律权威就是法律所具有的尊严、力量、威信。如何树立和维护法律权威呢？主要有以下几点：

①树立和维护法律权威是实施依法治国基本方略的迫切需要；

②维护法律权威就必须确立法律是人们生活的基本行为准则的观念；

③维护法律权威就必须首先维护宪法权威；

④维护法律权威就必须努力维护社会主义法治的统一与尊严；

⑤维护法律权威就必须树立起执法部门的公信力。

（3）严格依法办事原则。严格依法办事，既是依法治国的基本要求，又是法治区别于人治的重要标志。对于一切国家机关，尤其是专门履行执法、司法职责的政法机关而言，严格依法办事就意味着以下四个方面的含义：

①职权法定。职权法定是依法治国的重要原则，同时也是严格执法的合法性基础。

②有权必有责。具体来说，有权必有责，一方面是机关行使权力要对所引起的法律后果负责，法律在授予权力的同时，也就意味着赋予了责任。另一方面，机关被法律赋予了权力而不去行使，或者是行使不到位，就是不作为、不尽职，就是失职、渎职，也应当承担相应的法律责任。

③用权受监督。一切国家机关的权力必须受到监督是法治社会都要遵循的一条重要原则。我国《宪法》第17条明确规定，一切国家机关和国家工作人员都要受到监督的原则。因为政法机关掌握着与公民的人身、财产和其他权利密切相关的执法大权，一旦这种重要权力被腐蚀滥用，必将直接损害公民的合法权益。因此，政法机关的一切权力必须严格依照法定权限和程序来行使，整个行使过程

必须始终受到严格的监督和制约。

④违法受追究。违法必究是我国社会主义法治的一项基本要求,同时也是法律权威和尊严的重要体现。在现实生活中,依法追究执法者的违法行为具有十分重要的意义。只有执法者的违法行为都能够依法受到追究和惩罚,不搞特权,没有例外,才能给整个社会树立依法办事的良好示范,这就要求我们建立起对执法犯法者的严厉追究机制。

无论在什么时候、什么情况下,每一位村官都必须坚决克服那种权力在握,想用就用、想不用就不用、想怎么用就怎么用的错误观念和荒唐做法。村官既要慎用手中的权力,又要用好手中的权力,从而维护法律的严肃性,严格履行好自身的职责。

三十八、什么是社会主义法治理念?

概括地说,社会主义法治理念包含五个方面的基本内容,即依法治国、执法为民、公平正义、服务大局、党的领导。

这五个方面的内容具体阐述如下:

(1) 依法治国的理念。依法治国是社会主义法治的核心内容。它要求政法机关和政法干警必须不断提高自身的法律素养,切实增强法治观念,模范地遵守法律,坚持严格执法,不徇私情,自觉接受人民的监督,时时处处注意维护法律的权威与尊严。

(2) 执法为民的理念。执法为民是社会主义法治的本质要求。每一位领导干部和政法机关工作人员都要以邓小平理论和"三个代表"重要思想为指导,真正把实现好、维护好、发展好最广大人民的根本利益,作为各项政法工作的根本出发点和落脚点,在政法工作中真正做到以人为本、执法为民,使人民群众的合法权益得到切实保障。

(3) 公平正义的理念。公平正义是社会主义法治理念的价值追求。这是政法工作的生命线,是创建和谐社会的首要任务,也是社会主义法治的首要目标。这就要求政法干警必须秉公执法、维护公益、弘扬正气、摒弃邪恶、克服己欲、排除私利,坚持平等对待原则、合法合理原则、及时高效原则、程序公正原则,切实维护社会的公平正义。

(4) 服务大局的理念。服务大局是社会主义法治的重要使命。这一理念要求各级政法机关和政法干警的各项工作,都要紧紧围绕党和国家的大局来开展,立足本职,全面正确地履行职责。在现阶段,我们要致力于推进全面建成小康社会进程,努力创造一个和谐稳定的社会环境、公正高效的法治环境。

(5) 党的领导的理念。坚持党的领导是社会主义法治的根本保证。我们要自觉地把坚持党的领导、巩固党的执政地位与维护社会主义法治统一起来，把贯彻落实党的路线、方针、政策与严格执法统一起来，把加强并改进党对政法工作的领导与保障司法机关依法独立行使其职权统一起来，始终不懈地坚持正确的政治立场，忠实履行党和人民赋予政法机关的神圣使命。

依法治国是社会主义法治的核心内容，执法为民是社会主义法治的本质特征，公平正义是社会主义法治的价值追求，服务大局是社会主义法治的重要使命，党的领导是社会主义法治的根本保证，社会主义法治的五个方面各有自己特定的内容与要求，同时又是一个有机联系的统一整体。

三十九、如何理解法治与人治的区别？

实际上并不在于有没有法律，而是在于有什么样的法律。在人治国家里也是有法律的，但那些法律是统治阶级用来驯服老百姓的工具，法律条文仅仅维护统治者的特权，侵犯和践踏着老百姓的权利。法治是民主的制度化、法律化，是对公民自由和人权的法律保障。法治体现了一种新的法律价值取向，也就是要求法律体现出对人的尊严、人格、自由、合理愿望、财产权利等的尊重，要求法律体现平等、公正、公平、正义的精神及价值判断，使普遍的人权原则得以付诸实施，并且有效地约束国家权力，防止一切机关和个人滥用国家权力。所以，在那些法治国家里，人们公认的"恶法"不是法。法治国家制定法律必须以创造、确认、维护公民的基本权利为出发点，在公民权利与国家权力的关系方面，公民权利（其中包括法人的权利和团体的权利）是一切国家权力配制和运作的根本目的和界限。公民（包括法人或团体）在行使自身权利的过程中，要受法律规定的限制，而法律确定这种限制的唯一目的就在于保证对其他主体的权利给予应有的和同样的承认、尊重及保护。也就是说，法治国家设定国家权力的目的不是为了管制老百姓，更不是为了国家权力可以随意侵犯老百姓的合法权利。

此外，法治与人治的区别还表现在法律处于什么样的地位。美国独立战争时期的政论家潘恩对法治与人治的不同曾有过一段精彩的描述，他说："在人治国家里，国王就是法律；在法治国家里，法律便是国王。"的确，在人治国家里，统治者或者领导者的话就是法。虽然这些国家也有法律，但法律经常是随着统治者或者领导者的更替而改变，经常随着统治者或者领导者的看法与注意力的改变而改变，还有的统治者或领导者甚至是言出法随。法治则意味着在国家生活和社会生活的一切重要领域中法律具有极大的权威，特别是确立了宪法的极大权威。宪法及法律的这种至高无上的权威不仅表现在要求任何政党、国家机关、社会团体、个人都必须遵守并服从宪法和法律，而且还要求保证宪法及法律的相对稳定性和连续性，除了在必要的时候国家立法机关可以通过既定的法律程序修改或者

村官素质修养提升必读

废除宪法和法律中不完善的条款以外,其他任何政党、官员、机构都不得擅自改变宪法和法律。法治就意味着要消除一切不受法律限制的国家权力,从而形成由法律支配权力的权力运行秩序。

各级村官必须树立法治理念,彻底摒弃人治观念,不可把法律看成是管制老百姓的手段和工具,不能赋予地方立法以强烈的地方保护主义色彩,既不能把某个领导人说的话当成法律去执行,也不能把自己说的话当成法律命令下级去贯彻,而是要将实现法治作为一个价值目标去追求。

四十、如何落实依法治国的基本方略?

我党提出全面落实依法治国的基本方略的最终目的,就是为了发展社会主义民主政治,大力建设社会主义政治文明。从政治文明这一角度来看,法治与民主是衡量现代政治文明的两项核心标志,二者具有独立存在的价值。与此同时,二者又相互依存,不可分割。毫无疑问,民主政治需要法治,因为没有法治的保障,民主政治就得不到巩固;但是法治更需要民主政治,因为没有民主政治,法治就会落空。我们建设社会主义政治文明,就是要建立一个民主与法治相得益彰的国家,这才是真正意义上的法治国家。全面落实依法治国的基本方略,一方面意味着法律制度将得到全面的遵守,另一方面也意味着法律原则、法律精神和法律价值等法的内核将得到全面的体现。当前,随着社会的飞速发展和长足进步,社会结构和社会利益关系已经变得越来越复杂了,国家和社会生活的各个领域、各个层面越来越需要运用法律手段进行组织和调控。在今天,法律已经不再是单纯的解决纠纷、维护社会治安的手段,而是成了组织和改革社会的一种重要工具。具体来说,我国全面落实依法治国基本方略,应着重做好以下四个方面的工作:

首先,进一步完备法律体系是全面落实依法治国基本方略的首要环节。

其次,执法机关严格执法是全面落实依法治国基本方略的关键。

再次,党必须在宪法及法律范围内活动是全面落实依法治国基本方略的保证。

最后,规范并限制政府权力是全面落实依法治国方略的重点。

法治社会的形成与发展,不仅意味着法律向社会结构的各个方面、各个层次的扩张和渗透,而且还意味着法律是人们生存与发展的必备知识和技能,它是人们用来创造新型社会和自我保护的重要手段。作为全面落实依法治国基本方略的一项基础性工程,增强全体公民的法律意识和法治观念至关重要。如果公民没有现代法律观念,没有公民对法律的普遍信仰,那么公民的守法精神和良好的法治氛围就无法形成,法治也就不可能实现。

要增强和提高公民的法律意识和法治观念，村官就一定要坚持不懈地进行法治教育和法律宣传，使公民人人知法、懂法，树立正确的法律价值观，从而使越来越多的人不仅自己不犯法，而且还能积极维护法律尊严。

四十一、如何坚持党对社会主义法治建设的政治领导？

坚持党对社会主义法治建设的政治领导，就必须坚持走中国特色社会主义法治发展道路。我国的基本国情和社会主义制度决定了我们必须坚定不移地走中国特色社会主义法治发展道路，而不能走其他的发展道路。因此，我们首先要坚持中国特色社会主义的国家制度；其次，必须以我党对中国国情的科学判断为依据。社会主义法治建设必须立足于我国的经济制度和经济社会发展现状，同时要充分考虑立法、执法和守法等环节的成本效益，充分考虑社会的承受能力，循序渐进地发展完善，不能超越阶段的基本情况提出过高的要求。此外，还必须积极借鉴并吸收古今中外各种优秀法律文化的成果，特别是不可忽视本国法律的文化传统。

坚持共产党对社会主义法治建设的政治领导，就必须坚持并完善中国特色社会主义司法制度。所谓中国特色社会主义司法制度，就是以马克思主义法律观为指导，在充分考虑中国国情，总结我国社会主义司法实践的成功经验，积极汲取人类法治文明的优秀成果的基础上建立起来的，这是人类法治发展史上的一项伟大创造，有着鲜明的中国特色。中国特色社会主义司法制度在本质上，是坚持党的领导、人民当家做主和依法治国的有机统一；在司法权的运行方式上，它坚持专门机关工作和群众路线相结合。从我国法治发展的实践来看，中国特色社会主义司法制度符合中国国情，而且顺应了人类社会的发展规律和社会主义建设规律，它保障和促进了中国特色社会主义事业的发展进步。

坚持党对社会主义法治建设的政治领导，就必须坚持党的各项路线、方针、政策。在我国，党的政策和国家法律是两种最重要的社会调整机制，二者在本质上高度一致。我们必须正确地把握党的路线、方针、政策与国家法律之间的关系，坚决克服和摒弃把党的路线、方针、政策与国家法律割裂开来，或对立起来，或完全等同的错误观念。各级领导干部要不断增强贯彻落实党的方针、政策的自觉性与坚定性，不断增强严格执行国家法律的自觉性与坚定性。

党领导人民的国家制度是进行法治建设的基本框架，我们讲法治不应该也不可能脱离国家制度这个政治的核心问题。我们只有将国家建设的政治方向作为法治建设的正确方向，将国家制度优势转化为法治建设优势，这才是中国特色社会主义法治建设的正确道路。

村官素质修养提升必读

四十二、为什么要健全完善立法？

健全完善立法，是我国社会主义法治建设的基础。早在改革开放初期，邓小平同志面对我国法治被严重破坏的局面，就郑重提出了有法可依、有法必依、执法必严、违法必究的社会主义法治建设的基本方针。在这里，邓小平将有法可依放在首位，着重强调了加强立法工作在社会主义法治建设中的基础性地位及作用。

健全完善立法，是我国发展社会主义市场经济的必然要求。自新中国成立以来，特别是自改革开放以来，我国的立法工作进步很快，取得了显著的成绩，国家的政治生活、经济生活、社会生活的各个主要方面已经基本上做到了有法可依。但是，我们同时也看到这些法律还不够完备，与发展社会主义市场经济的要求还不是很适应，立法任务依然很繁重。因此，加强我国的立法工作，提高立法质量，加快建立并完善适应社会主义市场经济的法律体系，是我国社会主义法治建设的一项基础性工作。

四十三、怎样健全完善立法？

当前，健全完善立法要从两方面着手：一是要认真梳理，有针对性地开展立法工作，确保立法项目如期完成；二是要对过去制定的已经不适应目前深化改革开放的法律法规，抓紧时间进行清理、修改，以保证法律体系的和谐统一。此外，健全完善立法还要求立法机关大胆借鉴国外的立法成果和经验。

在现阶段，健全完善立法必须做到以下四个方面：

第一，科学立法。科学立法是我党科学执政和科学决策的必然要求，也是社会主义法治理念的必然要求。

第二，民主立法。民主立法要求在立法过程中要始终坚持群众路线，体现人民的意志及要求，确认和保障人民的各种利益。在立法工作中只有坚持科学立法和民主立法，才可以满足人民群众对法律的需求，立法的目的才能够真正得到实现。实现科学立法和民主立法就必须要贯彻落实科学发展观，立足于我国国情，科学合理地规定权力与责任、权利与义务，健全立法程序。

第三，法制统一。从立法层面坚持法制统一原则，具体包括三层含义：①一切法律法规都不得和宪法相抵触；②下位阶的法不能和上位阶的法相抵触；③相同位阶的法相互之间不能发生抵触。

第四，体系完备。今后立法工作应站在新的历史起点上完善中国特色社会主义法律体系。

四十四、为什么要严格公正司法？怎样坚持司法公正？

各级司法机关严格依法办事，实现司法公正，是依法治国基本方略中不可或缺的重要内容。实现司法公正，是依法治国的动态表现，同时也是法律正义和道德正义在社会现实生活中的实现。

坚持司法公正，树立法律和宪法的权威是依法治国的核心和灵魂。所谓司法公正，是指司法机关在执法活动中必须坚持以事实为根据，以法律为准绳，严格贯彻有法必依，执法必严，违法必究，做到严肃执法，秉公办案，实现法律所追求的社会正义。我们知道，公正是司法的最高价值，而司法公正是实现法治的保障。只有实现司法公正，才能真正树立法律的权威，才能确保国家的政治安定、社会稳定；只有实现司法公正，才能维护法律应有的尊严，才能保证社会主义市场经济得以健康、有序地发展。而不公正的司法，就是对法治的否定和背叛，就是对司法权的滥用。它不仅黑白颠倒，混淆是非，而且还会造成人们对法律权威性的怀疑，在那种情况下依法治国，建设社会主义法治国家自然就无从谈起了。各级村官要对照社会主义法治理念的要求，进一步强化领导责任，严格执法、公正司法，一丝不苟地正确行使党和人民赋予的执法权力，积极维护广大人民群众的根本利益及合法权益，维护社会主义公平正义，从而树立一个良好的执法形象。

推进司法改革是维护司法公正的根本。目前，我国司法方面存在的问题主要是，在某些时候、某些地方，司法未能提供它应当提供的救济，司法公正还没有达到必要的程度，司法未能有效遏制腐败行为，司法部门本身也受到了腐败风习的侵蚀，经常使司法判决成为一纸空文等。产生这些不良司法现象的原因，除了各种社会外部因素以外，主要还是产生于司法制度本身。因此，我们应在推进司法改革的进程中，着力实现五大目标，即强化法律信仰、增强司法能力、体现司法独立、实现司法公正、达到司法统一。具体说来就是：

第一，要切实推进法治教育及人权教育，造就一大批具有较强法律意识的新型公民。

第二，改革法学教育制度和法官任职资格制度，快速提高法官的专业水平，提高法官的司法能力。

第三，建立垂直的法官任免体制，如果非因法定事由和非经法定程序，法官不应当受到弹劾、降职、免职。

第四，改进审判指导方式，上级法院可以通过讨论、讲座、会议等形式，在不影响下级法院独立审判的情况下，交流司法工作的经验，共同研讨疑难案件，提出新的法律见解，统一对审判实践的看法等。

第五，司法独立是司法公正的前提，而司法公正是司法独立的归宿，正义或公正是人类普遍公认的、追求的、至高无上的价值。司法公正作为社会关系的有效调节器及平衡器，对于保护公民的合法权益、维护社会的稳定和促进国家的发展进步都有着十分重要的意义。

四十五、什么是依法执政？

依法执政，就是指党要坚持依法治国、领导立法、带头守法、保证执法、公正司法，从而不断推进国家经济、政治、文化和社会生活的法治化和规范化。依法执政，是在党的十六大会议上确定的重大原则，是对依法治国基本方略的进一步完善与发展，是改革和完善党的领导方式及执政方式的重大举措，是对执政党建设理论的重大创新，也是我国政治体制改革的核心内容之一。依法执政与科学执政、民主执政之间的关系是辩证统一的，科学执政是基本前提，民主执政是本质所在，依法执政是基本途径，而科学执政和民主执政必须通过依法执政的途径来实现。科学执政、民主执政、依法执政三者相互联系，有机结合，共同构成了我们党执政方式的基本理论框架。

从依法执政的内涵来看，我们至少需要从以下几个方面来理解这一概念：

第一，依法执政的主体。依法执政的主体是中国共产党，由于中国共产党在我国处于执政地位，因此也就是依法执政的主体。

第二，党依法执政的依据。中国共产党作为执政党，按照依法执政的要求，其执政的依据就是以宪法为核心的中国特色社会主义法律体系。

第三，党以什么样的执政行为来执政。由于中国共产党在我国处于长期执政和直接执政的地位，因此其执政行为与西方国家的执政党有着很大的不同。这些不同主要表现在：中国共产党作为执政党不是与其他政党或者集团分掌国家权力，而是将国家的行政权、立法权、司法权及军事权等都统统掌握在自己手中，所以对各种国家权力产生的掌控力和领导力更重要，也更宏观。我党的执政行为如何，不仅对巩固执政党的执政地位非常重要，而且对国家和人民的前途命运也是至关重要的。

总之，我国的宪法和法律都是在党的领导下制定的，是党的各项政策与主张的集中体现。因此，中国共产党必须在宪法和法律的范围内活动，党的各种执政行为必须符合宪法和法律的规范，不能随心所欲行事，不能谋求宪法和法律之外的任何特权，更不得凌驾于宪法和法律之上，出现以言代法，以权废法，因人易法的情形。由此可见，我党依法执政的实质是坚持宪法和法律至上，依照法律条文来规范和完善党的执政方式、执政体制、执政活动。

四十六、党为什么要依法执政？怎样实现依法执政？

党主张依法执政的原因主要有以下几点：

第一，依法执政是对党的执政理念的重大创新，这是总结我党执政以来的诸多经验教训得出的基本结论。

第二，依法执政是社会主义民主政治建设的迫切要求。

第三，依法执政是党所处的历史方位的客观要求。

第四，依法执政是依法治国的必然要求。

在实践中，我们讲法治，讲依法治国，就不可不涉及执政党的执政方式，因为执政党的执政方式将直接影响到法治的实现。我们必须明确，依法治国和依法执政不可分割，二者是紧密联系在一起的，依法治国是实现依法执政的前提和基础，而依法执政是依法治国的重要内容和必然要求。在依法治国的大背景下，执政党必须坚持依法执政。依法治国与依法执政是内在地统一在一起的，二者不可分离。

探索和研究党依法执政的实现方式，是党真正坚持依法执政的重要环节。关于完善党依法执政的具体实现方式，应当从制度及法律上完善以下三个重要环节：

（1）依法进入国家政权组织，掌握和控制国家权力。执政党依法执政，主要是通过党在国家政权中发挥领导核心作用来实现的，不是在国家政权之外，也不是在国家政权之上。因此，依法执政的实现方式问题是首先要解决的问题。从我们党多年来的实践来看，党进入国家政权组织主要有以下三种途径。首先，党要通过一定的方式进入国家的政权组织，掌握并控制国家权力，使之制度化、规范化、法治化，从而巩固党的执政地位。其次，中国共产党作为我国的执政党依法进入国家的政权组织，还表现为党要严格依照法律程序向国家机关推荐重要干部，通过在国家机关的党的组织和党员的活动来保证党推荐的干部能够依法担任国家机关的领导职务。最后，我党在国家政权组织中居于领导地位，发挥着重要的领导核心作用。

（2）坚持依照法定程序提出各项立法建议，从制度上保证将党的路线、主张上升为对干部群众具有普遍约束力和更大强制力的国家法律。

（3）改革党的领导体制，保证国家机关依法行使其职权。党的领导体制是对党与国家关系的集中反映。党的领导方式及执政方式都是通过党的领导体制体现出来的。因此，作为中国共产党执政方式重大变革的依法执政，必然迫切要求党的领导体制也相应地进行改革，趋于完善。十八大报告明确提出，要推进依法行政，做到严格规范、公正文明执法。深入开展法治宣传教育，提高领导干部运用法治思维和法治方式深化改革、推动发展、化解矛盾、维护稳定的能力。任何组织或者个人都不得有超越宪法和法律的特权，绝不允许以言代法、以权压法、徇私枉法。各级领导干部必须始终把提升依法执政能力作为一项基本功，牢固树立法治观念，认真履行法律、法规赋予的职责，坚持在宪法和法律范围内活动，严格执法、秉公执法，依法维护群众利益。

我党依法执政能力的提高，归根到底还是取决于每个领导干部依法办事能力的提高。换言之，只有广大领导干部坚持依法执政，善于依法办事，才能切实做到不断提高党依法执政的能力，才能真正建设一支政治思想强、法治素质高和执法用法严的令人民满意的干部队伍。

第七章 村官礼仪交际素质修养

一、什么是礼仪？村官学礼仪有何用处？

什么是礼仪呢？简单地说，礼仪就是律己、敬人的一种行为规范，是表现对他人尊重、理解的过程和手段。文明礼仪，不仅是个人素质、教养的体现，也是个人道德和社会公德的体现。礼仪是人类为维持社会的正常运转而要求人们共同遵守的最基本的道德规范，它是人们在长期共同生活和相互交往中逐渐形成，并且以风俗、习惯和传统等方式固定下来的。对一个人来说，礼仪是一个人的思想道德水平、文化修养、交际能力的外在表现；对一个社会来说，礼仪是一个国家和社会文明程度、道德风尚和生活习惯的反映。

礼仪的作用有以下几点：

（1）礼仪是个人美好形象的标志。礼仪是一个人内在素质和外在形象的具体体现，也是个人心理安宁、心灵净化、身心愉悦、个人增强修养的保障。当每个人都抱着与人为善的动机为人处世，以文明市民的准则约束自己时，那么所有的人都会心底坦荡、身心愉悦。

（2）礼仪是人际关系和谐的基础。社会是不同群体的集合，群体是由众多个体汇合而成的，而个体的差异性是绝对的，如性别、年龄、贫富、尊卑等。礼仪是社会交往的润滑剂和黏合剂，会使不同群体之间相互敬重、相互理解、和谐相处。

（3）礼仪是各项事业发展的关键。职业是人们在社会上谋生、立足的一种手段。讲究礼仪可以帮助人们实现理想、走向成功，可以促进全体员工团结互助、爱岗敬业、诚实守信，可以增强人们的交往和竞争能力，从而推动各项企、事业的发展。

礼仪是社会文明和个人道德修养程度的标志。中国素以文明古国、礼仪之邦著称，进入 21 世纪，构建和谐社会成为全体国民的共同目标，而礼仪作为一种人际关系的润滑剂，更显得重要。学礼、懂礼、行礼、守礼已成为全社会的共识。村官由于其岗位的特殊性，不仅要讲究个人礼仪修养，还必须学习并掌握各项专业礼仪技能。

二、村官如何培养自己的礼仪素质？

（一）加强自身修养，全面提高素质

修养是个人在德、才、胆、学、识等方面经过学习和锻炼所达到的水准。"德"是一定社会、一定时代、一定阶级的思想、政治、道德标准；"才"是个人的才能，包括能力和技能；"胆"是个人的心理品质；"学"是个人的知识和学问；"识"是个人的分析、判断和预见事物的能力。

人的修养从本质上说是个人对环境的积极适应。修养水平越高，对环境的适应和改造能力就越强。在这个意义上，人人都需要修养，都需要随着环境的发展而不断提高自身的修养水平。俗话说："活到老，学到老"，是指要不断地学习，不断提高修养水平。但是，作为一个具体的人，他所处的环境总是具体的，其中最重要的是职业环境，一个人的生存和发展离不开特定的职业环境。因此，个体的修养首先要与他的职业环境相适应。也就是说，只有根据正在从事或者将要从事的职业要求来确定修养模式，提高修养水平，个体的修养才具有实质意义和社会价值。

（二）培养文明而礼貌的语言素质

语言是人们交流时必不可少的工具和手段，是人们相互之间沟通的桥梁。村官作为农村基层工作者，时时要与各方面人士打交道，语言的文明礼貌显得尤为重要。语言包括口头语、书面语和态势语。

村官要会说话，注意语言的文雅、委婉和幽默，要讲究言辞，说话不仅要符合语法规范，内容也应正确、健康。

（三）培养潇洒的仪表风度

仪表风度是一种静态语言，是一个人个性的表征，它反映着一个人的文化修养及格调，无时无刻不在向周围传递着个人的信息。虽说人不可貌相，但人们的认识是有规律的。心理学把衣着仪表等显眼的部分或特征称作认识对象的"强成分"，而把那些较隐蔽的东西如思想、知识、品德等称作认识对象的"弱成分"。人的认识规律总是先强后弱，不可能强迫他人首先越过外表的"强成分"去看到人的内涵等"弱成分"。村官的学识、修养、智慧、品质是内在的素质，其风度（包括语言、举止、服饰、仪态）则是外露的、直观的。特别是初次见面时，仪表的适度能给人留下深刻的印象。对于村官的仪表风度，总的要求是优雅大方、整洁得体，既能显示个性，又绝不能奇装异服。

三、村官在接待工作中要掌握哪些礼仪？

村官接待，是指村官在日常交往中对前来接洽工作、参观学习、巡视检查或访问的团体、个人所进行的迎送、招待、商洽、联系等服务性工作的统称，是人们及社会组织相互交往的一种方式。接待工作可以使与交往对象的关系更加融洽，有助于树立组织良好的形象，保障相关活动的效果，因此各个单位都相当重视接待工作。

接待工作是村官人员的一项重要职能。接待礼仪是各行各业在接待工作实务中形成的、普遍遵守的基本礼仪规范。接待礼仪进一步规范了接待工作，村官人员学习和掌握接待礼仪，有助于将来做好接待工作，具体要求如下：

（1）平等待人。来访者虽然职务不同，但人格平等。无论对上级、下级或是同级的各方来访者，村官人员都要同样尊重。

（2）讲求礼貌。村官人员在迎接、引导、介绍、交谈、提供服务和帮助客人的过程中要表现得彬彬有礼。

（3）热情周到。在接待中，村官人员既要有热情的态度，处处替客人着想，尽可能满足客人的需要和愿望，又要有细致周到的工作作风，细心照顾来访者。

（4）精简务实。接待工作不仅要重视程序和礼仪，还要强调务实。

（5）确保安全。接待工作，安全第一。没有切实的安全保证，就不会有成功的接待。

（6）讲究时效。接待工作要讲究时效，在处理得当的基础上提高效率。

（7）了解客人的基本情况。要想做好接待工作，必须知己知彼。只有在对客人充分了解的基础上，才能做好接待工作。

（8）制定接待方案，确定接待规格。接待方案又称接待预案，是接待人员在接受接待任务后拟定的接待工作安排与计划。

（9）落实接待方案。具体的落实工作有：

①成立接待小组，分配接待任务；

②与相关领导沟通接待陪同、接待工作事宜；

③准备相应的接待、会谈文件资料；

④确定宾馆，预订客人下榻的房间；

⑤联系酒店，预订宴请场所；

⑥确定接待室，并对接待室进行适当布置；

⑦准备迎接的物品，如海报标语、接站牌、鲜花、横幅、红地毯等；

⑧核实客人抵达的准确时间，安排好迎接车辆和接站人员。

（10）对接待方案的落实情况进行监督、检查。在迎接的头一天，要对接待方案的落实情况进行监督、检查，确保所有的接待事项都一一落实，并就相应的紧急事件做好预案，以防万一。

四、村官在迎宾工作中要掌握哪些礼仪？

（1）确定迎宾地点。接待规格和接待对象不同，迎宾地点也会不同。在一般情况下，迎宾地点有四处：交通工具停靠站，包括火车站、汽车站和飞机场；来宾临时下榻之处；接待方用于迎宾的常规场所，如广场、大厅等；接待方的办公地点门外，如办公大楼门口、办公室门口、会客厅门口。

（2）确定迎宾人员。一定要精心选择迎宾人员，迎宾人员分两类：一类是领导或专业对口的人员。领导或专业对口的人员通常遵循对等原则，即根据客人的身份选择我方的迎宾人员，是为了体现对客人的重视和尊重。另一类是接待人员，如公关小姐、保安和翻译人员。迎宾人员要求精干，以少为佳，通常不搞人海战术。

（3）提前到达迎宾地点。迎宾工作一定要掌握好时间，接待人员要事先了解客人正式到访的抵达时间，客人启程后要再次予以确认。在客人启程之后、到达之前这段时间内和客人随时保持联系，以掌握客人抵达的准确时间，务必在客人抵达之前到达迎宾现场，并做好相应的准备。

（4）对客人身份进行确认。迎宾过程中，特别是交通工具停靠站，人员比较复杂，确认来宾身份是一个不可忽略的问题，张冠李戴、失之交臂都是十分失礼的行为。准确确认客人身份的方法有：使用接站牌；悬挂欢迎横幅；佩戴身份胸卡；和客人提前约定双方的人数、性别构成、体貌特征和着装情况，便于相互确认。

（5）迎接客人。确认客人身份后，就要对客人进行欢迎问候。正式的迎接仪式有相应的活动，一般的迎宾工作有握手、致意、相互介绍成员、交换名片、为客人拿行李等工作，然后登车返回。

（6）安排住宿。接回客人后，接待人员通常先协助客人入住宾馆，安排客人先行休息，再安排其他的活动。在这一过程中，接待人员要向客人介绍接待期间的日程安排，并听取客人的意见。

五、村官敬茶有哪些礼仪？

（一）尊重客人的选择

每个人有不同的饮茶嗜好。如果单位里有多种茶水、饮料，应首先征求客人的意见。村官在上茶前常说的一句话是"×××先生您好，我们这里有×××、×××和×××，请问您需要什么？"这样可以避免村官和客人不必要的尴尬。

（二）茶水不能太满

我国有"茶七酒八"的说法，即上茶要上七分满，这样无论村官敬茶，还是客人用茶都比较方便。

（三）茶水不能太烫

通常情况下，村官不能把刚刚泡好的热茶（热饮）马上端给客人，而应该稍稍晾一下再端上。在提供给客人的时候，要善意提醒客人茶水很烫。

（四）注意上茶的顺序

村官敬茶时要注意先后顺序。一般应遵循先客人，后主人；先主宾，后次宾；先女士，后男士；先领导，后下属；先长辈，后晚辈的原则。

（五）注意敬茶的姿势

村官人员在敬茶时应该双手端茶，右手拿着茶杯的杯托，左手托住杯底，敬重地奉给客人。在敬茶时要尽量避免手指接触杯沿。

（六）续茶要及时

村官在陪同上司会谈时要为客人提供好服务，茶水（饮料）的补充要及时，在客人用尽之前要勤续。当然，也有的地方有"待客三杯茶"的说法，第一杯为敬客茶，第二杯为续水茶，第三杯为送客茶。

六、村官道别的礼仪规范有哪些？

道别是指主人在客人告辞之际，与客人简短打个招呼、简单寒暄并送其离开的送别形式。道别是最简单的送别形式，它的礼仪规范有：

（1）告辞应由客人先提出。主宾交谈完毕后，按照常规应由客人先提出告辞。假如主人首先与来宾告辞，难免有逐客之嫌，所以一般应避免。特殊场合或由于时间紧张，主人先提议道别的，应做好解释工作并向客人道歉。

（2）主人应礼节性地予以挽留。客人提出告辞后，主人不能不做任何表示，也不能痛快答应，应加以挽留。

（3）主人应迟缓起身道别。客人提出告辞后，主人应先挽留，然后再顺水推舟予以道别，这时通常要求主人晚于客人起身道别。

（4）道别之际要与客人简单寒暄。主人在与客人道别时要使用一些礼貌用语或谦语，如照顾不周、请多包涵、有空多联系、路上小心、一路顺风、再见等。

（5）主人应相送客人一程。送别的远近可视客人的熟知程度、重要程度而有所区别，如办公室门口、电梯口、楼门口、大门口、车站牌等。在送别地点，主人通常都要目送客人远去或离开视野，话别之后立刻转身离开的送别方式是不礼貌的。

七、村官打电话有哪些礼仪？

（1）振铃时间要恰当。村官拨完电话号码后，要耐心等待，要考虑到对方不在电话机旁或手头有紧急公务一时无法脱身的情况。万一对方没有及时接听，也应该让电话铃声响过六、七声之后再挂断。

（2）拨铃次数要限制。如果电话连拨两次没人接，就不要再打了，反复拨打会影响对方同事的工作。如果对方占线，村官听到忙音后，可以稍等后再重新拨叫。如果连续占线，可考虑打其他的电话进行联系。

（3）及时问候并自报家门。在对方接听电话后，村官应该及时向对方问好并通报自己，如："您好，我是××的村官王晓玲，请问李××在吗？"如果能够听出对方的身份，直接称呼对方效果会更好。

（4）适当寒暄。联系到通话对象后，要和对方简单寒暄。特别是与初次接洽或长时间没联系的老客户、老朋友，礼节性的寒暄是必要的。但要注意，切不可让寒暄和客套话占用太长的时间。

（5）迅速切入正题。在经过简单寒暄后，须将话题迅速转到这次通话要解决的问题上。如果需要解决的问题较多，可先和对方有一个简单交流，让对方有心理准备。

（6）重点问题要重读和重复。电话交流重点要突出，重点问题要强调；语音也要有所变化，或重读或提高音量，以引起对方的重视；容易出错的问题要请对方核实，如通知中的时间、地点、电话号码、身份证、银行账号等内容。必要时可提醒对方记录，并对记录的内容进行核对。

（7）结束电话要迅速。公务电话要干净利索，在相关问题沟通完要迅速结束电话。电话结束前，要看看是不是问题都处理完了，还有没有细节性的问题需要询问。

（8）结束电话要礼貌。有以下几点要注意：

①如果对方给你提供了帮助，要向其表示感谢；

②挂电话之前要和对方打招呼，告知要结束电话，切忌对方话没说完就挂电话；

③一般情况下要请对方先挂电话；

④如果己方先挂，挂电话的声音一定要轻，切莫摔电话。

八、村官接电话有哪些礼仪？

（1）村官要注意接电话的时机。村官通常应在电话铃响两到三声之内接起电话。铃声一响就接很容易掉线，也会让对方有紧张感；过晚接电话一方面会让对方久候，也会吵扰同事工作。

（2）接通电话后村官要进行自我介绍。

（3）积极地为对方提供帮助。接通电话后，村官态度要积极，认真对待，属于自己业务范畴内的事要积极解决；需要请示上司的，要告诉对方处理程序和时间；需要转接人员处理的，要积极帮助转接；属于其他部门管辖的，要明确告知，并提供相应电话。

（4）接电话要专心致志。接听电话时，要集中精力，不可一心二用。不能边接电话边做工作；也不能边接电话边和同事谈话。如果手头确有急事应该告知对方，请其稍等。

（5）村官中断电话要有礼貌。村官在接电话时经常会短暂中断电话，让对方稍等。中断电话要有礼貌，在中断电话前要向对方打招呼；中断电话时间不能太长，如果短时间（1分钟之内）不能结束手头的工作，应先挂断电话。

（6）记录电话要全面。村官经常要记录通话内容，记录时要全面；村官应设计电话记录单，规范电话的记录与传递。

（7）通话完毕要礼貌结束电话。在通话结束前，要把对方请求的重要事项重复一遍，以便对方确认；还应主动询问对方还有没有其他事项需要帮助；挂断电话前要告知对方，不要在对方话音未尽时就挂断电话；如果是村官接听电话，则应尽量让对方先挂电话。

九、村官使用手机有哪些礼仪？

手机是一种小型化、智能化的无线式电话。手机因其可以随身携带，随时随地保持联络畅通，受到人们的普遍欢迎。所以，在使用手机时，村官要特别注意手机使用礼仪。

（一）放置有位

手机使用者应将手机放置在适当之处。在正式场合，不要有意识地将其展示于人。村官外出时随身携带手机的最佳位置有二：一是公文包或手提包内，二是上衣口袋之内。

（二）使用得体

（1）只在绝对必要的情况下才在公众场合使用手机。

（2）以下场合应该关机：会议、社交集会、报告会、研讨会等。如果必须开机，请调为静音或振动模式，以免干扰他人。

（3）需要与人通话时，尽量降低音量，以免打扰他人。

（4）除非事情紧急，否则不要借用他人手机。

（三）保持畅通

拥有手机的目的是为了保证自己与外界的联络畅通无阻，所以在告知对方自己的手机号码时务必准确无误。

（四）巧用短信

现代手机的功能越来越多，其中短信的使用频率越来越高，但在使用短信时要注意以下几点：

（1）忌滥。不应以短信息骚扰他人。

（2）忌骗。不能利用短信息四处欺诈。

（3）忌假。不应散发弄虚作假的短信息。

（4）忌黄。不可利用短信息宣扬低级趣味的东西。

（5）忌黑。不能利用短信息扩散违法、犯罪的内容。

（五）注意安全

驾车时若必须接打手机，切记将车停在一边再使用。乘坐飞机时，必须自觉关闭随身携带的手机，以免手机发出的电子信号干扰飞机的导航系统，危及飞行安全。在加油站也必须关闭手机，否则手机信号可能引起火灾。

十、村官馈赠礼品需注意哪些事项？

交际馈赠活动古已有之，它是一种传递友情的纽带。正常的馈赠能起到联络感情、加深印象、沟通信息、促进交际成功的作用，是社交活动中的一种媒介物。现代生活中，随着交际活动日益频繁，馈赠礼品活动越来越受到人们的重视。在村官商务活动中，为了表达感谢、祝贺、慰问、纪念等情感，也少不了馈赠礼品。因此，掌握馈赠礼仪规范十分重要。

（一）馈赠的原则

（1）注重情谊。礼品虽然是有形的物品，但它绝不是商品，而是情意的载体。商品的价值反映在价格上，而情义却是无价的，因此在商务往来中，馈赠礼品关键是看能否代表双方的情意。

（2）随俗避忌。以客为尊是一条黄金法则，所以馈赠也必须遵守这一法则。除了要注重情意，还要考虑受礼者的风俗习惯，尽可能随俗，否则就可能犯忌，不仅起不到加强友谊的作用，还会适得其反，引起受礼者的反感。

（3）恰如其分。注意选择与馈赠者身份相适应的礼品。

（二）送礼禁忌

（1）送奢侈礼品既是一种失礼，又是一种失策。

（2）逗乐的礼物当时让人觉得开心，但不长久，馈赠中不要选这类礼物。

（3）送鲜花做礼品时要当心，对红玫瑰更要谨慎，因为它是浪漫的象征。绿色植物则既不会造成误解，又可长久保留。

（4）切忌将酒作为礼物送到别人的办公室，一般单位都禁止上班时间喝酒，所以员工桌上如果摆着酒就会很显眼。

（三）收礼与回赠

（1）收礼。村官绝对禁止收受送给个人的任何私人礼品，无论这种馈赠出于什么动机和理由。即使送礼者一片真诚，也应婉言谢绝，坚辞不受。如果实在无法退回，那么应将礼品交给上级说明原因，由上级处理。而一些价值低的办公用品，如笔、记事本或挂历等带有纪念性质的小东西可以收下，因为这些小东西只是为了方便工作。

（2）回赠。俗话说："来而不往，非礼也。"一般来说，接受别人的礼品都应在适当的时机回赠价值相当的礼品。回赠也要注意时机。如果对方在拜访时带来礼品，可在送别时回赠；对方在自己升迁、乔迁等庆典时带来礼物，则可选对方相应的庆典日回赠。

十一、村官慰问有哪些礼仪？

慰问，亦可称为安慰或劝慰，是指在他人遭遇重大变故，如患病、负伤、失恋、丧子、丧偶、婚姻裂变、极感痛苦忧伤，或破产、失业、休学、研究受阻、市场开拓失败、遭受困难挫折之时，对其进行安慰与问候，必要时给予对方一定的支持与鼓励，力求使对方的心情稳定，减轻哀伤。

慰问礼仪的基本要求如下：

（1）慰问态度要真诚。首先要表现得患难与共，不论是表情、神态、动作还是语言，都应当真诚地显示出慰问者的同舟共济之心、体贴关心之意。

（2）慰问重点是关心、体贴与疏导。对生活困难者，可询问其具体的难题，并给予力所能及的援助；对工作受挫者，应鼓励其再接再厉，奋起直追；对于颓废之人，则可以多一些激励。总之，应积极鼓励，给予帮助，耐心劝导，令其舒心。

（3）慰问要把握尺度，注意分寸。慰问要想收到好的效果，就要注意分寸。如对逝者家属进行慰问时表情凝重，语调深沉舒缓，语言饱含关心与同情之意，这是符合礼仪规范的，但若是一见面就表现得冷冷清清，凄凄惨惨，搞得被慰问者伤心落泪，恶化其情绪，则属不当之举。

（4）慰问要因人而异。慰问要注意区别对待，慰问的对象可能是病人、逝者的家属、工作受挫者、家庭困难者、遭受灾难者等。对不同的对象要采用不同的慰问方法，如慰问病人时应多劝其振奋精神，保重身体，而慰问逝者家属则应劝其节哀顺变，保重自己的身体。另外，慰问他人还要见机行事，注意场合。

十二、村官出访有哪些礼仪？

（一）注意衣着、形象

在正式场合应着正装，男士一般应着西装、打领带、穿皮鞋（深色皮鞋不要穿浅色袜子）；非正式场合（如参观、游览或旅行过程中）可着便装。任何服装均应注意清洁、整齐，衣领袖口要干净，皮鞋要擦亮。任何情况下不应穿短裤、拖鞋参加涉外活动。在饭店，不可穿内衣、睡衣和拖鞋离开房间到处走动。

（二）学习和掌握外事纪律

出国前要仔细学习相关的外事纪律，不做违反外事纪律的事情。

（三）尊重到访地的风俗习惯

不同的国家（地区）、民族，有不同的风俗习惯和礼节，出访人员均应予以尊重。出访人员在出访前应适当了解这些风俗习惯，不要触犯当地人民的生活和礼仪禁忌，新到一个国家（地区）或初次参加活动，应多了解、多观察，做到客随主便。

（四）遵守时间，不能失约

守时是涉外交往中极为重要的礼貌行为。参加各种活动，应按约定时间适时到达。因故迟到，要向主人和其他客人表示歉意。尽量做到不失约，如确不能赴约，要有礼貌地尽早通知主人，并以适当方式表示歉意。失约是非常失礼的行为。

（五）注意维护个人、组织和国家形象

在外事活动中，时刻注意自己的言行举止，不做有损人格、组织形象及国格、国家形象的事情。当个人、组织和国家形象受到他人侵害时，要坚决捍卫。

十三、村官宴请的筹备应注意的礼仪有哪些？

（一）宴请要有恰当的名目

宴请的名目是指宴请的缘由，接送、洗尘、庆贺、送行等都可以，但宴请的名目一定要恰当。巧立名目、牵强附会的宴请会让客人感到尴尬。

（二）宴请形式要与宴请目的相适宜

宴请形式多种多样，不同的情形使用不同的宴请形式，如为重要客人接风多为正式宴请；活动之后的简单招待多为自助餐或酒会；组织内部的聚会多为冷餐或非正式中餐。

（三）宴请要选择合适的时间

宴请的日期首先要考虑恰当时机，也要考虑客人的方便；涉外宴请要考虑外国客人的宗教与民族禁忌；正式的宴请应安排在晚间进行；宴请开始的时间要符合礼仪惯例，如西方人的晚餐时间通常在8点以后。

（四）宴请场所要适宜

宴请重在环境，档次越高的宴请越重视环境。宴请场所的考虑因素有：宴请场所的档次；宴请场所的特色；宴请场所的文化内涵；宴请场所的优雅程度；宴请场所交通的便利性；宴请场所服务的周到性等。

（五）正式邀请客人

正式的宴请要用请柬邀请客人；请柬一定要提前送达；宴请的请柬通常要由主人亲自送达。

（六）合理确定菜单

菜单是宴请的主角，宴请能否让客人满意，菜单是主要因素。菜单要考虑客人的因素，如要考虑主要客人的年龄、性别、习惯、宗教信仰、饮食嗜好等。另外，要注意不同民族、不同国家在饮食上的禁忌，即首先要保证菜单不能触犯对方的禁忌。

（七）对宴请现场进行布置

布置工作包括：确定宴请的桌次；安排宴请的座次；布置背景等。

（八）宴请的程序设计和人员安排

正式的宴请要规划程序，宴请的一般程序有：引导客人入座；按时开席；主人致辞；主要嘉宾致辞；主人敬酒；客人回敬及相互敬酒；用餐完毕；主人安排送客等。正式的宴请还要对工作人员进行分工，选择合适的宴请主持人。工作人员的分工要明确。

十四、村官宴请中桌次与座位的礼仪有哪些？

在宴请中，桌次与座位是一个不可忽视的问题。按习惯，桌次的高低以离主桌位置远近而定，右高左低。桌数较多时，要摆桌次牌。宴会可用圆桌、方桌或长桌。一桌以上的宴会，桌子之间的距离要适中，各个座位之间的距离要相等。在团体宴请中，宴桌排列一般以最前面的或居中的桌子为主桌。

餐桌的具体摆放还应与宴会厅的地形条件而定。各类宴会餐桌摆放与座位安排都要整齐统一，椅背达到纵横成行，台布折纹要向着一个方向，给人以整体美感。

礼宾次序是安排座位的主要依据。我国习惯按客人本身的职务排列，以便谈话，如夫人出席，通常把女方排在一起，即主宾坐在男主人右上方，其夫人坐在女主人右上方，两桌以上的宴会，其他各桌第一主人的位置一般与主人主桌上的位置相同，也可以面对主桌的位置为主位。

在具体安排座位时，还应考虑其他因素，如双方关系紧张的应尽量避免安排在一起，身份大体相同，或同一专业的可安排在一起。

十五、村官赴宴应注意哪些礼仪？

村官应邀参加宴会，要适当地打扮自己，表示对邀请人及参加宴会者的尊重。村官要遵守时间，最好提前到达一会儿，可以和主人和其他客人应酬。如果有其他事情耽搁,不能参加宴会,应事先向邀请人说明。如果参加宴会时不小心迟到了,应向邀请人致歉。

(一)开宴

村官应按照安排的座次入席,不能乱坐座位。入座时,要和其他客人礼让,并从椅子左边入座。开宴之前,可与邻座交谈,不要摆弄碗筷、左顾右盼,等上级、同席年长者招呼以后,才能动筷。

(二)饮酒

主人向客人敬酒时,客人应起立回敬。

当主人给客人斟酒时,有酒量的也要谦谢一下,不要饮酒过量,导致酒后失态;不善饮酒的可向主人说明,或喝一小口,表示对主人的敬意。无论主人还是客人,都不应强劝别人喝酒。

饮酒及喝其他饮料时,要把嘴抹干净,以免食物残渣留在杯沿,十分不雅。饮酒时,倒八分满,要慢斟细酌,不要直往下灌。

(三)进餐

总的来说,进餐时吃相要文雅,举止要得体,一般礼仪如下所述:

(1)用餐时须温文尔雅,从容安静,不能急躁;

(2)不要两眼盯着菜只顾吃,要照顾到别的客人,谦让一下,尤其要招呼两侧的女宾;

(3)与邻座交谈时,切忌一边嚼食物,一边与人含含糊糊地说话;

(4)必须小口进食,不要大口地塞,食物未咽下,不能再塞入口;

(5)闭嘴咀嚼,不要发出咀嚼声;

(6)汤、菜太热时,不要用嘴去吹,要等稍凉后再吃;喝汤时,也不要发出声音;

(7)吃进口的东西,不能吐出来,如吃了过烫的食物,可喝水或果汁冲凉;

(8)取菜舀汤,应使用公筷公匙;

(9)在餐桌上,手势、动作幅度不宜过大,更不能用餐具指别人;

(10)自己手上持刀叉,或他人在咀嚼食物时,均应避免跟人说话或敬酒;

(11)好的吃相是食物就口,不可口就食物。食物带汁,不能匆忙送入口,否则汤汁滴在桌布上,极为不雅;

(12)切忌用手指掏牙,应用牙签,并以手或手帕遮掩;

(13)若要咳嗽、打喷嚏,将头转向一边,用手帕捂住口鼻;

(14)不要伸懒腰、打哈欠,毫无控制地打饱嗝;

(15)喝酒宜各随意,敬酒以礼到为止,切忌劝酒、猜拳、吆喝;

(16)如欲取用摆在同桌其他客人面前的调味品,应请邻座客人帮忙传递,不可伸手横越，长驱取物。

（四）应付意外

进餐过程中有时会遇到一些意外事件，如何处理好这些意外才能不失礼仪呢？以下列举了一些常见的事件：

（1）自己的餐具掉在地上，可请服务员再取一副；

（2）不慎将酒、水、汤汁溅到他人衣服上，表示歉意即可，并递上手帕或餐巾。不必恐慌赔罪，反使对方难为情；

（3）失手打翻了菜碟，应向注意到你的人婉言致歉，不要大声嚷嚷，也不要没完没了地自责；

（4）席间一般关掉手机，或把手机调至振动。离席回电时，应向主人或左右的客人致歉，轻轻拉开坐椅离去。

（五）离席

等主人宣布宴会结束时，客人才能离席。客人应向主人道谢、告别，并向其他客人告别。如果客人有事要提前离席，则应向主人及同席的客人致歉。

十六、村官敬酒需注意哪些礼仪？

敬酒也就是祝酒，是指在正式宴会上，主人向来宾提议，提出某个事由而饮酒。在饮酒时，通常要讲一些祝愿、祝福之类的话甚至主人和主宾还要发表一篇专门的祝酒词。祝酒词内容越短越好。

敬酒可以随时在饮酒的过程中进行。在致正式祝酒词时，应在特定的时间进行，并不能因此而影响来宾的用餐。祝酒词适合在宾主入座后、用餐前开始，也可以在吃过主菜后、甜品上桌前进行。

在饮酒特别是祝酒、敬酒时进行干杯，需要有人率先提议，可以是主人、主宾，也可以是在场的人。提议干杯时，应起身站立，右手端起酒杯，或者用右手拿起酒杯后，再以左手托扶杯底，面带微笑，目视其他在场来宾，特别是自己的祝酒对象，同时嘴里说着祝福的话。

有人提议干杯后，要手拿酒杯起身站立。即使是滴酒不沾，也要拿起杯子做做样子，将酒杯举到眼睛高度，说完"干杯"后，一饮而尽或喝适量的酒。然后，还要手拿酒杯与提议者对视一下，这个过程才算结束。

在中餐里，干杯前，可以象征性地和对方碰一下酒杯。碰杯的时候，应该让自己的酒杯低于对方的酒杯，表示你对对方的尊敬。用酒杯杯底轻碰桌面，也可以用来表示和对方碰杯。当你离对方比较远时，完全可以采用这种方式代劳。

一般情况下，敬酒应以年龄大小、职位高低、宾主身份为先后顺序，一定要充分考虑好敬酒的顺序，分清主次。即使和不熟悉的人在一起喝酒，也要先打听一下身份或是留意别人对他的称呼，避免出现尴尬或伤感情。既然你有求于席上的某位客人，对他自然要倍加恭敬。但如果在场有更高身份或年长的人，也要先给尊长者敬酒，不然会使大家很难为情。

如果因为生活习惯或健康等原因不适合饮酒，也可以委托亲友、部下、晚辈代喝或者以饮料、茶水代替。作为敬酒人，应充分体谅对方，在对方请人代酒或用饮料代替时，不要非让对方喝酒不可，也不应该打破砂锅问到底。别人没主动说明原因就表示对方认为这是他的隐私。

在西餐里，祝酒干杯只用香槟酒，并且不能越过身边的人而和其他人祝酒干杯。

十七、村官宴会交谈需注意哪些礼仪？

宴会为社交和娱乐提供了一个很好的平台，一般来说参加宴会的客人很难相互认识。鉴于此，主人应该一一介绍，介绍时应注意要向客人说明来宾的构成，具体在作某人的介绍时要将他的姓名、称衔和职业爱好等一并介绍。

交流是宴会上客人相互了解和结识的前提，因此要注意宴会上的谈话内容的选择，要尽量满足大部分参加宴会的客人的兴趣。一般比较适合谈一些愉快健康的见闻或真切的感受等。谈话的形式可分为以下三种：

（1）全体客人同时参与谈话，而对于这种交谈，通常最近的新闻大事、社会消息、市场经济成为大家谈论的焦点。

（2）临近座位上两人的谈话，如个人爱好、个人最近身体或工作情况等都是不错的开场话题。

（3）多人谈话，但不是全体的谈话。谈话时，最好找一个适时的主题开始，如文学艺术、体育、音乐等。

谈话的同时还要注意谈话时气氛的调节，切忌只同亲近的人或就近的人谈而冷落了全席的人，不应该闭口不谈，应始终找些共同的话题，引起全席人的情绪，调动氛围，使气氛热烈而欢快。但交谈时尽量不要涉及政治方面的问题，因为政治上大家难免有不同看法，甚至完全对立，造成"话不投机半句多"的局面，闹得宴席上很不愉快。谈话时也尽量不要谈及职业问题，一谈起职业来就容易使人感到有比高低之嫌。

十八、村官在社交场合如何作自我介绍？

村官在社交活动中，想要结识某人或某些人，而又无人引荐，此时可以向对方做自我介绍。自我介绍的内容，可根据实际的需要、所处的场合而定，要有鲜明的针对性。在某些公共场所和一般性社交场合，自己并无与对方深入交往的愿望,做自我介绍只是向对方表明自己身份。这样的情况下只需介绍自己的姓名,如"您好,我叫许××","我是蔡×"。有时,也可对自己姓名的写法做些解释,如"我叫陈×,耳东陈",以加深别人对自己的印象。如果因公务、工作需要与人交往,自我介绍应包括姓名、单位和职务,无职务可介绍从事的具体工作,如"我叫李××,是××村村官"。

在社交活动中,如希望新结识的对象记住自己,作进一步沟通与交往,自我介绍时除姓名、单位、职务外,还可提及与对方某些熟人的关系或与对方相同的兴趣爱好,如"我叫谭××,是××村主任,我与您夫人是同学"。

若在讲座、报告、庆典、仪式等正规隆重的场合向出席人员介绍自己时,还应加一些适当的谦辞和敬语,如"各位来宾,大家好,我叫王××,是××村主任,今天向大家谈谈自己在工作上的一些心得,有不当的地方请给予指正"。

进行自我介绍,要简洁、清晰,充满自信,态度要自然、亲切、随和,语速要不快不慢,目光正视对方。在社交场合或工作联系时,自我介绍应选择适当的时间,当对方无兴趣、无要求、心情不好,或正在休息、用餐、忙于处理事务时,切忌去打扰,以免尴尬。

十九、村官礼仪称呼需注意哪些事项?

称呼,指的是人们在日常交往应酬之中,所采用的彼此之间的称谓语。在人际交往中,选择正确、适当的称呼,反映着自身的教养、对他人尊敬的程度,甚至还体现着双方关系发展所达到的程度和社会风尚,因此不能随便乱用。

在中国的礼仪称呼中,关系十分密切的人之间,可以不称其姓而直呼其名。长辈对晚辈大都这样称呼,但关系普通者之间以此称呼是不适当的。

在同事之间,可以姓氏前边加上"老"或"小"相称,对年长者称"老×",对年轻者称"小×"。

对于知识界人士,可以直接称呼其职称,或在前边冠以姓氏,如"曾教授"、"曹医生"等。对于德高望重的老前辈或师长,可以称呼其"先生"。

有时遇到才结识的朋友,且年长于自己,不知该怎样称呼好的话,可以称之为"老师",尤其对文艺界人士可以这样做。年轻的朋友为了表示亲热以"哥们儿"、"姐们儿"相称,不太文雅,而叫人外号则更是粗俗失礼行为。

向他人介绍家人时,中国人喜欢称呼自己的伴侣为"爱人",称呼父母为"家父、家母",称呼子女为"小儿、小女"。对朋友的父母儿女则分别称为"令尊"、"令堂"、"令郎"、"令媛"。

二十、村官如何塑造良好的个人形象?

科学研究的结果表明,个人感受到的对方仪表的魅力同希望再次与之见面的相关系数远远高于个性、兴趣等同等的相关系数。在社会交往活动中,人的外表形象往往会起潜移默化的微妙作用。仪表美是心灵美的体现,仪表美是对生活的热爱,是对社会和他人的尊重。端庄、美好、整洁的仪表,能使对方产生好感。总的来说,塑造良好的个人形象应做到以下几方面:

(一) 保持仪表整洁

仪表仪容要干净、整洁,要做到并保持无异味、无异物,坚持不懈地做好仪容细节的修饰工作。

(二) 注意重要的细节

口腔卫生也是个人仪表仪容的重要内容之一,主要应注意口中有无异味,即口臭。与人交谈时,如口中散发出难闻的气味,便会使对方很不愉快,自己也很难堪。因此,应早晚刷牙,饭后漱口,多吃清淡食物,多喝水,如果吃了味道强烈的食物,可在口内嚼一点茶叶、红枣或花生,以帮助清除异味。

身体异味是令人反感的。如果有狐臭的毛病,应及时治疗或使用药水。此外,经常洗澡,勤换内衣,可以减小或防止身体异味。

服饰穿戴在任何情况下都应保持干净整齐,注意衣领袖口或其他地方有无污渍。服装应是平整无折皱的,扣子齐全,不能有开线的地方。内衣、外衣都应勤洗勤换,保持洁净状态。此外,对鞋袜要像对衣服一样重视,不能身上漂亮而鞋袜污脏。皮鞋应保持鞋面光亮。有人说,三分衣服七分鞋,可见鞋袜整洁在仪表中的重要性。

(三) 做到简约、大方

仪表仪容要简约,就是在整理、修饰仪表仪容时,要力戒雕琢,不搞烦琐;力求简练、明快、方便、朴素。端庄大方,就是要端庄、斯文、雅气,而不花哨、轻浮、小气。

参 考 文 献

1. 王明、宋才发：《村民自治》，北京：人民法院出版社，2005 年。
2. 范立荣：《现代秘书礼仪》，北京：首都经济贸易大学出版社，2006 年。
3. 方尤瑜、任曼：《现代秘书交际礼仪》，北京：对外经济贸易大学出版社，2007 年。
4. 郭捷：《乡镇企业法律知识》，北京：中国法制出版社，2001 年。
5. 漆浩：《民营企业权益保护手册》，北京：蓝天出版社，2003 年。
6. 黄文武、杨帆、王方玉：《平民百姓讨公道》，北京：民主与建设出版社，2005 年。
7. 《农民权益保护法律政策读本》编委会：《农村税收》，北京：中国林业出版社，2004 年。
8. 佘国满等：《农民法律顾问》，长沙：湖南人民出版社，2005 年。
9. 马男：《村官上岗实务手册》，北京：中国农业出版社，2007 年。
10. 党员行为规范问答编写组：《党员行为规范问答》（第三版），北京：中共中央党校出版社，2008 年。
11. 郑绍保：《党的基层组织工作热点疑点要点 500 问》，北京：中共党史出版社，2007 年。
12. 新编党支部工作问题编写组：《新编党支部工作问答》，北京：中央党校出版社，2008 年。
13. 金钊、孙莹娟：《新编农村党支部工作手册》，北京：人民日报出版社，2007 年。
14. 中共山东省委组织部组织处：《农村党组织建设知识问答》，济南：山东人民出版社，2006 年。
15. 张荣臣：《新编党支部工作问答》，北京：人民出版社，2004 年。
16. 张荣臣、谢英芬：《农村党支部工作问答》，北京：中国农业出版社，2006 年。
17. 胡明生：《基层党组织建设》，北京：中国法制出版社，2006 年。
18. 张浩：《新编怎样到法院打官司 1000 问》，北京：蓝天出版社，2005 年。
19. 耿显连、彭开华：《农业行政执法指南》，北京：中国农业出版社，2004 年。